著

效技术：

业人才培养的视角

北京师范大学出版集团
BEIJING NORMAL UNIVERSITY PUBLISHING GROUP
北京师范大学出版社

图书在版编目(CIP)数据

绩效技术：专业人才培养的视角 / 韩世梅著．—北京：
北京师范大学出版社，2023.9
ISBN 978-7-303-28244-9

Ⅰ．①绩…　Ⅱ．①韩…　Ⅲ．①教育技术－人才培养－
研究－中国　Ⅳ．①G43

中国版本图书馆 CIP 数据核字(2022)第 210743 号

图书意见反馈　gaozhifk@bnupg.com　010-58805079
营销中心电话　010-58802135　010-58802786
北师大出版社教师教育分社微信公众号　京师教师教育

JIXIAO JISHU：ZHUANYE RENCAI PEIYANG DE SHIJIAO
出版发行：北京师范大学出版社　www.bnupg.com
　　　　　北京市西城区新街口外大街 12-3 号
　　　　　邮政编码：100088
印　　刷：保定市中画美凯印刷有限公司
经　　销：全国新华书店
开　　本：787 mm×1092 mm　1/16
印　　张：16.5
字　　数：388 千字
版　　次：2023 年 9 月第 1 版
印　　次：2023 年 9 月第 1 次印刷
定　　价：50.00 元

策划编辑：王剑虹　　　　　责任编辑：宋星 王灿
美术编辑：李向昕　　　　　装帧设计：李向昕
责任校对：陈荟 姚安峰　　责任印制：马洁 赵龙

前　言

学科自身的建设是一个永恒的话题。绩效技术自 20 世纪 60 年代初出现以来，作为教育技术学学科的一个重要的研究和实践领域，在国际上(尤其是在北美地区)有了长足的发展。20 世纪 90 年代初，绩效技术进入我国，引起了教育技术学领域专家学者的关注，但发展缓慢。研究表明，高层次绩效技术专业人才培养不足是绩效技术在我国发展缓慢的重要原因之一。一个学科或领域的专业化发展有赖于一个有组织且不断扩展的知识体系，而发展这一知识体系需要大量的研究型人才。从这个意义上讲，加强研究生层次(含硕士层次和博士层次)专业人才的培养，是促进绩效技术在我国迅速发展的必由之路。

近年来，我国对绩效的关注日益增加，开始对从培训向绩效改进转变进行探索与实践，还提出了对绩效技术专业人才的需求。从教育技术学学科自身的发展来看，绩效技术也为教育技术走向市场提供了机会。但是，作为人才培养重要基地的高等院校，尚未建立有效的绩效技术专业人才培养机制，而且考虑到文化和社会发展状况等因素，也不可能直接将国外已有的课程体系移植到我国高校，因此亟须开发适合我国的人才培养方案，用以指导绩效技术专业人才的培养。

本书的主要目标是通过研究构建我国绩效技术专业人才的胜任力模型，并以此模型为基础提出研究生培养方案，为我国高校开设绩效技术研究方向或相关课程提供借鉴。要实现这一目标，就要考虑如下三个方面的问题：其一，开设相关课程的北美地区高校是绩效技术领域的先驱，对其人才培养目标、培养规格，以及相应的课程体系进行梳理与研究，可以为我们提供必要的借鉴；其二，绩效技术是一个新兴的研究和实践领域，深入了解我国在当前及今后一段时间对绩效技术专业人才的需求，是确定绩效技术专业人才培养目标和培养规格的重要依据，而国外已有的胜任力研究成果为探讨绩效技术专业人才的角色及其胜任力奠定了坚实的基础；其三，绩效技术致力于解决个人和组织的绩效问题，必然具备跨学科的特性，因此，对其知识体系进行研究和梳理，可以为课程体系的构建提供内容上的支持。基于此，本书主要做了以下几个方面的研究工作。

1. 美国绩效技术的发展与专业人才培养状况研究

美国是绩效技术的发源地。经过几十年的研究和实践，绩效技术在美国有了长足的发展，值得我们借鉴和学习。本书采用文献分析和网络调查等方法，借助对绩效和绩效技术等概念的梳理，回顾了绩效技术在美国的发展历程和美国典型高校培养绩效技术专业人才的举措，进而厘清了绩效技术作为一个领域的发展脉络，为书中研究奠定了基础。

2. 我国绩效技术专业人才培养状况与社会需求研究

围绕我国绩效技术专业人才的社会需求、角色定位和胜任力等，本书对我国部分在高校从事与绩效技术相关的教学和研究工作的专家，以及在实践领域从事绩效咨询和培训工作的专家进行了深度访谈，获得了研究所需的实证材料。

3. 我国绩效技术专业人才角色与胜任力框架的初步构建

本书对绩效技术及其相关领域（主要是教学系统设计和人力资源开发）已有的胜任力研究成果进行了深入的比较和分析，结合专家访谈的结果，提出了从"基本能力""流程能力""干预措施"三个方面构建绩效技术专业人才胜任力模型的必要性和有效性；在此基础上，以企业培训经理为对象，对初步构建的胜任力项目，就其当前和未来的重要性及当前的掌握情况等进行了问卷调查，并对结果进行全面分析，构建了我国绩效技术专业人才的胜任力模型。

4. 绩效技术知识体系的建构

绩效技术专业人才的培养离不开相应的知识体系作为支撑。本书围绕绩效技术专业人才的胜任力进行了使能分析；围绕绩效改进流程这一专业核心，从原理性知识和操作性知识的视角，对绩效技术的理论基础、基本原则、各种模型和干预措施等进行了归纳与总结，对绩效技术及其相关领域的知识体系进行了梳理，作为构建专业课程体系的内容基础。

5. 我国绩效技术专业人才培养方案的设计

根据绩效技术自身的复杂性和跨学科性，结合当前国内外研究生教育领域的发展状况和研究成果，本书提出了我国现阶段绩效技术专业人才培养的构想：硕士层次以培养应用型专业学位人才为主，扩大绩效技术的影响力；博士层次以培养学术型学位哲学博士为主，促进绩效技术领域的发展。同时，本书以社会需求为导向，确定研究生层次人才培养的目标和规格，结合绩效技术领域的知识体系，设计了绩效技术专业人才培养的整体方案，以期为高校教育技术学领域培养绩效技术专业研究生提供借鉴。

在针对上述内容开展研究的过程中，本书力求在以下两个方面有所创新。

①通过深入的文献研究和专家访谈，从"基本能力""流程能力""干预措施"三个方面，构建我国绩效技术专业人才的胜任力模型。

②提出以研究生培养为目标的培养方案，能为我国高校开设绩效技术研究方向或相关课程提供借鉴。

本书是由我的博士论文修改而成的，凝聚了导师刘美凤教授的大量心血。在这里向刘教授也向本书参考和引用的相关资料的作者表示由衷的感谢。另外，本书的成稿也离不开给予我持续关注和指导的乌美娜教授、出席博士论文预答辩和答辩的各位教师、百忙之中接受访谈的各位专家以及为论文的讨论和修改付出大量努力的同门，在此一并感谢！我还要感谢我的妻子和女儿，她们的鼓励和陪伴是我完成博士学业和本书的重要力量。由于受到绩效技术的复杂性及国内发展现状、写作的时间和材料、著者的学识水平等方面的限制，本书肯定存在诸多不足，恳请广大读者不吝赐教。

最后，衷心感谢北京师范大学出版社王剑虹老师自始至终的支持、督促、帮助。

韩世梅

2023 年 6 月

目　录

第一章　绩效技术的专业化发展

　　人类社会进入知识经济时代，高层次人才成为提高国家国际竞争力的关键因素。在经济全球化的背景下，激烈的竞争普遍存在，技术变革速度正以几何级数持续增长，变革已经成为而且将来也仍然会是唯一不变的东西。① 如何在竞争中生存下来并发展在企业界引起了广泛关注。作为社会生产和经济发展主体的各类组织，面临着巨大的竞争压力。要获得更高的生产率，提升组织的竞争力，政府部门、社会机构，以及其他各类营利组织和非营利组织等都需要更好地利用资源。在这些资源中，"人"应该是最珍贵也是最有价值的。培训以及其后的人力资源开发都是改善组织人力资源的某种相应的工具，但是这些工具仅能解决多维需求中某个维度的需求。绩效技术，也称人力绩效技术（human performance technology，HPT）②，是一个致力于解决个人和组织绩效问题的新兴领域。它提供了分析和干预人类绩效问题的系统性和整体性方法，通过对绩效低下的原因进行剖析，制订符合最佳成本-效用的综合性解决方案，以指导和推动组织的变革与发展，从而最大限度地发挥人的潜力，达到改进个人和组织绩效的目的。③

　　正是对整个组织绩效的关注，使得绩效技术已经发展为一个专业领域，并对教学设计领域产生了实质性影响④，在全球范围内（特别是在韩国、东南亚、北美等国家和地区）引起了政府、军队、企业，以及其他各类营利或非营利组织等的广泛关注。在我国，绩效技术首先引起了教育技术学领域的关注，近年来越来越受到企业界的关注。

第一节　绩效技术发展概述

　　在当今时代，为了满足激烈的全球竞争和技术变革所引发的对新产品和服务日益高涨的需求，许多试图改进个人和组织绩效的方法应运而生。其中，绩效技术以其系统性、整体性及干预措施的多样性等，有别于其他绩效改进方法。

一、相关概念的界定

（一）绩效

　　绩效是英文单词"performance"的意译。对于绩效的含义，不同的理论持有不同的观点。"结果论"认为，绩效应该定义为工作的结果，因为这些工作结果与组织的战略

---

　　① ［美］拉姆勒、布拉奇：《绩效改进：消除管理组织图中的空白地带》，朱美琴、彭雅瑞等译，前言，北京，机械工业出版社，2005。
　　② 也被译作"人的绩效技术""人类绩效技术""人力绩效科技"。
　　③ 方圆媛：《美国高校绩效技术课程设置研究》，硕士学位论文，北京师范大学，2010。
　　④ ［美］R. A. 瑞泽、J. V. 邓普西：《教学设计和技术的趋势与问题（第二版）》，王为杰等译，189～206 页，上海，华东师范大学出版社，2008。

目标、顾客满意度及所投资金的关系最为密切。① 这种观点在管理学、心理学和人力资源管理等领域广泛存在，多指业绩、效绩、成效等，反映的是人们从事某一种活动所获得的成绩和产生的结果。② "行为论"把绩效视为行为的同义词，与结果分开。我国教学设计的相关文献中也存在绩效与行为混用的现象。

绩效技术领域基本上采用"综合论"观点，既强调"成就"，也强调引发成就的"行为"③，认为绩效是创造性劳动所得的结果以及用以获得那些结果所采取的行为④。托马斯·吉尔伯特（Thomas F. Gilbert）的"第一悠闲法则"（first leisurely theorem）可以作为绩效的操作性定义——有价值的绩效（W）是有价值的成绩（A）与有代价的行为（B）的比率的函数⑤。图 1-1 形象地描述了其内涵。

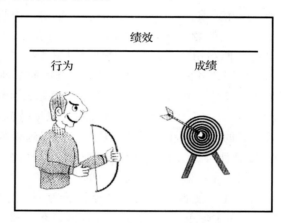

图 1-1 托马斯·吉尔伯特对绩效的定义

（二）绩效技术

绩效技术是一个较复杂的概念，不同的人往往从不同的角度来认识它，包括过程和方法、目的和结果、研究和（符合伦理道德的）实践，以及科学和艺术等。

张祖忻从方法和领域两个视角对绩效技术进行了界定，把绩效技术看作一种解决问题的方法和一个研究与实践的领域。⑥ 梁林梅把绩效技术看作一种整体化、系统化地解决问题的工具、手段、程序、方法。⑦ 刘美凤和方圆媛总结了绩效技术的三大关键要素：①以解决个人、部门（流程）和组织三个层次的绩效问题、提高组织绩效为目标；②把组

---

① 许为民、李稳博：《浅析绩效内涵的国内外发展历程及未来趋势》，载《吉林师范大学学报（人文社会科学版）》，2009(6)。

② 彭剑峰：《人力资源管理概论（第三版）》，343 页，上海，复旦大学出版社，2018。

③ H. D. Stolovitch & E. J. Keeps, *Handbook of Human Performance Technology：Improving Individual and Organizational Performance Worldwide*, San Francisco, Jossey-Bass, 1999, pp. 3-23.

④ N. M. Seel, *Encyclopedia of the Sciences of Learning*, Boston, Springer, 2012, pp. 1460-1462.

⑤ T. F. Gilbert, *Human Competence：Engineering Worthy Performance*, San Francisco, Pfeiffer, 2007, p. 18.

⑥ 张祖忻：《绩效技术概论》，9～10 页，上海，上海外语教育出版社，2005。

⑦ 梁林梅：《教育技术学视野中的绩效技术研究》，博士学位论文，华南师范大学，2004。

织当作一个系统，需要系统化、整体化的思维与方法，既要充分分析组织的各个构成因素及构成因素之间的关系，也要分析组织与环境之间的关系，还需要通过分析、设计、开发、实施和评价等系统化的流程，形成解决组织问题的方案；③不拘泥于一种办法或技术，强调通过分析问题及其原因评估收益与成本的比率，以选择对症的策略，解决绩效问题，从而把握市场机遇，提高组织绩效。①

基于上述讨论，本书给出如下定义并以之为基础开展研究：绩效技术，又称绩效改进，是认识和解决人的问题的系统方法；基本的做法是找出组织目标与绩效现状之间的差距并分析原因，设计和开发合适的绩效改进方案，实施绩效改进方案并评价效果；目的是提高组织和个人的绩效水平。②

二、绩效技术作为一个新知识体的产生与发展

学术界普遍认为绩效技术根植于行为主义，由程序教学运动的一个分支发展而来③，并于 20 世纪 70 年代末发展成为一个领域④。20 世纪 50 年代末 60 年代初，斯金纳（B. F. Skinner）等人开始研究应用行为分析，并关注程序教学。托马斯·吉尔伯特、吉尔里·拉姆勒（Geary A. Rummler）和唐纳德·托斯蒂（Donald T. Tosti）等人开始意识到绩效受多种因素的影响，并开始描述一些新知识体，这些新知识体发展成为后来的绩效技术。被誉为"绩效技术之父"的吉尔伯特深受斯金纳行为主义原理的影响，在把斯金纳的行为主义原理应用于工作场所后，围绕"有关学习的研究"（the study of learning）发展出了一种"教育的技术"（the technology of education），将其命名为"mathetics"［来源于希腊语的"mathein"，是"学习"（"to learn" 的意思）］⑤，并创办了《学习杂志》（*Journal of Mathetics*），吸引了一群志趣相投的人，其中包括许多来自学习研究实验室和军队的人。这些人在 1962 年成立了全国程序教学协会（National Society for Programmed Instruction，NSPI⑥）。⑦ 从 20 世纪 70 年代开始，来自多个学科的研究与实践人员更积极地开展绩效咨询实践，先前出现的概念和工具得到进一步发展，并在咨询界迅速得到应用和完善。许多

---

① 刘美凤、方圆媛：《绩效改进》，8～9 页，北京，北京大学出版社，2011。

② 教育学名词审定委员会：《教育学名词 2013》，214 页，北京，高等教育出版社，2013。

③ H. D. Stolovitch & E. J. Keeps, *Handbook of Human Performance Technology：Improving Individual and Organizational Performance Worldwide*, San Francisco, Jossey-Bass, 1999, pp. 3-23.

④ S. A. Irlbeck, "Human Performance Technology：An Examination of Definitions through Dependent and Independent Variables," *Performance Improvement Quarterly*, 2002(2), pp. 84-95.

⑤ T. F. Gilbert, "Mathetics：The Technology of Education," *Journal of Mathetics*, 1962(1), pp. 7-73；O. R. Lindsley, "In Memoriam Thomas F. Gilbert(1927－1995)," *The Behavior Analyst*, 1996(1), pp. 11-18.

⑥ NSPI 是国际绩效改进协会（International Society for Performance Improvement，ISPI）的前身，包括 1962 年成立的全国程序教学协会（NSPI[1]）和 1972 年更名为的全国绩效与教学协会（National Society for Performance and Instruction，NSPI[2]）。本文在需要对其进行区分的情况下，采用梁林梅、叶涛在《从 NSPI[1] 到 NSPI[2] 再到 ISPI 的发展与演变——反思绩效技术的若干基本问题》一文的叫法，使用 NSPI[1] 和 NSPI[2] 来区分。

⑦ ［美］R. A. 瑞泽、J. V. 邓普西：《教学设计和技术的趋势与问题（第二版）》，王为杰等译，189～206 页，上海，华东师范大学出版社，2008。

专业人士试图使用不同的绩效技术模型（HPT Model）在市场上建立自己的"品牌"①，先后产生了一些影响深远的模型和工具，如帕瑞斯（Praxis）公司的绩效审计方法论（Performance Audit Methodology）、罗伯特·马杰（Robert F. Mager）和彼得·派普（Peter Pipe）的绩效问题分析（Analyzing Performance Problems，APP）模型、约瑟夫·哈里斯（Joseph H. Harless）的前端分析（Front-End Analysis，FEA）以及吉尔伯特的行为工程模型（Behavior Engineering Model，BEM）。一系列与绩效技术相关的书籍，如马杰和派普的《分析绩效问题》（*Analyzing Performance Problems*）、哈里斯的《一盎司的分析（值一镑的目标）》[*An Ounce of Analysis（is Worth a Pound of Objectives）*]以及吉尔伯特的《人的能力：获取有价值的绩效》（*Human Competence：Engineering Worthy Performance*），使绩效技术有了坚实的知识体，进入了快速繁衍时期，形成了一个独特的实践领域。然而这一时期的发展大多是由客户需求驱动的，很少是由研究驱动的，几乎所有的模型、概念和工具都是在相互竞争中发展起来的；绩效技术的许多重要因素，如关注分析、目标导向、工程思维等，只存在于咨询人员的头脑及各种工作坊和会议中，这是由绩效技术自身的特征决定的。② 从整体上来说，作为一个新兴的跨学科领域，绩效技术异于物理学等自然科学，更多属于社会科学范畴。正如劳伦斯·亨德森（Lawrence J. Henderson）指出的，在社会科学中，体系常常脱颖于一个人的心智。如果这些体系能引起人们的注意，那么它们就会得到更多讨论。但是，多方共同努力使其不断完善的情况则很罕见。③

进入 20 世纪 80 年代，不断增加的研究和实践催生了许多成功的案例和一批享有盛誉的实践人员。这些案例和出版的一系列文本材料，使得绩效技术实践人员能够更有效地共享知识。④ 1986 年，第一本全面介绍绩效技术的专著——《绩效技术简介》（*Introduction to Performance Technology*）问世。该书集中了早期绩效技术领域专家的观点，识别出许多共享的因素，呈现了绩效技术的一般原理。

三、绩效技术专业人员的出现

1988 年，国际培训、绩效与教学标准理事会（International Board of Standards for Training，Performance and Instruction，IBSTPI）指出，绩效技术专业人员能够系统地分析和利用各种技术，通过为具体的、合法的、适当的任务或个人和组织绩效的各个方面提供解决方案来改进人类绩效，并确保在绩效改进方面所做的努力、所得到的成果和相应的

---

① Y. Cho，S. J. Jo，S. Park et al.，"The Current State of Human Performance Technology：A Citation Network Analysis of *Performance Improvement Quarterly*，1988-2010，" *Performance Improvement Quarterly*，2011(1)，pp. 69-95.

② G. A. Rummler，"The Past is Prologue：An Eyewitness Account of HPT，" *Performance Improvement*，2007(10)，pp. 5-9.

③ ［美］罗伯特·K. 默顿：《社会理论和社会结构》，唐少杰、齐心等译，59 页，南京，译林出版社，2008。

④ E. Biech，*ASTD Handbook for Workplace Learning Professionals*，Alexandria，ASTD Press，2008，pp. 33-46.

后果之间的关联。① 从 20 世纪 90 年代开始，国际培训领域也出现了明显的"从培训到绩效改进"的转向。许多培训人员试图由单纯地提供培训向参与绩效改进发展。达纳·罗宾逊(Dana G. Robinson)和詹姆斯·罗宾逊(James C. Robinson)在合著的《绩效咨询》一书中指出，虽然"绩效咨询"在人力资源和学习领域还是一个相对较新的术语，但一些培训人员已经把自己重塑为绩效改进领域的实践人员，并将自己称为绩效技术专业人员或绩效咨询顾问②。2011 年，该书再版后，"绩效顾问"已成为组织内部进行人力资源或学习的专业人士承担的一个角色，甚至变成了一类岗位。③ 美国培训与发展协会(American Society for Training and Development，ASTD)④资助的一项调查显示，89%的培训行业从业人员"非常同意"或"同意"培训向绩效改进转变是首要趋势。⑤ 1997 年 6 月的另一项调查也表明，培训向绩效改进转变的趋势排在第三位，并且会在接下来的三年上升到第一位。⑥

　　因为企业培训一直都是教育技术学专业的一个重要方向(尤其是在美国)，所以国际培训界出现的"从培训到绩效改进"的范式转移也影响到了教育技术学领域。1989 年 5 月，美国教学设计与技术教授(Professors of Instructional Design and Technology，PIDT)协会在印第安纳大学(Indiana University)讨论教育技术领域的发展趋势、存在的问题及面临的挑战时强调，教育技术学学科应把重点之一放在企业绩效技术研究方面。⑦ 美国教育传播与技术协会(Association for Educational Communications and Technology，AECT)在 1994 年对教育技术给出了影响广泛的官方定义。巴巴拉·西尔斯(Babala Seels)和丽塔·里齐(Rita C. Richey)指出，1977 年，教育技术开始作为一个研究领域出现，尽管实践繁多，但理论有限；绩效技术还没有成为重要的概念；建构主义和后现代主义也还没有被论及。⑧ 可以看出，其时(1994 年)绩效技术已经成为重要的概念。"绩效技术运动"受到教育

① International Board of Standards for Training，Performance and Instruction，*What Competencies Must an Individual Demonstrate to Meet minimum Standards in Each of the Three roles*?，Chicago，IBSTPI，Alshchuler，Melvoin & Glasser，1989，p. 8.

② [美]戴纳·盖恩斯·鲁滨逊、詹姆斯·C. 鲁滨逊：《绩效咨询》，李元明、吕峰译，前言 2 页，天津，南开大学出版社，2001。该书将达纳·罗宾逊(Dana G. Robinson)译为戴纳·盖恩斯·鲁滨逊，将詹姆斯·鲁滨逊(James C. Robinson)译为詹姆斯·C. 鲁滨逊。——编者注

③ [美]达纳·盖恩斯·罗宾逊、詹姆斯·C. 罗宾逊：《绩效咨询：人力资源和培训管理专业人士实用指南》，田力译，1 页，北京，清华大学出版社，2011。该书将达纳·罗宾逊译为达纳·盖恩斯·罗宾逊，将詹姆斯·罗宾逊译为詹姆斯·C. 罗宾逊。——编者注

④ 美国培训与发展协会是国际培训与开发领域最大的专业协会，其前身是 1942 年在美国路易斯安那州的新奥尔良成立的美国培训经理协会(American Society of Training Director)。2014 年 6 月 24 日，美国培训与发展协会更名为人才发展协会(Association for Talent Development)。因本研究引用的大多为此前的成果，为了方便和明确起见，仍沿用美国培训与发展协会这一名称。

⑤ L. J. Bassi，S. Cheney & M. Van Buren，"Training Industry Trends 1997," *Training & Development*，1997(11)，pp. 46-59.

⑥ S. B. King，"Practitioner Verification of the Human Performance Improvement Analyst Competencies and Outputs," PhD diss.，University Park，1998.

⑦ 张祖忻：《从教学设计到绩效技术》，载《中国电化教育》，2000(7)。

⑧ [美]巴巴拉·西尔斯、丽塔·里齐：《教学技术：领域的定义和范畴》，乌美娜、刘雍潜等译，中文版序，北京，中央广播电视大学出版社，1999。

技术领域内许多专家的关注。西尔斯和里齐在《教学技术：领域的定义和范畴》一书的序言中指出，"实践也正在发生着显著的变化，其焦点在于面向绩效（Performance）的提高，而不是传统的教学设计……从历史上看，教学技术领域的重点几经迁移：从强调资源，到强调教学，然后强调学习。很可能下一个定义会指向绩效，而不是学习。……新的对绩效而不是对学习的强调，也可能影响教学技术领域的功能和角色定位"[①]。当时担任印第安纳大学教育技术系主任的托马斯·施万（Thomas M. Schwen）教授也指出了大致相同的发展历程——"美国的教育技术大体上经历了一个从硬件建设到软件制作乃至今天的系统方法、教学设计和人类绩效技术（human performance technology）的层次"[②]。

罗伯特·瑞泽（Robert A. Reiser）在《教学设计和技术的趋势与问题》中，把教学设计与技术（Instructional Design and Technology，IDT）领域界定为：对学习和绩效问题的分析，对教学与非教学过程和资源的设计、开发、实施、评价和管理，旨在改进各种环境中（特别是教育机构和工作场所）的学习和绩效。教学设计与技术领域的专业人员经常使用系统化的教学设计程序，并运用各种教学媒体来达到他们的目的。此外，近年来他们日益重视运用非教学性质的方法来解决某些绩效问题。与上述各方面有关的研究与理论（关注绩效问题分析、非教学性解决方案等）也是本领域的一个重要组成部分。该定义强调了近年来已成为本领域核心的两个方面的实践——为教学目的而利用媒体和运用系统化教学设计过程。更重要的是，这一定义清楚地指向了许多专业人员在利用各种教学和非教学手段来改进工作绩效方面所做的努力。毫无疑问，与绩效技术有关的许多概念和实践已经被整合到未来教学设计与技术专业人员的培养中，以及他们就职以后所采取的行动中。[③] AECT 在其 2008 年的教育技术官方定义中明确了促进学习和改进绩效两大目标，进一步推进了面向绩效的范式转移。[④]

四、专业协会的出现促进了绩效技术的专业化发展

在任何学科和专业的发展过程中，专业协会的成立始终都是一个重要的里程碑，它标志着一个话语共同体的正式形成。ISPI、ASTD 和 IBSTPI 等作为职业化和专业化的研究者赖以栖身的研究机构与学术交流网络[⑤]，成为该领域最有影响力的"无形学院"，通过出版专业期刊和重要书籍、制定绩效技术标准和道德规范等，从不同的方面影响乃至塑造了绩效技术领域，并促进了领域的专业化发展。[⑥]

（一）专业协会提供了与绩效技术相关的主题和理念交流碰撞的机会

拉姆勒从一个亲历者的角度，记述了 20 世纪 60 年代到 90 年代绩效技术领域的发展，突出了专业协会对绩效技术领域发展的影响。要想对绩效技术的历史展开更可靠、更有

---

① ［美］巴巴拉·西尔斯、丽塔·里齐：《教学技术：领域的定义和范畴》，乌美娜、刘雍潜等译，17 页，北京，中央广播电视大学出版社，1999。

② 高利明：《世纪之交我国教育技术的发展》，载《中国电化教育》，1996(9)。

③ ［美］R. A. 瑞泽、J. V. 邓普西：《教学设计和技术的趋势与问题（第二版）》，王为杰等译，9～10 页，上海，华东师范大学出版社，2008。

④ 韩世梅、刘美凤：《专业协会在绩效技术演化中的影响》，载《远程教育杂志》，2013(5)。

⑤ 方文：《社会心理学的演化：一种学科制度视角》，载《中国社会科学》，2001(6)。

⑥ 韩世梅、刘美凤：《专业协会在绩效技术演化中的影响》，载《远程教育杂志》，2013(5)。

启发性的追踪，就应该对 1963—1980 年在 NSPI 会议上出现的主题进行系统的检视。① ISPI 和 ASTD 等专业组织通过举办年会和工作坊等形式，提供了绩效技术相关的主题、理念交流碰撞的机会，协会成员之间的对话和辩论促进了绩效技术相关的理论与实践的发展。②

（二）专业协会的权威出版物塑造了绩效技术专业人员

专业协会对于绩效技术领域的重要贡献之一是出版了大量专著。从 1986 年出版的第一本全面介绍绩效技术的专著——《绩效技术简介》，到 1992 年出版的《人力绩效技术手册》(*Handbook of Human Performance Technology：A Comprehensive Guide for Analyzing and Solving Performance Problems in Organizations*)，以及随后的第 2 版和第 3 版，这些专著涵盖了绩效技术的概念框架、历史演进、理论建构、方法体系、干预措施、应用实践、研究主题和发展趋势等方面的内容。《人力绩效技术手册》和《绩效技术基础》(*Fundamentals of Performance Technology*)等书籍被指定为本专业的必读资料或教科书③，在美国绩效技术领域产生了很大的影响。ASTD 开发的胜任力模型和出版的各种工作手册(表 1-1)为绩效技术专业人员提供了操作指南④；自 1998 年开始发布的行业状况年度报告，也是绩效技术专业人员了解行业状况必不可少的重要资料。这些出版物作为高校培养绩效技术人才的教科书，也在不断地扩大自身的影响力。在研究基础上获得广泛共识的概念框架、方法体系和经典研究案例，作为学科内核，构成了教科书的主体内容，而教科书是学科知识传承和学科认同形塑的主要媒介。正如方文指出的，学科的潜在研究者(学习本学科的学生，包括本科生和研究生，特别是研究生)首先是通过教科书获得对有关学科的直观感受和学科基础知识的。⑤

表 1-1　ASTD 出版的各种工作手册

序号	出版年	出版物名称
1	1967	《培训与发展手册》 (*Training and Development Handbook*)
2	1996	《ASTD 培训与发展手册：人力资源开发指南》 (*The ASTD Training and Development Handbook：A Guide to Human Resource Development*)
3	1997	《人力资源开发研究手册：连接研究和实践》 (*Human Resource Development Research Handbook：Linking Research and Practice*)
4	2000	《ASTD 工作场所学习与绩效参考指南：现在与未来的角色和胜任力》 (*ASTD Reference Guide to Workplace Learning and Performance：Present and Future Roles and Competencies*)

---

① G. A. Rummler，"The Past is Prologue：An Eyewitness Account of HPT," *Performance Improvement*，2007(10)，pp. 5-9.

② 韩世梅、刘美凤：《专业协会在绩效技术演化中的影响》，载《远程教育杂志》，2013(5)。

③ 梁林梅：《教育技术学视野中的绩效技术研究》，146～153 页，武汉，华中师范大学出版社，2009。

④ 韩世梅、刘美凤：《专业协会在绩效技术演化中的影响》，载《远程教育杂志》，2013(5)。

⑤ 方文：《学科制度和社会认同》，15 页，北京，中国人民大学出版社，2008。

续表

序号	出版年	出版物名称
5	2008	《ASTD 工作场所学习领域从业者手册》 (*The ASTD Handbook for Workplace Learning Professionals*)
6	2010	《ASTD 领导力发展手册》* (*The ASTD Leadership Handbook*)
7	2018	《ATD 的人才发展行动指南》 (*ATD's Action Guide to Talent Development：A Practical Approach to Building Your Organization's TD Effort*)

＊该书已由电子工业出版社于 2012 年出版了中文版，书名为《美国培训与发展协会领导力开发手册》。

（三）专业协会制定的绩效技术标准和道德规范奠定了绩效技术作为专业领域的基础

2001 年，ISPI 公布了绩效技术标准和道德规范。罗杰·谢瓦利埃（Roger D. Chevalier）将其看作 1990 年以来绩效技术领域最重要的事件，认为它奠定了绩效技术作为一个真正的专业领域的基础。[①] 这些标准和规范成了在全球范围内选择与发展绩效技术专业人员的基础，也成了 ISPI 的国际认证绩效技术专业人员（Certified Performance Technologist，CPT）与 ASTD 的学习与绩效专业资格认证（Certified Professional in Learning and Performance，CPLP）的基础。ISPI 和 ASTD 等专业组织提供的专业培训与资格认证大大拓宽了绩效技术专业化发展的渠道。ISPI 制定的绩效技术标准和 ASTD 揭示的绩效技术专业人员的角色和胜任力，构成了高校开发绩效技术专业课程体系的参照标准。

五、高校绩效技术专业的开设使规范的专业人才培养成为可能

20 世纪 80 年代末 90 年代初，随着美国社会对绩效技术人才需求的增加，陆续有高校开设了与绩效技术相关的专业。至迟不晚于 1988 年，博伊西州立大学（Boise State University）的迪安·斯皮策（Dean R. Spitzer）就提出了教育技术学专业的绩效技术取向并在 NSPI 年会上就教育技术/绩效技术专业人员的胜任力做了调查。[②] 同年，玛丽蒙特大学（Marymount University）对人力资源开发专业的课程进行了修订，将一系列与绩效技术相关课程引入了硕士层次的人力资源开发专业，系统地建构了教学和绩效技术技能体系。[③] PIDT 协会对绩效技术的强调[④]，以及在教育技术学领域的重要期刊《教育技术》（*Educational Technology*）中开设的"绩效技术介绍"专栏[⑤]，为高校教育技术学专业开设

[①] R. D. Chevalier, "A Brief History of Performance Improvement," *Performance Improvement*, 2008(6), pp. 5-11.

[②] 韩世梅、刘美凤：《美国高校导入绩效技术的历程考察——以佛罗里达州立大学为例》，载《中国电化教育》，2014(2)。

[③] K. Medsker & J. Fry, "Toward A Performance Technology Curriculum," *Performance & Instruction*, 1992(2), pp. 53-56.

[④] 张祖忻：《从教学设计到绩效技术》，载《中国电化教育》，2000(7)。

[⑤] D. R. Spitzer, "Introduction to Special Section on Performance Technology," *Educational Technology*, 1990(5), p. 7.

绩效技术相关课程奠定了基础。1992—1999 年，许多高校开设了硕士和博士研究生层次的绩效技术专业。除了开设绩效技术专业之外，绩效技术的相关课程还被整合到人力资源开发、教育技术及商业管理等研究生专业的课程体系中[①]，并提供相应的学位。辛西娅·科恩（Cynthia A. Conn）对开设了教育技术学专业的 147 所高校进行了调查，其中有 50 所已经把绩效技术整合进了硕士学位课程体系[②]；埃里克·福克斯（Eric J. Fox）和詹姆斯·克莱因（James D. Klein）对 11 所美国高校的教育技术学专业的研究生课程进行了调查，结果显示有 8 所高校开设了绩效技术相关课程[③]；方圆媛和刘美凤根据 AECT 官方网站所列的开设了教育技术学相关专业的大学网址，通过互联网对遍布美国 40 个州的 122 所高校的绩效技术相关课程的设置情况进行了调研，从专业名称、培养目标、课程名称和课程描述等方面进行了分析，发现其中有 44 所高校开设了绩效技术相关课程，约占总数的 36％，图 1-2 显示了美国高校设立的与绩效技术相关的系、专业和研究方向，以及开设不同类别绩效技术课程的情况。[④]

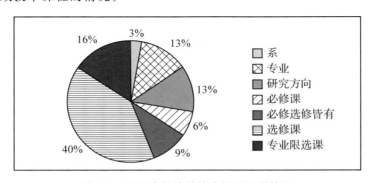

图 1-2 美国高校绩效技术课程设置情况

六、我国社会也对绩效技术专业人才提出需求

社会需要是一门学科创立、成熟和完善的主要动力。[⑤] 自我国加入世界贸易组织（World Trade Organization，WTO）以来，我国企业界在进一步走向国际的同时，也切身感受到了国际竞争的压力，不断地从管理理念、竞争机制等方面寻求发展和变革路向。近年来，我国企业界对绩效表现出强烈的关注。国务院国有资产监督管理委员会于 2006 年公布了《中央企业综合绩效评价管理暂行办法》，并于同年 9 月印发了《中央企业综合绩效评价实施细则》。随着社会各界对绩效的关注度不断增加，致力于提升个人、团队和组

---

① 韩世梅、刘美凤：《美国高校导入绩效技术的历程考察——以佛罗里达州立大学为例》，载《中国电化教育》，2014(2)。

② C. A. Conn，"A Study Investigating How Human Performance Technology Competencies Are Integrated into Educational Technology Master's Degree Programs," PhD diss.，University of Northern Colorado，2003.

③ J. D. Klein & E. J. Fox，"Performance Improvement Competencies for Instructional Technologists," *TechTrends*，2004(2)，pp. 22-25.

④ 方圆媛、刘美凤：《美国教育技术学专业绩效技术课程设置的研究》，载《中国远程教育》，2009(9)。

⑤ 王续琨：《交叉科学结构论》，249 页，大连，大连理工大学出版社，2003。

织绩效的绩效技术也受到了关注。

由于绩效往往与绩效考核（performance appraisal）和绩效管理（performance management）等任务联系在一起，这些任务往往由人力资源或培训部门承担，所以绩效技术首先在培训界和咨询界引发了关注。但在实践过程中，人们发现培训只能解决由员工知识技能缺乏引起的绩效问题，而影响员工和组织绩效的原因很多，如企业文化、工作环境、激励机制等，因此需要运用系统思维分析问题产生的原因，根据问题的性质设计和开发干预措施（集合），以期从根本上解决组织的绩效问题。自 2011 年起，我国培训和咨询界开始召开"中国绩效改进论坛"，邀请国际绩效改进协会（ISPI）时任主席朱迪·赫尔（Judith A. Hale）、杰克·菲利普斯（Jack J. Phillips）和莉莎·托尼格斯（Lisa Toenniges）等人进行主题演讲，并开设与绩效技术相关的工作坊。截至 2020 年 10 月，该论坛已连续举办了 10 届，引起广泛关注。绩效改进也频频出现在我国培训领域的各种会议和刊物上。例如，2012 年 4 月，由《培训》杂志主办的第八届中国企业培训与发展年会就将其主题确定为"职场学习和绩效改进"。此外，在 2012 年的第二届"中国绩效改进论坛"上，国际绩效改进协会中国分会（ISPI-China）成立，在 2013 年的第三届"中国绩效改进论坛"上，绩效技术研究院成立，这些都进一步推进了国际绩效技术理论研究的本地化和我国绩效技术的本土化研究与实践。无论是在高校内从事绩效技术相关研究和教学的学者，还是咨询和培训界的实践领域专家，都认为有必要培养绩效技术专业人才。

第二节　绩效技术专业人才的现状

一、国际上绩效技术专业人才发展现状

（一）国际上有经验的绩效技术专业人才严重短缺

从国际上看，绩效技术作为一个专业实践领域，仍然处于专业化的过程中，许多与之相关的问题尚未解决，需要绩效技术专业人员的行动、实践和专业成长。从各个学科进入该领域的绩效技术专业人员不仅需要具备知识方面的技术和素质，而且需要具备业务方面更全面的素质。从各个学科进入该领域的绩效技术专业人员，无论作为内部咨询人员还是外部咨询人员，虽然大多都具有相关的学术或职业背景，但实质上并未受到正规训练以专业地处理客户问题。[1] 即使在绩效技术的发源地——美国，也很难在劳动力市场找到有经验的绩效技术专业人员。[2]

（二）传统的教学设计人员不能满足更广泛的绩效技术专业需求

一般认为，绩效技术发端于教育技术自身在解决组织绩效方面的不足。教育技术专业人才在实践中认识到，如果不综合考虑培训或教学之外的其他因素（组织、人事等），

---

① 　H. D. Stolovitch & E. J. Keeps, *Handbook of Human Performance Technology：Improving Individual and Organizational Performance Worldwide*, San Francisco, Jossey-Bass, 1999, pp. 651-697.

② 　J. Fuller & J. Farrington, *From Training to Performance Improvement：Navigating the Transition*, San Francisco, Jossey-Bass, 1999, pp. xii-xiii.

组织中的培训或教学系统往往达不到预期效果。[1] 由于绩效技术和教育技术之间存在千丝万缕的联系，因此绩效技术在美国受到教育技术学领域的普遍关注。[2] "企业绩效技术"是美国教育技术学专业硕士和博士研究生的重要研究方向之一。[3] 教育技术学领域的重要期刊——《教育技术》和《技术趋势》($TechTrends$)，也都开设了专栏介绍绩效技术[4]及工作领域的学习和绩效[5]，从理论和实践两个方面对绩效技术做了系统的介绍；而绩效技术学领域的专业组织（如 ISPI）和专业期刊[如《绩效改进》($Performance\ Improvement$)和《绩效改进季刊》($Performance\ Improvement\ Quarterly$)]也都成为教育技术学领域的重要资源[6]。教育技术学专业的许多核心课都表现出明显的绩效技术取向。[7] 教育技术学专业的毕业生也可能在企业界从事教学设计等工作。米丽亚姆·拉森（Miriam B. Larson）针对教学设计的职业环境，对教学设计专业人员的培养和实践之间的对接问题进行了调查，结果表明：在最常见的四种学位中，绩效技术占到了第三位。其中，处于第一位的是教学设计或教育技术；处于第二位、第三位和第四位的，1994 年以前分别是课程设计/开发、图书馆科学/媒体中心和教学系统，而 1994—2003 年则为教学系统、绩效技术和培训与开发。[8] 丹尼尔·坎贝尔（Daniel J. Campbell）对教学系统设计的 472 个工作岗位进行了内容分析，其中工商业有 397 个职位，高校有 32 个职位，军队有 22 个职位，政府部门有 11 个职位，中小学有 4 个职位，其他组织有 6 个职位。[9]

尽管绩效技术部分是由教育技术专业人才回应不断变化的组织需求演变而来的[10]，教学设计人员有许多能力能够迁移到绩效技术工作中，但这并不意味着教学设计人员能够得到充分的培养而成为绩效技术专业人员。在多数情况下，教学设计人员具备的教学设计能力不能覆盖对绩效技术专业人员的整个能力要求。[11] 因为传统上，教学设计人员在高校接受的教育是如何制订解决教学问题的方案，但教学方案不能解决所有问题，教学设计人员并没有解决非教学问题的良好基础。而在工商业环境中，对教育技术学专业的毕

① 梁林梅：《绩效技术的起源与发展》，载《现代教育技术》，2003(2)。

② 梁林梅：《教育技术与绩效技术之关系探讨》，载《电化教育研究》，2005(12)。

③ 张祖忻：《绩效技术的启示 教育技术发展的要求》，载《现代远程教育研究》，2006(2)。

④ D. R. Spitzer, "Introduction to Special Section on Performance Technology," $Educational\ Technology$, 1990(5), p. 7.

⑤ 梁林梅：《教育技术学视野中的绩效技术研究》，4～5 页，武汉，华中师范大学出版社，2009。

⑥ J. D. Klein, N. Rushby & Su Yuyan, "Professional Organizations and Publications in Instructional Design and Technology," In R. A. Reiser & J. V. Dempsey, $Trends\ and\ Issues\ in\ Instructional\ Design\ and\ Technology$ (3rd Edition), Boston, MA, Pearson Education, Inc., 2012, pp. 273-280.

⑦ W. Dick & W. Wager, "Preparing Performance Technologists: The Role of a University," $Performance\ Improvement\ Quarterly$, 1995(4), pp. 34-42.

⑧ M. B. Larson, "Instructional Design Career Environments: Survey of the Alignment of Preparation and Practice," $TechTrends$, 2005(6), pp. 22-32, 68.

⑨ D. J. Campbell, "Establishing a Competency Model for E-Learning Instructional Systems Designers in the United States," PhD diss., University of Phoenix, 2007.

⑩ C. Ruckdeschel, M. Yarter, M. A. Riveccio et al., "Beyond Instructional Systems: A Performance Technology Degree," $Performance\ Improvement$, 1998(3), pp. 22-26.

⑪ R. Kaufman & R. Clark, "Re-Establishing Performance Improvement as A Legitimate Area of Inquiry, Activity, And Contribution: Rules of the Road," $Performance\ Improvement$, 1999(9), pp. 13-18.

业生来说,他们需要具备的胜任力和承担的工作任务,都与他们在高校环境接受的正规训练有着很大的不同。

二、我国绩效技术专业人才的培养

在我国,绩效技术首先以"行为技术学"①和"作业技术"②等名称出现在教育技术学领域的一些著作中,引起了部分学者的关注,但在整个教育技术学领域的影响不大。在1996年9月于北京航空航天大学举办的"中美培训与教育技术学术研讨会"上,大多数国内专家都是第一次听到"绩效技术"一词。③进入21世纪以来,许多学者都对绩效技术给予了关注,将其视为教育技术"走向市场的重大突破"④"实践的功能价值"⑤"学科未来发展要研究的课题之一"⑥等。

(一)有关绩效技术的研究和探索刚刚起步

虽然有研究者认为从2005年开始我国的绩效技术已进入"拓展与活跃阶段"⑦,并以2005年和2006年把绩效技术研究列为教育科学和教育技术的重点研究课题为依据,指出我国绩效技术的研究有所拓展,且自主研究的意识加强。但不可否认,我国绩效技术的研究刚刚起步,基本上处于"对基本概念与基本原理的澄清、界定和论述,对基本观点的直接运用"的初级阶段,而且这些研究往往以立项课题为支撑,缺乏延续性,随着课题的结题和课题组的解散,相应的研究也会终结。

虽然部分高校(如上海外国语大学和北京师范大学等)已有与绩效技术相关的硕士论文,内容涉及美国绩效技术课程设置、绩效技术在企业的应用案例研究、非营利组织的绩效技术应用案例研究等多个方面,但"作为对其学术地位的决定性检验的博士论文数目"⑧却很少。例如,1998年,北京师范大学的郑永柏完成了与电子绩效支持系统(electronic performance support systems,EPSS)相关的博士论文(主要侧重教学设计);2004年,华南师范大学的梁林梅完成了博士论文《教育技术学视野中的绩效技术研究》。高校人才培养几乎是一片空白。⑨

(二)在绩效技术的许多方面还存在误区

虽然绩效技术与教育技术之间存在千丝万缕的联系,但学者在二者的关系问题上存在一定的分歧。⑩ AECT在1994、2005及2008年,都发布过教育技术的官方定义(下文按发布年份将定义称为AECT 1994定义、AECT 2005定义及AECT 2008定义。)我国学

---

① [美]罗伯特·M. 加涅:《教育技术学基础》,张杰夫、赵建毅、陈跃华等译,155页,北京,教育科学出版社,1992。

② 张怡、毛广玉:《教育技术学研究的新领域——企业绩效技术》,载《中国电化教育》,1996(7)。

③ 宋钺:《提高创造性潜能教育新技术——绩效技术》,载《继续教育》,1997(1)。

④ 张祖忻:《企业绩效技术是教育技术走向市场的重大突破》,载《外语电化教学》,1995(3)。

⑤ 刘和海:《论多元视角下的教育技术学实践》,载《现代教育技术》,2011(11)。

⑥ 刘美凤:《教育技术学学科未来发展需要研究的课题》,载《中国电化教育》,2003(9)。

⑦ 陈俊、郑春厚:《绩效技术本土化发展现状研究》,载《软件导刊(教育技术)》,2010(3)。

⑧ [美]罗伯特·K. 默顿:《科学社会学——理论与经验研究》,鲁旭东、林聚任译,8页,北京,商务印书馆,2003。

⑨ 方圆媛:《美国高校绩效技术课程设置研究》,硕士学位论文,北京师范大学,2010。

⑩ 梁林梅:《教育技术与绩效技术之关系探讨》,载《电化教育研究》,2005(12)。

者把"有合适的、技术性的过程和资源"演绎为"教育过程和教育资源",并指出,和 AECT 1994 定义相比,增加了有关"绩效"的考虑,不仅显得 AECT 2005 定义既关注学习过程也关注学习结果;还表明通过培训来提高企业绩效也是教育技术学重要的研究与应用领域[①]。"关注结果"是绩效技术的基本原则之一,但这里的"结果"并不一定是"学习结果",教育技术学领域对绩效技术的研究与应用也并非仅限于通过培训来改进企业绩效。 AECT 2008 强调了"促进学习"和"改进绩效"两个方面。瑞泽在评价 AECT 2008 定义时提出,近年来,教育技术领域中的专业人员把主要精力都放在了改进人们在工作中的绩效上。虽然这种改进可以通过实施某些教学干预实现,但对绩效问题的性质进行仔细分析却往往需要非教学的解决方案,如规定新的报酬结构、向工人提供更清晰的反馈、开发电子绩效支持系统、创造知识管理系统或促进和加强非正式学习的机会等。通过教学和非教学手段来改进工作绩效已经成为新的重点,教育技术领域的任何定义都应反映这一重点。[②] 但是,从国内专业期刊上发表的与绩效技术相关的文章,如《教育绩效技术:绩效技术与教育技术融合发展的走向》[③],以及"绩效技术不但应电子绩效支持系统发展的需要而产生,而且可以帮助设计和改进电子绩效支持"[④]等陈述可以看出,对于绩效技术的基本概念与基本原理,学界仍需下大力气进行澄清、界定和论述。这样的任务需要水平更高的专业人才来承担。

(三)缺乏规范的人才培养计划

我国引入绩效技术已有 20 多年的历史了。从一开始的关注和引介,到逐渐认识到绩效技术及其专业人才培养的重要性,许多专家和学者都认为应该将绩效技术引入教育技术学学科体系中。例如,有专家指出,企业培训和绩效技术是我国(教育技术学领域)多年来最大的缺陷,呼吁尽快填补教育技术学学科的这一空白。[⑤] 但是,将绩效技术导入教育技术学专业课程体系的过程,尚局限于在现有课程中加入与绩效技术相关的内容,绩效技术应该成为我国大学教育技术学专业的独立课程[⑥],或者绩效技术应作为一门任选的专业拓展课程添加到教育技术学学科体系中[⑦]。但尝试在现有教育技术学专业的基础上开设一两门相关的课程,为学生引介绩效技术的相关知识,尚不能说是在培养绩效技术专业人才。

通过对部分高校的课程设置情况进行简单调查可知,除了上海外国语大学较系统地构建了绩效技术的课程体系,其他高校基本上没有构建相应的课程体系,不足以支撑"一个研究

---

① 何克抗:《中国特色教育技术理论的建构与发展》,213 页,北京,北京师范大学出版社,2012。

② [美]R. A. 瑞泽、J. V. 邓普西:《教学设计和技术的趋势与问题(第二版)》,王为杰等译,9 页,上海,华东师范大学出版社,2008。

③ 刘世清、关伟:《教育绩效技术:绩效技术与教育技术融合发展的走向》,载《黑龙江高教研究》,2004(4)。

④ 宿一冰、施渊:《绩效技术与电子绩效支持系统的特点及其关系探讨》,载《中国现代教育装备》,2005(12)。

⑤ 曾兰芳:《关于教育技术的本质及其学科的发展——访我国教育技术著名专家何克抗教授》,载《开放教育研究》,2003(2)。

⑥ 曾兰芳:《关于教育技术的本质及其学科的发展——访我国教育技术著名专家何克抗教授》,载《开放教育研究》,2003(2)。

⑦ 李龙:《教育技术人才的专业能力结构——五论教育技术学科的理论与实践》,载《电化教育研究》,2005(7)。

方向"。例如，在某大学的课程设置中，绩效技术方向的课程除了一门"绩效技术"，就只有一门"人力资源管理"了。名称的混乱和课程设置的不足反映了我国绩效技术专业人才培养体系的薄弱。

通过对美国高校绩效技术专业人才培养目标、课程体系等的研究，有研究者得出美国绩效技术专业人才培养主要在硕士层次，即培养实践应用型人才的结论。[①] 虽然这一结论抓住了绩效技术专业人才以应用型为主的特征，但是，一方面，单纯的应用型人才培养不能满足绩效技术专业领域自身发展的需要。绩效技术作为教育技术在其应用领域应用中形成的新的知识，应当进一步进行研究和发展[②]，更高层次的学术型人才对此也有很大需求。尽管绩效技术实践领域的发展方兴未艾，但理论研究还远远不够。我们不能把绩效技术仅仅视为一个应用知识的领域，它也是一个生成知识的领域。[③] 实践经验是完善的理论的一个重要组成部分，但其本身并不是一种完善的理论。诚如科特·勒温（Kurt Lewin）所说的，"没有什么比好的理论更有实践意义"。罗伯特·加涅（Robert M. Gagné）有关军队训练的经典研究指出，人不可能仅靠个人的经验就变得优秀。不经过一系列的研究、省思，并建立相关的基本概念和理论，我们就无法从失败中学习，就会不断地重复我们曾经犯过的错误。[④] 另一方面，对于应用型人才的培养，也不应局限于硕士层次。近年来，世界各国大力发展的"专业学位"（professional degree）也未引起绩效技术领域的重视。

（四）与绩效技术相关的学科制度严重匮乏

虽然绩效技术是一个研究与实践的专业领域，但它还不是一门成熟的学科[⑤]。一个学科的整体发展绝不仅仅意味着学科的理智进展。理智视角无法使我们明确学科的理智力量逐渐积累的动态过程，以及它在科学共同体中学术地位和合法性的建构过程。以上过程还有赖于一系列制度的支撑，即学科制度的建立和完善。[⑥]

我国绩效技术的研究还很薄弱，相对集中于对国际绩效改进协会（ISPI）研究成果的关注，尚未出现职业化和专业化的绩效技术研究者，自然不存在他们赖以栖身的研究机构和学术交流网络了。与绩效技术相关的专业协会——ISPI 中国分会，也是在 2012 年才宣告成立，尚未建立起有效的学术交流网络。[⑦] 高校多以选修课或专题讲座的形式开设绩效技术基础或概述类课程，涉及的知识体系不完善、覆盖面不一、课程深度不够，也尚未设立专门培养绩效技术专业人才的专业和方向。相关研究成果也只能依附于管理学、教育技术学等专业期刊。只有规范的学科培养计划才能为学科的发展训练和培养源源不竭的后备人才。[⑧] 在国际化背景下，如何紧跟发展趋势，响应日益增长的绩效技术实践需求，加强相关研究和人才培养，是摆在我们面前的迫切任务。[⑨]

---

① 方圆媛：《美国高校绩效技术课程设置研究》，硕士学位论文，北京师范大学，2010。
② 刘美凤：《教育技术学学科定位问题研究》，203 页，北京，教育科学出版社，2006。
③ 张祖忻：《绩效技术概论》，12 页，上海，上海外语教育出版社，2005。
④ ［美］理查德·A. 斯旺森：《绩效分析与改进》，孙仪、杨生斌译，12 页，北京，中国人民大学出版社，2010。
⑤ 张祖忻：《绩效技术概论》，9～10 页，上海，上海外语教育出版社，2005。
⑥ 方文：《社会心理学的演化：一种学科制度视角》，载《中国社会科学》，2001(6)。
⑦ 韩世梅、刘美凤：《专业协会在绩效技术演化中的影响》，载《远程教育杂志》，2013(5)。
⑧ 方文：《社会心理学的演化：一种学科制度视角》，载《中国社会科学》，2001(6)。
⑨ 韩世梅、刘美凤：《专业协会在绩效技术演化中的影响》，载《远程教育杂志》，2013(5)。

综上所述，绩效技术已经发展为一个专业领域，并产生了很大的影响[①]，在我国也引起了实践领域和教育技术学专业领域的广泛关注。但是，绩效技术在我国发展缓慢。[②] 针对其在我国发展缓慢的原因，许多研究者从不同角度进行了探讨。有学者指出，我国的政府部门及企业管理观念陈旧，缺乏竞争意识，对于工作人员培训意识薄弱，所以对绩效技术的社会需求还没有形成一定的市场和规模[③]；有学者则从教育理念、教师素质、绩效观念、人才层次等角度进行了探讨[④]。从专业领域发展的角度来看，虽然绩效技术仍然处于专业化的过程中，但其作为一个专业领域的地位已经基本确立。从学科专业发展的角度看，绩效技术满足了詹姆斯·芬恩（James D. Finn）提出的一个领域成为学科专业所需的 6 个条件中的 5 个：①要有具备智慧的技术；②在人类的实际生活中应用这样的技术；③进入这个专业之前，需要长时间的训练；④存在由专业人员组成的协会，他们组成一个联系紧密的团体，成员之间有高质量的交流；⑤出台了有关专业的系列标准和职业道德规范；但还没有满足第 6 个条件——形成一个有组织的知识体系，且这个知识体系随着研究的进行会不断扩展。刘美凤指出，特定领域（如教育技术）是否能形成一个随着研究的进行而不断扩展的有组织的知识体系，与该领域能否成为一个学科专业是相互制约的。有组织的知识体系的形成需要相应领域的专业人员进行研究；而专业人员的培养亦需要该领域专业（包括有组织的知识体系）的形成。知识体系也需要相关人才来建设和维护。[⑤] 因此，具体到绩效技术上，我们认为，相关专业人才（尤其是高层次专业人才）的匮乏，是绩效技术在我国发展缓慢的主要原因之一。对于任何一个学科和专业领域而言，无论是对其已有知识体系和学科结构的研究，还是对新理论的探索；无论是对该学科和专业领域在世界范围内的理论实践发展的研究，还是在此基础上的本地化探索，都亟须培养高层次专业人才。[⑥]

第三节 绩效技术专业人才发展需要研究的问题

加强绩效技术高层次专业人才的培养，是促进我国绩效技术发展的当务之急。高校是专业人才培养的摇篮，需要制订有针对性的培养方案。因此，构建研究生层次的绩效技术专业人才培养方案，是本书的核心任务。具体包括以下内容。

国际绩效技术的发展及专业人才培养的状况和发展趋势如何？

我国绩效技术的发展及专业人才培养的状况如何？存在哪些问题？

我国绩效技术专业人才的社会需求如何？社会对这些人才的主要角色和胜任力的要

---

① ［美］R. A. 瑞泽、J. V. 邓普西：《教学设计和技术的趋势与问题（第二版）》，王为杰等译，189～206 页，上海，华东师范大学出版社，2008。

② 梁林梅：《教育技术实践发展中一个活跃的领域：绩效技术》，载《教育发展研究》，2002(7)；陈蓉、李兴保：《谈教育技术视野中的绩效技术》，载《电化教育研究》，2005(2)；焦建文：《绩效技术在我国教育技术领域发展缓慢的原因与对策浅析》，载《云南电大学报》，2008(4)。

③ 梁林梅：《教育技术实践发展中一个活跃的领域：绩效技术》，载《教育发展研究》，2002(7)。

④ 焦建文：《绩效技术在我国教育技术领域发展缓慢的原因与对策浅析》，载《云南电大学报》，2008(4)。

⑤ 刘美凤：《教育技术学学科定位问题研究》，118 页，北京，教育科学出版社，2006。

⑥ 李爽：《基于能力的远程教育专业课程计划开发研究》，博士学位论文，北京师范大学，2006。

求分别如何？

我国绩效技术专业人才的培养目标是什么？如何构建实现这些培养目标的课程体系和与之相适应的培养方式？

通过对我国教育技术学领域的绩效技术研究状况进行调查，本书认为，制订研究生层次的绩效技术专业人才培养方案，是我国推进绩效技术发展的当务之急。人才培养目标和培养规格是整个培养方案的核心，其他内容（课程体系、教学实施计划、实践环节等）的确定都要以此为依据。因此，如何科学、合理地确定人才培养目标和培养规格是优化人才培养方案的首要工作。[①] 而人才培养目标源自社会对专业人才的需求，绩效技术专业人才的社会需求和绩效技术的知识体系决定了专业人才的素质结构和专业人才需要提供的教育经历，也就决定了课程体系、学时学分分配、教学实施计划、实践环节及课程简介等内容。因此，本书主要从以下几个方面展开论述。

一是美国绩效技术的发展与专业人才培养状况研究。

美国是绩效技术的发源地，而绩效技术是一个新兴的专业领域。本书对美国绩效技术的发展历程进行了梳理，可以使我们把握绩效技术的发展脉络，认清其发展趋势，为我国绩效技术的发展提供参考；通过对美国绩效技术专业人才培养状况进行研究，我们可以总结经验，吸取教训，为我国绩效技术专业人才的培养带来启发。

二是我国绩效技术专业人才培养状况与社会需求研究。

本书通过对我国绩效技术专业人才培养状况进行调查，并对在高校从事相关教学和研究工作的专家，以及在企业从事相关实践工作的管理人员和资深顾问进行访谈，了解我国绩效技术专业人才的社会需求情况。

三是绩效技术专业人才角色及其胜任力框架的初步构建。

本书通过文献研究，详细总结了国际绩效技术专业人才角色和胜任力的研究成果，结合与高校和实践领域专家访谈的结果，初步明确了我国绩效技术专业人才的角色并构建其胜任力框架，并以培训经理为对象，展开问卷调查，最终确定了我国绩效技术专业人才的胜任力框架，为设计绩效技术专业人才培养方案提供了支持。

四是绩效技术知识体系的建构。

本书通过对我国绩效技术专业人才的各项胜任力进行使能目标分析，吸收"企业大学转型之绩效改进顾问人才培养研讨会"的教学计划开发（developing a curriculum，DACUM）分析成果，结合绩效技术自身的特点，构建绩效技术的知识体系，为高校绩效技术课程的设置提供内容基础。

五是我国绩效技术专业人才培养方案的设计。

本书根据我国绩效技术自身的特点和专业人才的角色定位，结合国内外研究生教育的发展状况，确定我国绩效技术专业人才的培养目标和培养规格；依据绩效技术的知识体系，设计和开发一整套与培养目标和层次相对应的课程体系，进而设计与各类培养规格（包括硕士、哲学博士和专业博士）相对应的培养方案。

---

① 牛佳：《高等师范院校优化人才培养方案的几点思考》，载《内蒙古师范大学学报（教育科学版）》，2011(3)。

第二章　美国绩效技术的发展与
专业人才培养状况研究

从历史上看，绩效技术发源于美国，并逐渐将其影响扩大到了全球。由于知识具有共享性与传播性，学科有其国际化的途径，其自身具有跨越国家边界的特性①，因此，借鉴国际上已有的研究成果和实践经验是任何学科发展的必由之路。一个学科如果只体现本国经验，而排斥其他国家的经验，就是欺骗学生并反映了一种愚蠢的沙文主义。② 对美国绩效技术的发展和专业人才培养状况的研究，已成为设计绩效技术人才培养方案的重要参考，有利于我们从整体上把握绩效技术所具有的特点。

第一节　美国绩效技术的发展

任何领域的专业人员都应了解自己所在领域的历史。作为研究和实践不可分割的一部分，对绩效技术发展历程的简单回顾，可以使我们站在过去、现在和未来的交汇点上，梳理绩效技术领域的发展历史，辨明其概念框架和研究传统的逻辑演进，以便进一步形成学科认同、社会身份和概念谱系。③

《人力绩效技术手册》对绩效技术的起源与发展进行了比较详细的记述。国内学者大多将 1962 年 NSPI[1] 的成立视为美国绩效技术的开端，并用 ISPI 的名称变化来揭示美国绩效技术的三个发展阶段，如梁林梅对美国绩效技术发展历程的总结，见表 2-1④。也有学者把专业组织的建立和形成作为某一领域的研究具有相对独立性的标志，例如，以 ISPI 的建立为标准，美国绩效技术研究的历史可分为 20 世纪 60 年代初期至 70 年代初期的思想萌芽阶段、20 世纪 70 年代初期至 70 年代末期的概念提出阶段以及 20 世纪 80 年代初期至今的研究广泛阶段。⑤

表 2-1　美国绩效技术的三个发展阶段简表

阶段名称	时间	主要观点	主要事件
程序教学阶段*	20 世纪 60 年代初期至 70 年代初期	程序教学是一种促进学习的有效方法	1962 年，NSPI[1] 成立
绩效与教学阶段	20 世纪 70 年代中期至 90 年代中期	教学和培训是改进工作绩效的首选的、有效的方法	程序教学运动在美国逐渐衰落；绩效系统概念被提出；1972 年，NSPI[1] 更名为 NSPI[2]

---

① 张丽：《美国教育国际化对政府与大学关系演进的影响》，载《大学（研究版）》，2016(11)。
② 杨德广：《现代高等教育思想探索》，30 页，北京，人民教育出版社，2001。
③ 方文：《社会心理学的演化：一种学科制度视角》，载《中国社会科学》，2001(6)。
④ 梁林梅：《教育技术学视野中的绩效技术研究》，34 页，武汉，华中师范大学出版社，2009。
⑤ 尹睿、梁贵媛：《近十年中美绩效技术研究的历史回顾与发展比较》，载《中国远程教育》，2008(6)。

续表

阶段名称	时间	主要观点	主要事件
绩效改进阶段	20 世纪 90 年代中期至今	教学（培训）只是改进绩效的众多解决方法之一	工作场所从培训向绩效技术转变；绩效咨询作为一种专门职业在各类组织中相继出现；1995 年，NSPI[2] 更名为 ISPI

* 此阶段与美国教育技术的发展是融为一体的。

诚然，在学科和专业的发展过程中，专业协会的成立标志着话语共同体的正式形成。ISPI、ASTD 和 IBSTPI 等专业协会通过其出版体系、会议和工作坊等，使得绩效技术的理念和信息得以共享，而协会成员间的对话和辩论则促进了绩效技术的理论与实践的发展。绩效技术作为一个专业领域，其产生与发展必然基于特定的思想和观念，并发展出新的知识体。绩效技术领域的发展呈现出卡尔文·莫瑞尔（Calvin Morrill）提出的专业领域发展的三个阶段：首先是创始阶段，大量不适于通过传统方法解决的问题出现，人们开始寻求其他解决途径，并且越来越普遍；其次是发动阶段，各种解决问题的模式相互竞争，分别得到不同专业人士和群体的支持；最后是随着共同知识体的形成、成文的规范标准和新的专业化组织的出现及大学中相关专业的设立，该领域进入结构化阶段。[1] 随着绩效技术新知识体的发展，专门的职业领域逐渐形成，进而发展出伯顿·克拉克（Burton R. Clark）教授所说的"学术专业"，并通过系统化、规律性的训练及高校的学科发展等途径来调整和规范自己，这样就具有了技术和专门知识的基础，并且具有了服务功能。[2] 只有这样，绩效技术专业领域才会在整个社会产生影响，得到认同。

一、绩效技术的萌芽和起源

拉姆勒把绩效技术的历史划分为两个明显的阶段：①原初思想家和改革者对基本原理的探索时期（1958—1969 年）；②其他人开始学习和应用在探索时期被开发出来的重要概念，并通过各种出版物、讲座、演讲和工作坊等传播这些概念的时期。[3] 20 世纪 50 年代末和 20 世纪 60 年代，受斯金纳应用行为分析和程序教学的影响，吉尔伯特、拉姆勒、托斯蒂等人意识到绩效受多种因素的影响，并开始描述一些新出现的知识体。因此，学界普遍认为绩效技术根植于行为主义，并由程序教学运动的一个分支发展而来。[4] 吉尔伯特指出，斯金纳所做的工作第一次把我们推上了科学的坦途。[5] 通过阅读斯金纳 1938 年出版的《有机体的行为：一项实验分析》（*The Behavior of Organisms：An Experimental*

---

① ［美］W. 理查德·斯科特、杰拉尔德·F. 戴维斯：《组织理论：理性、自然与开放系统的视角》，高俊山译，307 页，北京，中国人民大学出版社，2011。

② 张丽：《伯顿·克拉克的高等教育思想研究》，83 页，武汉，华中师范大学出版社，2008。

③ G. A. Rummler, "The Past is Prologue：An Eyewitness Account of HPT," *Performance Improvement*, 2007(10), pp. 5-9.

④ H. D. Stolovitch & E. J. Keeps, *Handbook of Human Performance Technology：Improving Individual and Organizational Performance Worldwide*, San Francisco, Jossey-Bass, 1999, pp. 3-23.

⑤ P. J. Dean, "Allow Me to Introduce. Thomas F. Gilbert," *Performance Improvement Quarterly*, 1992(3), pp. 83-95.

Analysis），吉尔伯特发现了关于人类学习的科学——mathetics，把斯金纳的行为主义原理应用于工作场所，出版了《学习杂志》，并于 1962 年创立了 NSPI。[①] 在此期间，吉尔伯特创建了自己的咨询公司——TOR；拉姆勒和戴尔·布莱斯欧（Dale Brethower）领导了密歇根大学（University of Michigan）的程序学习中心，并在工作坊中讲授绩效分析及其三层框架（组织、流程、工作者）。[②]

虽然绩效技术起源于 20 世纪 60 年代初的程序教学运动的观点得到了广泛认同，但是一个新思想的萌芽、一个新领域的出现往往比其引起人们的关注要早得多。今天用以提高工作场所绩效的系统性和整体性方法，建基于 19 世纪末 20 世纪初工业革命期间威廉·汤普森（William Thompson）、亨利·法约尔（Henri Fayol）、弗雷德里克·泰勒（Frederick W. Taylor）、约翰·杜威（John Dewey）、科特·勒温、马克斯·韦伯（Max Weber）、吉尔布雷斯夫妇（Frank Gilbreth and Lillian Gilbreth）、爱德华·桑代克（Edward L. Thorndike）等人的努力之上。[③] 彼得·迪安（Peter J. Dean）指出，在绩效技术领域里最值得骄傲的是认识到我们学习的内容是由杜威、泰勒、勒温、吉尔布雷斯、彻斯特·巴纳德（Chester Barnard）、斯金纳、桑代克、希尔达·塔巴（Hilda Taba）等人所开创的传统的一部分。[④] 绩效技术作为一个研究和实践的领域并不是突然出现的[⑤]，而是随着世界的发展逐渐发展起来的[⑥]。

绩效技术作为一个领域，在发展过程中也出现了一大批学者，包括斯金纳、苏珊·马克（Susan Markle）、吉尔伯特、布莱斯欧、马杰、哈里斯、拉姆勒、托斯蒂、斯蒂芬妮·杰克逊（Stephanie Jackson）、罗杰·考夫曼（Roger Kaufman）、理查德·斯旺森（Richard Swanson）和丹尼·兰登（Danny Langdon）[⑦]；伊桑·桑德斯（Ethan S. Sanders）和朱莉·拉格尔斯（Julie L. Ruggles）认为彼得·德鲁克（Peter Drucker）和威廉·爱德华兹·戴明（William Edwards Deming）等人也应包含在内[⑧]；更有学者指出，至少有 100 个名字可以进入绩效技术英雄之列[⑨]；达琳·范·提姆（Darlene M. van Tiem）等人把桑德斯和拉格尔斯总结的先驱及其贡

① ［美］R. A. 瑞泽、J. V. 邓普西：《教学设计和技术的趋势与问题（第二版）》，王为杰等译，189～206 页，上海，华东师范大学出版社，2008。

② G. A. Rummler, "The Past is Prologue：An Eyewitness Account of HPT," *Performance Improvement*, 2007(10), pp. 5-9.

③ R. D. Chevalier, "A Brief History of Performance Improvement," *Performance Improvement*, 2008(6), pp. 5-11.

④ P. J. Dean, "Editorial：Historical Roots and Future Directions," *Performance Improvement Quarterly*, 2010(1), pp. 1-2.

⑤ ［美］R. A. 瑞泽、J. V. 邓普西：《教学设计和技术的趋势与问题（第二版）》，王为杰等译，189～206 页，上海，华东师范大学出版社，2008。

⑥ D. M. van Tiem, J. L. Moseley & J. C. Dessinger, *Fundamentals of Performance Improvement：Optimizing Results Through People, Process, and Organizations*, San Francisco, Pfeiffer, 2012, pp. 5-6.

⑦ L. Gillespie, "Book Review of Performance Improvememt Pathfinders：Models for Organizational Learning Systems," *Performance Improvement*, 1998(3), pp. 40-41, 44.

⑧ E. S. Sanders & J. L. Ruggles, "HPI Soup," *Training & Development*, 2000(6), pp. 26-36.

⑨ D. T. Tosti & R. Kaufman, "Who is the 'Real' Father of HPT?" *Performance Improvement*, 2007(7), pp. 5-8.

献进行了汇总（表 2-2）。[①]

每一个专业与其他专业之间都存在智力、知识和社会的联系。一门复杂的社会科学，或任何其他大型知识领域，就是由"各种小而窄的专业连续性编织而成的"，"文明整合的发生，是因为文明社会中的各种成员的身份重叠，那样会导致思想与价值的散播"。[②] 正是来自社会学、管理学、教育学和心理学等多个领域的思想家的影响，使绩效技术的新知识体产生了，并且使绩效技术从一开始就具备了跨学科的特征。

表 2-2　为绩效技术领域做出贡献的重要人物

人物	研究领域	研究焦点	主要贡献
克里斯·阿吉里斯（Chris Argyris）	行动科学	反思和调查人类行为的成因	丰富了学习型组织、双环学习、反馈系统的概念；创造了术语"熟练性无能"，来解释自卫行为和对管理者集体调查的恐惧是如何保护我们免受威胁或免于尴尬以及阻止学习的；开创性地进行了上层管理的队伍建设
本杰明·布卢姆（Benjamin Bloom）	分类学	基于学习者应该做什么的认知目标分类	提出了根据学习需求和认知水平改变教学的观点；揭示了教学工作应主要针对认知层次的最底层
威廉·爱德华兹·戴明	全面质量管理	强调质量而非生产目标的重要性	提出了"14 点"质量模式；第二次世界大战后帮助日本复苏经济的统计学家之一
彼得·德鲁克	管理科学	企业是人类和经济的中心；工作须有社会意义；创造了术语"自治社区"，建议员工个人或小组承担一些管理责任	丰富了分散化大型组织、目标管理、知识工作者角色的概念
罗伯特·加涅	教学系统设计	任务分析和排定任务顺序	提出了信息处理模型和九大教学事件；指出学习者需要在个别化任务中接收反馈，来纠正被孤立的问题；指出绩效技术需要处理多重目标而非串行目标；提出了五种学习类型：①动作技能；②言语信息；③智力技能；④认知策略；⑤情感态度
托马斯·吉尔伯特	行为工程	创建了绩效技术领域	行为工程模型侧重通过改变工作环境的不同方面来提高绩效，如信息资源、激励措施、知识、能力和动机等；绩效支持（而不是知识和技能）的缺失是示范性工作绩效形成的最大阻碍

---

① D. M. van Tiem，J. L. Moseley & J. C. Dessinger，*Fundamentals of Performance Improvement：Optimizing Results Through People，Process，and Organizations*，San Francisco，Pfeiffer，2012，pp. 5-6.

② 张丽：《伯顿·克拉克的高等教育思想研究》，88 页，武汉，华中师范大学出版社，2008。

人物	研究领域	研究焦点	主要贡献
乔·哈里斯	前端分析	在早期进行问题诊断,因为问题的原因往往决定解决方案	创造了术语——前端分析,来描述在解决问题之前使用的严格的诊断框架;HPI工具可以有效降低培训成本
罗杰·考夫曼	战略规划	分为宏观(社会)、中观(组织)和微观(个人)三个层面	强调了绩效改进工作会影响社会,应该被精心策划
唐纳德·柯克帕特里克(Donald Kirkpatrick)	评价	四个不同层次(反应、学习、行动和成果)的评价标准	阐述了评价对于绩效改进和培训的作用
马尔科姆·诺尔斯(Malcolm Knowles)	成人教育学	成人学习需要终身化和观念化,并且使用学习契约	成人应当做到:①自我管理学习;②知道学习目的;③将相关经验运用到学习中;④运用一种问题解决方法
科特·勒温	力场分析	用力场分析评估在对立的力量(推进的和抑制的)的激励下人类采取的行为	绩效改进在抑制性力量减少的情况下发生;参与式管理将泰勒的科学思维与民主价值观联系在一起;三个阶段的组织变革:①解冻旧行为,②将行为转移到新的水平上,③再冻结新行为
罗伯特·马杰	教学目标	教学目标应该描述学习者将能够做什么并展示提高的绩效	使用了程序教学的分支形式来描述目标,以达到预期的教学效果;与彼得·派普共同创建了绩效分析流程图
道格拉斯·麦格雷戈(Douglas McGregor)	X理论和Y理论	X是一种压抑的、独裁主义的、可怕的管理风格,Y是一种乐观的、有创造性的、独立的管理风格	提出了关于主仆对立性的隐喻理论;首创了劳资关系理论
苏珊·马克	程序教学	在斯金纳教学机器实验的基础上丰富了程序教学的概念	提出了程序教学中重要的三种学习类型:鉴别、概括、连锁反应;创建了将操作性条件反射、认知学习与信息收集相结合的程序教学模型
吉尔里·拉姆勒	三层次组织绩效	组织的、过程的和个人的工作	强调了消除管理组织图中的空白地带的重要性
彼得·圣吉(Peter Senge)	学习型组织	创建一个学习型组织的五个重要实践:①自我超越;②心智模型;③共享愿景;④团队学习;⑤系统思考	首创了"系统导向的方法"来实现高绩效

续表

人物	研究领域	研究焦点	主要贡献
斯金纳	行为主义	小步子教学，伴随大量的反馈以促进学习	奠定了绩效改进和教学设计的行为主义理论基础；发明了线性规划方法
弗雷德里克·泰勒	科学管理	整合方法、政策、计划和人	提出了科学管理原则：①基于知识而非职位的权威；②第一个工资奖励制度；③将任务进行分解；④培养一个生产力专家。为现代化的生产线奠定基础
西瓦萨拉姆·蒂拉加拉叶（Sivasailam "Thiagi" Thiagarajan）	趣味游戏	实现有趣幽默、人人交互、体验式学习的整合	提升了创新思维、游戏和乐趣作为绩效干预因素的作用
唐纳德·托斯蒂	反馈	反馈的关键特征包括给予人、时间、地点和内容	将人类绩效改进和绩效技术应用在了组织变革文化中
马文·维斯伯德（Marvin Weisbord）	六个盒子	组织诊断框架由六个关键领域组成：目的、结构、领导力、人际关系、报酬、帮助机制	其组织诊断框架被广泛应用于组织发展领域

二、绩效技术专业领域的确立

从 20 世纪 70 年代开始，许多跨学科的专业人员积极开展与绩效相关的咨询实践，试图使用不同的绩效技术模型在市场上建立自己的品牌。先前出现的概念和工具得到发展并迅速在咨询界得到使用和修改，一系列应用于组织的系统、整体的分析方法被开发出来，先后产生了派吉事公司的绩效审计方法论、马杰和派普的绩效问题分析模型及哈里斯的"话题、事件、活动"（focus，event，activity；FEA）等影响深远的模型和工具。[①]

不同于在自然科学中理论和描述体系随着科学家知识和经验的增长而完善，在社会科学中，体系常常脱颖于一个人的心智。如果这些体系引起人们注意，那么它们就会得到更多的讨论。但是，让多方合作共同努力使其不断完善的情况则很罕见。[②] 1975 年，哈里斯出版了《一盎司的分析（值一镑的目标）》，并在接受美国《培训》杂志采访时提及了 FEA，扩大了这一概念的影响力。吉尔伯特也于 1978 年出版了具有里程碑意义的经典名著——《人的能力：获取有价值的绩效》，分享了他对绩效技术的见解，并总结了许多咨询人员采用的关键概念和方法，这奠定了他作为"绩效技术之父"的地位。随着绩效技术领域的不断发展，许多成功的案例和一批享有盛誉的实践人员不断涌现，许多共享因素

① Y. Cho，Sung J. J.，S. Park et al.，"The Current State of Human Performance Technology：A Citation Network Analysis of *Performance Improvement Quarterly*，1988-2010，" *Performance Improvement Quarterly*，2011(1)，pp. 69-95.

② ［美］罗伯特·K. 默顿：《社会理论与社会结构》，唐少杰、齐心等译，59 页，南京，译林出版社，2008。

作为绩效技术的一般原理被识别出来。《绩效技术简介》则全面、系统地介绍了绩效技术。不断增加的案例研究和出版发行的文本材料使得实践人员能够更有效地共享知识[①]，从而使得绩效技术有了坚实的知识体，确立了其作为一个不同的实践领域的地位。

三、绩效技术领域的结构化发展

20世纪90年代，绩效技术进入结构化发展阶段。随着实践人员共同知识体的形成及一系列文本材料和实践案例的出现，绩效技术作为一个领域日益专业化，相关课程出现在高校课程体系中，并发展出了相应的专业，用以培养绩效技术专业人才。

当一个科学研究领域成熟到值得出版第一本手册时，其发展就达到了一个重要的里程碑。[②] 1992年，《人力绩效技术手册》的出版使绩效技术领域有了"坚实的基石"。该手册涵盖概念框架、历史演进、理论建构、方法体系、干预措施、应用实践、研究主题和未来趋势等方面的内容，充分展示了绩效技术领域在研究基础上获得广泛共识的概念框架、方法体系和经典研究案例。拉姆勒和艾伦·P. 布拉奇（Alan P. Brache）的《绩效改进：消除管理组织图中的空白地带》（*Improving Performance: How to Manage the White Space on the Organization Chart*）与罗宾逊的《绩效咨询：超越培训》等一大批影响深远的专业书籍相继出版。胜任力模型的研究也促进了绩效技术专业人才的培养。ISPI和ASTD等专业组织通过制定绩效技术标准和道德准则、澄清专业人员的胜任力、提供专业认证等，进一步促进了该领域的专业化。

从20世纪80年代末开始，绩效技术专业人员或绩效咨询师作为一种专门的职业出现。一些高校在研究生层次上提供了与绩效技术相关的课程和学位。20世纪90年代中期至今，结合新技术和对全球工作领域的新情况（国际化、快速增长、更加注重问责等）的回应，绩效技术领域继续发展。新一代的绩效技术专业人员通过其工作、研究或出版物做出贡献。吉尔伯特的行为工程模型被扩展为各种形式，一大批新的模型、工具、概念和方法形成了；吉姆·富勒（Jim Fuller）和考夫曼等人使得理解业务和关注组织目标的理念得以强化；托斯蒂在反馈、文化和绩效等方面做出了重要贡献；菲利普斯等人则引领了评价的发展；在哈里斯之后，艾莉森·罗塞特（Allison Rossett）更深刻地解释了工作帮助的价值和应用；行动学习、教练、大型团队解决方案、电子绩效支持系统、远程学习等成为绩效技术领域的解决方案，并得到了进一步发展。

第二节　美国绩效技术专业人才培养状况

作为一个研究和实践领域，绩效技术在进一步的发展过程中不断对专业人才培养提出需求。除了专业协会提供认证和工作场所，通过实际工作进行训练之外，高校开设相应的课程、设置相应的专业和学位也成为专业人才培养的主要途径。高校加入培养绩效

---

① E. Biech，*ASTD Handbook for Workplace Learning Professionals*，Alexandria，ASTD Press，2008，pp. 33-46.

② K. A. Ericsson，N. Charness，P. J. Feltovich et al.，*The Cambridge Handbook of Expertise and Expert Performance*，Cambridge，Cambridge University Press，2006，pp. 3-19.

技术专业人员的行列，对于确立本领域的可靠性是至关重要的。① 迪安的调查表明，学习与绩效技术相关的知识和技能的机会主要来自高校的课程②；沃尔特·迪克（Walter Dick）和沃尔特·韦杰（Walter Wager）明确了大学在培养绩效技术专业人员方面应该担当的角色③；罗塞特也把高校看作称职的绩效技术专业人才的重要来源④。正如卡尔·雅斯贝尔斯（Karl T. Jaspers）指出的，"哪里出现了一种知识的需求，大学就有责任在这个新领域里面提前提炼知识，并传授知识。……一旦某种新的学术倾向已经发展起来，大学迟早都会把它吸收进来，通过进一步的发现和应用促使它更上一层楼，并且还要保护它，使之成为教学材料体系的一个组成部分。……新颖的观念必须得到大学的承认，并且必须化为大学整体的一个组成部分"⑤。

虽然高校以课程、研究方向或专业形态系统化地培养绩效技术专业人才是从 20 世纪 80 年代末才开始的，但是高校作为职业化和专业化的研究者赖以栖身的主要研究机构，很早就对绩效技术的传播做出了重要贡献。在绩效技术的基础性探索期间（1958—1969 年），高校的研究中心成为孕育绩效技术领域领军人物的温床。斯金纳指导的"哈佛大学行为学习实验室"（Harvard's Behavior Learning Lab）、拉姆勒和布莱斯欧 1962 年在密歇根大学商学院研究生院创办的"用于商业的程序化学习中心"（Center for Programmed Learning for Business）就是其中的代表。⑥ 作为教育技术学领域"重镇"的佛罗里达州立大学（Florida State University），从 20 世纪 60 年代起，把加涅从匹兹堡大学（University of Pittsburgh）"挖"到了佛罗里达州立大学。加涅所做的基础性工作（特别是学习层次理论）成为绩效技术领域最基本的理论基础之一，而摩根把布兰森、莱斯利·布里格斯（Leslie Briggs）、迪克和考夫曼等人聚集起来，开设了第一个教学系统设计专业，成为绩效技术的前驱。⑦ 直到 20 世纪 80 年代末 90 年代初，才陆续有高校开设与绩效技术相关的专业。

一、美国高校绩效技术专业人才的培养目标和培养规格

人才的培养目标和培养规格是整个专业人才培养方案的核心。对美国典型高校绩效技术专业人才的培养目标和培养规格进行研究，可以反映出对绩效技术专业人才的定位。

因为绩效技术有着广泛的理论和实践基础，促进绩效技术专业发展的学术机构很少

① H. D. Stolovitch & E. J. Keeps, *Handbook of Human Performance Technology: Improving Individual and Organizational Performance Worldwide*, San Francisco, Jossey-Bass, 1999, pp. 651-697.

② P. J. Dean, "Examining the Practice of Human Performance Technology," *Performance Improvement Quarterly*, 1995(2), pp. 68-94.

③ W. Dick & W. Wager, "Preparing Performance Technologists: The Role of a University," *Performance Improvement Quarterly*, 1995(4), pp. 34-42.

④ H. D. Stolovitch & E. J. Keeps, *Handbook of Human Performance Technology: Improving Individual and Organizational Performance Worldwide*, San Francisco, Jossey-Bass, 1999, pp. 651-697.

⑤ ［德］卡尔·雅斯贝尔斯：《大学之理念》，邱立波译，117～134 页，上海，上海人民出版社，2007。

⑥ G. A. Rummler, "The Past is Prologue: An Eyewitness Account of HPT," *Performance Improvement*, 2007(10), pp. 5-9.

⑦ D. T. Tosti & R. Kaufman, "Who is the 'Real' Father of HPT?", *Performance Improvement*, 2007(7), pp. 5-8.

在本科层次上提供培训机会。彼得·库钦科(K. Peter Kuchinke)指出，在美国，绩效技术作为一个实践领域，其发展引起了硕士水平专业的增加。在高校开设相应的专业或者提供硕士层次和博士层次的课程，是促进绩效技术领域专业化发展的重要因素。①

乔·威尔莫(Joe Willmore)指出，1992 年，罗塞特开设了第一个绩效技术的研究生层次的课程，随后许多学校开始提供绩效技术的研究生学位。② 哈罗德·斯托洛维奇等人指出，1992—1999 年，许多大学引进了硕士层次和博士层次的绩效技术专业，除了单独开设绩效技术的相关课程之外，这些课程还被整合到为人力资源开发、教育技术及商业管理的研究生学位开设的课程体系。③ 卡伦·麦迪斯科尔(Karen Medsker)和约翰·弗莱(John Fry)介绍了玛丽蒙特大学将绩效技术课程引入传统的人力资源开发硕士专业的情况：1988 年，玛丽蒙特大学对人力资源开发专业的课程进行了修订，以反映教学系统设计和绩效技术；到 1992 年，该专业开设了一系列课程，系统地建构了教学和绩效技术技能。④

由于美国高校具有高度自治的特点，因此较少出现一般意义上的人才培养目标。虽然各高校对绩效技术专业培养目标的定位会根据绩效技术所处的"地位"——是独立的系、专业、研究方向还是课程——有所差别，但还是表现出了一定的共性。

(一)围绕绩效技术流程培养硕士研究生，博士则更强调研究能力

美国绩效技术硕士研究生的培养目标着重围绕绩效技术流程以及培养学生一定的识别、分析和解决各种工作环境中个人与组织的绩效问题的能力而设置，从需求评估到原因分析，再到选择、设计和开发教学或非教学型干预措施，为学生从事教学设计、培训与开发、绩效咨询等工作做准备，意在把学生培养成组织中的绩效改进顾问、项目经理等角色。对博士学位而言，以"能开展并评价应用型研究以处理组织内相关问题的人才"为目标，培养绩效技术领域理论的生产者和研究的开发者。大多提供绩效技术博士学位的高校都区分了哲学博士学位(Doctor of Philosophy，Ph. D.)和"专业博士学位[大多为教育博士(Doctor of Education，Ed. D.)]"。例如，宾夕法尼亚州立大学(Pennsylvania State University)的教学系统专业提供两种博士学位，并指出，对于所有的博士研究生来说，追求教学系统领域的高级知识都是至关重要的。教育博士专业学位关注教学系统的实践和把研究应用到真实环境中，通常会把学生培养成诸如公立学校的课程/技术协调人员、公司的教学设计领导者或咨询人员等高级实践者；而哲学博士学位关注研究，通常会把学生培养成实验室或智囊团的教授和研究者，以及能为教学系统领域增添新知识的研究者。

韦恩州立大学(Wayne State University)教育技术学专业也设立了哲学博士学位和教

①　K. P. Kuchinke, "HRD University Education: An International Research Agenda," *Human Resource Development International*, 2001(2), pp. 253-261.

②　E. Biech, *ASTD Handbook for Workplace Learning Professionals*, Alexandria, ASTD Press, 2008, pp. 33-46.

③　H. D. Stolovitch & E. J. Keeps, *Handbook of Human Performance Technology: Improving Individual and Organizational Performance Worldwide*, San Francisco, Jossey-Bass, 1999, p. xxi.

④　K. Medsker & J. Fry, "Toward A Performance Technology Curriculum," *Performance & Instruction*, 1992(2), pp. 53-56.

育博士专业学位，并用一句简短的话对两者做了区分（表2-3）：哲学博士学位更倾向于研究，而教育博士专业学位更倾向于应用。

表2-3　韦恩州立大学教育技术学专业对两种学位的区分

哲学博士学位	教育博士专业学位
领域的理论基础	特定的实践者技能发展
对其他基础的或相关学科的应用	把其他教育基础理论和技术应用到本领域
指向理论构建（theory building）的研究	主要解决个别实践者的问题的应用研究

（二）提供以硕士为主的多样化学位，涉及包含教育技术在内的广泛领域

美国绩效技术人才培养主要集中在硕士层次，培养实践应用型人才，把绩效分析、干预措施设计、开发、实施、管理与评价的能力作为高校绩效技术人才培养的重点。对于这一点，我国研究者已基本达成共识。但也有研究者指出，有少数学校在博士阶段开设了绩效技术（研究）方向。[①] 麦迪斯科尔等人对美国和加拿大的绩效技术课程开设情况所做的调查表明，做出回复的82家单位都开设了绩效技术相关课程，其中6家单位（约7%）提供学士学位作为最高学位，30家单位（约37%）提供硕士学位作为最高学位，39家单位（约48%）提供博士学位或专业学位（specialist degree），另有7家单位（约8%）未标明提供何种学位（图2-1）[②]。

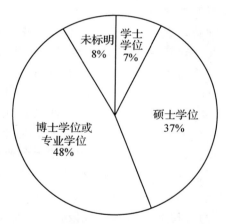

图2-1　绩效技术相关课程的最高学位分布

相应地，这些单位所颁发的学位基本为理学硕士（master of science）学位和教育学硕士（master of education）学位，也有少数是文科硕士学位。[③] 例如，在科恩的研究所涉及的7所高校中，有两所提供了教育技术专业的教育学硕士学位，另外5所则提供了理学硕

① 方圆媛：《美国高校绩效技术课程设置研究》，硕士学位论文，北京师范大学，2010。
② K. Medsker，P. Hunter，D. Stepich et al.，"HPT in Academic Curricula：Survey Results," *Performance Improvement Quarterly*，1995(4)，pp. 6-21.
③ 方圆媛：《美国高校绩效技术课程设置研究》，硕士学位论文，北京师范大学，2010。

士学位，专业涉及教育技术、教学系统、教育技术和远程教育、教学与绩效技术、传播学。[1] 方圆媛通过研究还发现，教育领导、教育和培训管理专业的教育硕士学位以及管理学理学硕士学位等硕士层次的学位，涉及商业、公共机构和非营利组织等工作环境，以及工程、教育心理与学习系统、职业研究、教育与职业研究和人力资源开发等多个学科领域与独立学院。[2]

博士层次则涉及两类：一类是哲学博士，另一类是专业博士（基本上都是教育博士）。有研究者指出，有的高校，如雪城大学（Syracuse University）的教学设计、开发与评价（instructional design，development and evaluation）专业的哲学博士学位（Ph. D.），提供了学术研究型（academic）和专业研究型（professional studies）两类，两者都为研究型取向。[3] 另有部分高校［如西佛罗里达大学（University of West Florida）］面向绩效技术方面提供了一类特殊的学位"Specialist Degree"（译为"专家学位"，是一种博士前期的学位形式，与我国的专业博士学位类似），以"培训或教育领域的管理和领导人才"为目标，培养在实际情境中运用并评价绩效技术研究成果的专家。[4] 国际高等教育领域的研究表明，寻找学术研究的位置及其与教学和学习的紧密联系，必须把最高级的专业，特别是博士工作放在注意的中心。[5]

（三）除了提供学位，还有大量证书教育

除了提供相应的硕士和博士学位，不少高校还提供绩效技术资格证书。证书教育是美国人才培养的一大特色。马晓玲把证书教育看成一种连接非学历教育和学历教育的"桥梁性教育"，其实质是一种就业或再就业的培训。[6] 例如，博伊西州立大学为那些想提高自己在绩效技术方面的技能和资质，又不能完成整个硕士学位课程的人提供了 HPT 证书，强调结合工作场所的绩效改进情境，应用绩效技术的各种模型、工具和技术；佛罗里达州立大学则按照人才所应具备的专业技能，提供了"绩效技术概念和流程""系统分析和绩效技术解决方案设计""绩效系统整合、评价和项目管理"三类证书课程，主要面向两类人群：一类是绩效技术领域的研究生，这些人已经掌握了一些基本知识，通过学习证书课程获得相关实践技能，并从干预措施各主修领域吸取深层知识；另一类是在实际工作中习得了一个或多个干预措施领域专业技能的人群，这些人希望学习绩效技术基本原理与知识。[7]

二、美国典型高校绩效技术专业课程设置研究

人才培养目标的实现需要一系列课程来保证。正是基于这样的认识，不少学者都针

①　C. A. Conn，"A Study Investigating How Human Performance Technology Competencies Are Integrated into Educational Technology Master's Degree Programs，" PhD diss.，University of Northern Colorado，2003.

②　方圆媛：《美国高校绩效技术课程设置研究》，硕士学位论文，北京师范大学，2010。

③　马晓玲：《美国教育技术学专业课程设置研究》，博士学位论文，北京师范大学，2012。

④　方圆媛：《美国高校绩效技术课程设置研究》，硕士学位论文，北京师范大学，2010。

⑤　［美］伯顿·克拉克：《探究的场所：现代大学的科研和研究生教育》，王承绪译，8 页，杭州，浙江教育出版社，2001。

⑥　马晓玲：《美国教育技术学专业课程设置研究》，博士学位论文，北京师范大学，2012。

⑦　韩世梅、刘美凤：《美国高校导入绩效技术的历程考察——以佛罗里达州立大学为例》，载《中国电化教育》，2014(2)。

对美国教育技术/绩效技术的课程设置展开了广泛的研究，受到了不少有益的启示。由于美国高校在设置专业和研究方向上具有很大的自主权限，因此各个高校都有自己的特色。本书选取博伊西州立大学和韦恩州立大学两所高校作为研究案例。

博伊西州立大学是将绩效技术独立设系的高校，而且不属于"教育技术学视野"，从其近年来的新动向可以捕捉本领域发展的趋势。相对而言，韦恩州立大学的绩效技术相关专业则属于"教育技术学视野"，提供了不同层次和类型的学位体系，并对哲学博士和专业博士进行了区分，在以往的研究中没有引起足够的重视。另外，韦恩州立大学可以跨院系选课，成为绩效技术专业人才培养的典型代表。

(一)博伊西州立大学组织绩效与工作场所学习(OPWL)系的课程设置

博伊西州立大学在工程学院下设置了教育技术与绩效技术(instructional and performance technology，IPT)系，专门培养绩效技术实践应用人才，提供 IPT 方向的理学硕士学位、绩效技术毕业证书以及工作场所数字化学习和绩效支持毕业证书。[1] 这是该大学唯一一个与绩效技术有关的系。2011 年，IPT 系接受了外部评审的建议，创建了一个能够涵盖本系当时和未来范畴，并且广大学者和实践人员都可以理解的名称，从 2013 年 8 月起更名为组织绩效与工作场所学习(organizational performance and workplace learning，OPWL)系，所提供的学位和证书也随之更改。该系把 OPWL 专业的理学硕士学位的培养目标界定为：为学生在教学设计、培训与开发、E-Learning、工作场所绩效改进、组织发展、项目评价和绩效咨询等领域的职业发展做准备，既强调实践技能，又强调概念理解，所开设的课程帮助学生学习如何在企业、政府部门、部队和其他非营利组织中应用相关的原理与技术，包括分析组织需求、选择和设计教学的与非教学的解决方案及评价以改进绩效为目的的项目，也帮助学生理解为这些原理与技术提供的基础的理论与研究。

基于上述目标，博伊西州立大学 OPWL 系的理学硕士学位的课程包括核心(必修)和论文或作品集(选修)两部分。如表 2-4 所示，必修部分除了相应地把"教学与绩效技术基础"改为"组织绩效与工作场所学习基础"，把"绩效技术"改为"工作场所绩效改进"之外，基本上没有变化；而选修部分变化较大，取消了全部选修(如 IPT"选修"中的 3 和 4)，只保留了"论文选修课"和"作品集组合"两个类别，其中"论文选修课"中的课程全部被限定为研究方法课，"作品集组合"也被限定了必须从两门研究方法课中选择一门，突出了对研究方法的重视。如表 2-5 所示，除了"E-Learning 原理和实践""组织中的人种志研究""教学策略"三门课保持不变，其他课程都发生了一定程度的变化，主要体现在：①把传统的教学多媒体和基于计算机的培训设计调整为 E-Learning 相关，进一步突出了对 E-Learning 的重视；②从传统的教学传递技术发展成为混合学习，其目的也从教学转变为改进绩效；③从强调学习类干预措施，如学习风格、在线传播和学习等，转变为对组织绩效的重视，如变革管理、可持续性组织等。以上变化从整体上反映出围绕学习和教学的干预措施的优势与特色到组织绩效的变化。

---

[1] 方圆媛：《美国高校绩效技术课程设置研究》，硕士学位论文，北京师范大学，2010。

表 2-4　博伊西州立大学 OPWL 系理学硕士学位的课程体系及其变化

OPWL			IPT		
类别	课程	学分	类别	课程	学分
核心 （计 24 学分）	OPWL529 需求评估	4	必修 （计 24 学分）	IPT529 需求评估	4
	OPWL530 评价	4		IPT530 评价方法论	4
	OPWL535 成人学习原理	4		IPT535 成人学习原理	4
	OPWL536 组织绩效与工作场所学习基础	4		IPT536 教学与绩效技术基础	4
	OPWL537 教学设计	4		IPT537 教学设计	4
	OPWL560 工作场所绩效改进	4		IPT560 绩效技术	4
论文选修课或作品集组合两个类别（二选一，计 12 学分）	论文选修课：OPWL531 组织中的定量研究	3	选修 （计 12 学分）	以下项目四选一： 1. 论文（需要答辩） 选修（6 学分）＋论文（IPT593，6 学分） 2. 项目（需要答辩） 选修（6 学分）＋真实项目（IPT591，6 学分） 3. 学习档案袋（需要答辩） 选修（12 学分） 4. 不需要论文（需要参加综合考试） 选修（12 学分）	
	论文选修课：OPWL532 组织中的人种志研究	3			
	论文选修课：OPWL593 毕业论文（需答辩）	6			
	作品集组合：OPWL531 组织中的定量研究或 OPWL532 组织中的人种志研究	3			
	作品集组合：其他选修课	8			
	作品集组合：OPWL592 作品集（需答辩）	1			
学分总计		36	学分总计		36

表 2-5　博伊西州立大学 OPWL 系理学硕士学位的选修课及其变化

OPWL		IPT		备注
课程	学分	课程	学分	
OPWL523 快速 E-Learning 开发	3	IPT523 教学多媒体的编著技能	3	课程编号一致，OPWL 替换了 IPT，部分内容发生变化
OPWL525 E-Learning 原理和实践	3	IPT525 E-Learning 原理和实践	3	
OPWL531 组织中的定量研究	3	IPT531 研究设计、统计、测量概览	3	
OPWL532 组织中的人种志研究	3	IPT532 组织中的人种志研究	3	
OPWL538 教学策略	3	IPT538 教学策略	3	
OPWL550 为改进绩效的混合学习	3	IPT550 教学中的传递技术	3	
OPWL551 E-Learning 内容设计	3	IPT551 基于计算机的培训设计	3	

续表

OPWL		IPT		备注
课程	学分	课程	学分	
OPWL547 工作场所的高级教学设计	3	IPT571 绩效技术师需要了解的管理事宜	3	
OPWL577 变革管理	3	IPT540 IPT 中的学习风格应用	3	
OPWL578 设计可持续性组织	3	IPT563 工作帮助和电子绩效支持	3	
OPWL590 实践课/实习	可以获得	IPT510 合作式的在线传播和学习	1	
OPWL593 论文答辩（需答辩）	6	IPT574 绩效咨询	3	课程编号不一致，内容完全不一样
OPWL595 阅读材料和会议	可以获得	IPT561 人力因素工程学	3	
OPWL596 独立研究	可以获得	IPT575 项目管理	3	
—	—	IPT583 教育技术中的选修主题	3	
—	—	IPT584 选修主题：网络技术应用（Dream Weaver，Flash）	3	

（二）韦恩州立大学绩效技术的课程设置及其变化

韦恩州立大学为了消除许多研究生专业"万金油"（one size fits all）的特点，在硕士学位层次提供了绩效改进与培训、教学设计、K-12 技术整合和交互性技术四个方向供学生选择，希望学生能够在他们的职业道路上进行规划并发展技能。[①] 硕士学位层次的"绩效改进与培训"方向提供了"绩效技术""绩效咨询与分析""需求评估和项目有效性"三门核心课，以及"知识管理和绩效支持系统""培训与组织改进的策略性规划""项目管理"等多门选修课，以培养学生诸如教学设计、项目管理、知识管理和变革管理等方面的胜任力。[②]表 2-6、表 2-7 分别显示了韦恩州立大学绩效改进与培训方向硕士学位和教育技术学专业博士学位的课程设置情况。

表 2-6　韦恩州立大学绩效改进与培训方向硕士学位课程设置[③]

课程类型	课程名称（学分）
专业必修课（IT 核心课）	IT7100 教育技术研究生研讨导论课（2 学分）/ IT8100 教育技术背景、事件和趋势（4 学分）（任选一门）
	IT6110 教学系统设计基础（4 学分）/ IT7150 教育产品和项目评价（4 学分）/ ED7999 硕士生期末研讨（3 学分）

[①] 方圆媛：《美国高校绩效技术课程设置研究》，硕士学位论文，北京师范大学，2010。
[②] 马晓玲：《美国教育技术学专业课程设置研究》，博士学位论文，北京师范大学，2012。
[③] 方圆媛：《美国高校绩效技术课程设置研究》，硕士学位论文，北京师范大学，2010。

续表

课程类型	课程名称（学分）		
绩效改进与培训方向必修课	IT7110 高级教学设计工具与技术 / IT7320 绩效技术 / IT8320 绩效咨询与分析（各 4 学分）		
	IT8150 需求评估和项目有效性（3 学分）		
绩效改进与培训方向选修课	IT7115 理解成人学习者 / IT7420 知识管理和绩效支持系统 / IT7920 培训与组织改进的战略性规划（各 4 学分）		
	IT7120 项目管理 / IT7130 促进学习 / IT8120 教育技术的实习项目（各 3 学分）		
技术选修课	IT7140 在线课件开发 / IT7220 教学多媒体 / IT7120 远程教育基础 / IT7410 绩效支持系统（各 4 学分）		
	建议技术技能和经验有限的学生至少选一门		
一般性专业选修课（每个方向至少各选一门）	方向 1	EER7630 统计基础（推荐）（3 学分） / EER7610 评价与测量（2～3 学分）	
	方向 2	EDP7350 学习的过程（2～3 学分）	
	方向 3（本学院之外的选课）	商业管理学院： 商业管理：BA6020 管理原则与组织流程（2～4 学分） / BA7040 管理组织行为（3 学分） 信息系统与制造：ISM7500 商业信息管理（3 学分） 管理与组织科学：MGT6060 管理过程（2 学分） / MGT7700 创新与技术的领导与管理（3 学分） MGT7640 人力资源管理 / MGT7630 组织变革与发展 / MGT7620 复杂组织（各 3 学分）	
		图书馆与信息科学学院： LIS6080 信息技术 / LIS6210 知识组织（各 3 学分）	
		表演与传播艺术学院：言语传播：SPC6250 组织传播（3 学分）	
		文学院： 人类学：ANT7700 工商业中的人力学研讨会（3～9 学分） 英语：ENG5830 技术和专业写作导论（3 学分） 政治科学：PS7320 组织理论与行为 / PS7350 管理公共组织和项目（各 3 学分）	
		药理和健康科学的尤金·艾波鹏学院：职业和环境健康科学：OEH7110 职业的人体工学（2 学分）	
		心理科学学院（各 3 学分） PSY5550 组织的心理分析 / PSY5750 工程心理学 / PSY7560 领导力与执行力发展的理论与研究 PSY6540 组织与员工配备 / PSY6550 培训与员工发展 / PSY7080 人类认知 / PSY7090 学习理论 PSY5540 动机与工作 / PSY7570 动机与士气的理论与研究 / PSY7580 组织变革与发展的理论与研究	

表 2-7　韦恩州立大学教育技术学专业博士学位的课程设置

课程类型	课程名称	学分	备注
专业必修课（教育技术核心课）（27 学时）	IT6110 教学系统设计基础	4	公共必修课
	IT7100 教育技术研究生研讨导论课	2	
	IT7150 教育产品和项目评价	4	
	IT7320 人力绩效技术	4	
	IT8100 教育技术背景、问题和趋势	4	
	IT8110 教学设计理论与研究	4	
	IT8150 需求评估	3	
专业方向（Ph. D. 至少 16 学时）	IT7115 理解成人学习者	4	公共选修课
	IT7130 促进学习	3	
	IT7210 远程教育基础	4	
	IT7180 信息设计	4	
	IT7110 高级教学设计工具与技术	4	
	IT7420 知识管理	4	
	IT8120 教育技术实践课（每学期提供）	1～9	
	IT8130 教育技术个人项目（每学期提供）	1～9	
	IT8180 教育技术文献阅读（每学期提供）	1～9	
	IT7120 项目管理	4	绩效改进与培训方向
	IT7920 培训与组织改进的战略规划	4	
	IT8320 绩效咨询	4	
	IT7140 基于 Web 的课件开发	4	交互技术方向
	IT7220 教学多媒体	4	
	IT7230 高级教学多媒体	4	
	IT7310 学习管理系统	4	
	IT7410 绩效支持系统	4	
	IT7510 为学习和绩效改进开发模拟	4	
	IT5110 教育和培训中的技术应用	3	K-12 技术整合方向
	IT5120 制作基于技术的教学材料	3	
	IT6140 为课堂（教学）设计 Web 应用	3	
	IT6230 K-12 课堂（教学）中的 Internet	3	
	IT7240 新技术的应用：学校中的技术设施	4	
	IT8140 先进技术的整合高级课程	3	

续表

课程类型	课程名称	学分	备注
研究类课程 （18 学时）	EER7630 统计学基础	3	—
	EER7870 质性研究基础	3	
	——下列 3 门课中的 1 门——		
	EER7880 人种志研究基础	3	
	EER8800 方差和协方差分析	4	
	EER8700 高阶质性评价	4	
	——加上——		
	IT9105 在教育技术中开展研究	3	
	IT9110 高级研讨会和实习	3	
博士生研讨会 （至少 6 学时）	EDA9790 教育管理学	3	—
	EDP9310 教育心理学	3	
	EDS9620 教育社会学	3	
	EHP9600 教育的历史和哲学	3	
	TED9130 课程与教学	3	
专业外选修	哲学博士 12 学分；专业博士 10 学分		—
博士论文	哲学博士 30 学分；专业博士 20 学分		—

韦恩州立大学的绩效技术课程体系有如下主要特征。

第一，硕士学位课程分类明显，指导性强；博士学位课程则"一视同仁"。

绩效改进与培训方向硕士课程包括专业必修课（IT 核心课）、绩效改进与培训方向必修课、绩效改进与培训方向选修课、技术选修课和一般性专业选修课五类。专业必修课是所有研究方向的必修课，为进入教育技术（特别是教学设计）领域奠定基础；绩效改进与培训方向必修课帮助学生学习绩效技术基本原理，培养绩效评估和分析的基本能力，包括"高级教学设计工具与技术""绩效技术""绩效咨询与分析""需求评估和项目有效性"四门课程；绩效改进与培训方向选修课培养学生设计与开发教学类干预措施的能力，包括"理解成人学习者""知识管理和绩效支持系统""培训与组织改进的战略性规划""项目管理""促进学习""教育技术的实习项目"六门课程；技术选修课包括"在线课件开发""教学多媒体""远程教育基础""绩效支持系统"四门课程，为信息技术较弱的学生提高 IT 技能以胜任信息化社会的需求提供了机会[1]，要求技术和经验有限的学生至少选修一门。

在博士学位中，专业必修课（教育技术核心课）增加至 25 学分。虽然马晓玲区分了"绩效改进与培训""交互技术""K-12 技术整合"三个方向[2]，如表 2-7 的备注栏所示，但从韦恩州立大学教育学院官方网站中可以看到，课程设置取消了方向必修课、方向选修课和技术选修课的区分，统一为"专业方向"，给予"平等的地位"，要求哲学博士研究生至少

---

① 方圆媛：《美国高校绩效技术课程设置研究》，硕士学位论文，北京师范大学，2010。
② 马晓玲：《美国教育技术学专业课程设置研究》，博士学位论文，北京师范大学，2012。

学习 16 学时，比硕士学位课程增加了许多新的课程，如"学习管理系统""为学习和绩效改进开发模拟""教育和培训中的技术应用""新技术的应用：学校中的技术设施""先进技术的整合高级课程"等，显示出对新技术应用的关注升温，并在每个学期都增加了 1～9 个学分的"教育技术个人项目"，充分体现了对博士研究生的实践要求。

第二，通过专业必修课突出教育技术学视野，博士层次凸显绩效技术取向。

由于绩效改进与培训方向是在教育技术学专业内开设的，课程体现了对专业必修课的重视，在博士层次更为突出，硕士层次课程要求从"教育技术研究生研讨导论课"和"教育技术背景、问题和趋势"两门课程中任选其一，博士层次课程将其都改成了必修课。在博士学位课程体系中，硕士学位课程中的"绩效技术""需求评估和项目有效性"等绩效改进和培训方向必修课都改成了专业必修课，意味着所有教育技术专业的博士（包含哲学博士和专业博士）都必须选修这些课程。

第三，提供了广泛领域的跨院系选修课。

跨院系选课是美国研究生教育的重要特征之一。韦恩州立大学的教育技术专业为学生提供了广泛领域的选修课程，称为"一般性专业选修课"（专业外选修课）。与其他三个方向相比，绩效改进和培训方向的选修课最为丰富，充分体现了绩效技术的综合性和广泛性，为学生结合自身特长和兴趣，培养设计开发各类非教学类干预措施的能力提供了良好的学习平台。可供选修的课程包括商业管理学院的"管理原则与组织流程""管理组织行为""人力资源管理""组织变革与发展""复杂组织"，图书馆与信息科学学院的"信息技术"和"知识组织"，表演与传播艺术学院的"言语传播"和"组织传播"，文学院人类学方向的"工商业中的人力学研讨会"、政治科学方向的"组织理论与行为"和"管理公共组织和项目"，心理科学学院的"工程心理学""领导力与执行力发展的理论与研究""培训与员工发展""动机与工作""组织变革与发展的理论与研究"等。[1] 博士学位课程中虽然没有明确列出需要选修哪些学院的课程，但明确提出了跨院系选课的要求。为学生提供尽可能多的跨领域、跨专业课程，成为韦恩州立大学课程设置最主要的特色。[2]

第四，博士层次注重"定量研究"，哲学博士也关注"质性研究"。

从表 2-8 中可以看出，硕士学位课程只要求从"统计学基础"和"评价与测量"两门研究方法相关的课程中选择一门，而在博士学位课程中，研究方法课程占有很大比重（16 学分），在哲学博士和专业博士两类学位之间也存在一定的差异：哲学博士强调建构理论，因此除了数据统计分析和定量研究类课程外，还包括定性研究类课程；专业博士侧重解决实践者面临的具体问题，因此课程全是数据统计分析和定量研究类的。[3] 哲学博士和专业博士共享"统计学基础""方差和协方差分析""高级统计学实验""教学技术研究""高级研究研讨课和实习课"（共计 13 学分），专业博士还需要从"定量研究基础"（3 学分）和"高级定量评价：理论和实践"（3 学分）中任选一门，构成 16 学分；而哲学博士则需要从"多变量分析"和"质性研究基础"中任选一门（3 学分）。根据表 2-8，哲学博士的研究方法课更突出了"质性研究"的要求，把"质性研究基础"作为必修课。

① 方圆媛：《美国高校绩效技术课程设置研究》，硕士学位论文，北京师范大学，2010。
② 马晓玲：《美国教育技术学专业课程设置研究》，博士学位论文，北京师范大学，2012。
③ 马晓玲：《美国教育技术学专业课程设置研究》，博士学位论文，北京师范大学，2012。

表 2-8　韦恩州立大学教育技术专业博士研究方法课程一览①

课程类型	课程名称	
	IT 专业哲学博士课程	IS 专业教育学博士课程
研究方法课程（16 学分）	EER7630 统计学基础（3 学分） EER8800 方差和协方差分析（3 学分） EER7660 高级统计学实验（1 学分）	
	EER8820 多变量分析（3 学分） 或者 EER7870 质性研究基础（3 学分）	EER7879 定量研究基础（3 学分） 或者 EER8720 高级定量评价：理论和实践（3 学分）
	IT9105 教学技术研究（3 学分） IT9110 高级研究研讨课和实习课（3 学分）	

第五，除了"研究方法课程"，"博士生研讨会"是博士与硕士课程的另一重要差别。

绩效改进与培训方向硕士和教育技术学专业博士所学的绩效技术方向课程大体一致，只是博士的课程包含了更多的研究方法，更注重研究能力和学术的修养，硕士则侧重培养动手实践能力②，这一概括标明了硕士与博士的区别。然而，博士课程中还包括与教育密切相关的"博士生研讨会"，要求从"教育管理学""教育心理学""教育社会学""教育的历史和哲学""课程与教学"五门课中至少修满 6 学时，即两门课，其目的是为博士生的研究提供坚实的教育学理论基础。③

三、美国高校绩效技术专业课程设置的启示

（一）课程设置应提供相对完善的课程体系，涉及多样化的主题

麦迪斯科尔和弗莱详细介绍了玛丽蒙特大学人力资源开发专业硕士学位的课程体系（图 2-2）。此课程体系按照逻辑顺序设计，具有很强的绩效技术取向，以技能为核心，以胜任力为基础④，鼓励学生遵照顺序，通过把课堂上的原理应用到与工作有关的情境中，掌握相应的实践技能。⑤ 麦迪斯科尔和帕蒂·亨特（Patty Hunter）等人针对美国和加拿大开设绩效技术课程的情况进行了调查，结果显示：做出回复的 82 家单位都提供了与绩效技术相关的课程（图 2-3）。其中，培训及与培训相关的主题仍然是大部分课程关注的焦点，但是在未来两年内"计划添加"的大部分是非培训类主题，关注更广泛的绩效改进概念而不仅仅是相对狭隘的培训设计，表明了从培训到绩效技术的转型；所有 18 个主题都被讲授，连最不受重视的人类工程学，也至少在 30 多家单位作为某门课的一部分被讲授，揭示了高校实现基于绩效技术的课程转变不是一个孤立事件，而是教育技术、人力资源

---

① 马晓玲：《美国教育技术学专业课程设置研究》，博士学位论文，北京师范大学，2012。

② 方圆媛：《美国高校绩效技术课程设置研究》，硕士学位论文，北京师范大学，2010。

③ 马晓玲：《美国教育技术学专业课程设置研究》，博士学位论文，北京师范大学，2012。

④ K. Medsker & J. Fry, "Toward A Performance Technology Curriculum," *Performance & Instruction*，1992(2)，pp. 53-56.

⑤ H. D. Stolovitch & E. J. Keeps, *Handbook of Human Performance Technology：Improving Individual and Organizational Performance Worldwide*，San Francisco，Jossey-Bass，1999，pp. 651-697.

开发等专业和领域的大趋势。另外，这些研究结果也显示出绩效技术从进入高校的课程体系开始，就至少表现出两个方面的多样性：一方面，绩效技术出现在多个学术专业的课程体系中，包括教育技术/教学设计与技术、人力资源开发、成人学习、商学、管理学和传播学等；另一方面，绩效技术本身涉及多个主题。①

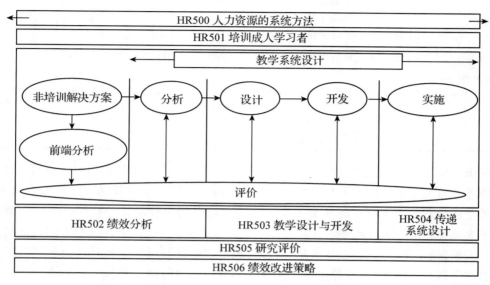

图 2-2 玛丽蒙特大学人力资源开发专业硕士学位课程体系

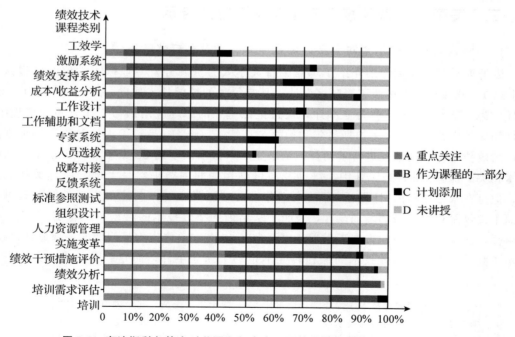

图 2-3 麦迪斯科尔等人对美国和加拿大开设绩效技术课程情况的调查结果

① K. Medsker，P. Hunter，D. Stepich et al.，"HPT in Academic Curricula：Survey Results，" *Performance Improvement Quarterly*，1995(4)，pp. 6-21.

(二)课程设置应注重跨学科培养，倡导或要求跨院系选课

绩效技术领域具有较强的综合性、明显的学科交叉性和应用性，以系统科学、心理学、经济学、管理学、传播学等领域的知识为基础[①]，倡导或要求跨院系选课成为绩效技术专业人才培养的主要思路之一[②]。韦恩州立大学就是一例。与韦恩州立大学提供大量的选修课不同，佛罗里达州立大学在其绩效改进与人力资源开发专业的必修课和选修课中都对跨院系修学课程进行了规定。在其必修课系列内（表2-9），相关学习者需要从商学院修学"人力资源开发"和"人员培训与开发"两门课程，还需要从教育领导力与政策研究学院修学"项目评价导论"课程。[③] 表2-10则显示了更广范围的跨学院修学要求。[④]

表 2-9　佛罗里达州立大学绩效改进与人力资源开发专业必修课

课程代码	课程名称	修习学院
ADE5083	人力资源开发	商学院（人力资源管理专业）
ADE5189	人员培训与开发	
EDF5461	项目评价导论	教育领导力与政策研究学院（教育政策研究和评价专业）
EME6691	绩效系统分析	本学院本专业
EDP5216	教学的学习与认知理论	
EME5601	教学系统导论	
EDF5942	实习	

表 2-10　佛罗里达州立大学绩效技术专业的跨院系课程体系

院、系、所	相关课程	
教育学院	■绩效系统分析　　■人力资源开发 ■管理绩效开发　　■调查研究方法 ■绩效评价和测量　■远程学习 ■成人学习　　　　■绩效支持系统	
传播学院	■组织传播　　　　　■创新扩散 ■群体动力学和领导力　■说服力	
商学院	■组织理论　　　　　■经营和生产管理 ■人事/人力资源管理　■财务 ■组织变革与管理　　■战略规划 ■传播和决策过程	

---

① 马晓玲：《美国教育技术学专业课程设置研究》，博士学位论文，北京师范大学，2012。
② 方圆媛：《美国高校绩效技术课程设置研究》，硕士学位论文，北京师范大学，2010。
③ 方圆媛：《美国高校绩效技术课程设置研究》，硕士学位论文，北京师范大学，2010。
④ 韩世梅、刘美凤：《美国高校导入绩效技术的历程考察——以佛罗里达州立大学为例》，载《中国电化教育》，2014(2)。

续表

院、系、所	相关课程	
来自其他学科的课程	■行为分析	■经济学
	■管理信息科学	■社会学

(三)课程设置应以一定的胜任力框架为参照

在美国，专业认可由独立的专业(职业)协会掌握，目的是为该专业的学生建立学习期间必须达到的统一的和最低的专业(职业)标准。[1] 如前所述，ASTD、ISPI 和 IBSTPI 等专业协会通过胜任力研究、制定标准和道德规范，为绩效技术专业人才培养提供了指南，成为选择和发展绩效技术专业人才的基础。[2] 因此，美国的许多高校都根据相关协会的标准或自己开发的胜任力框架设置课程，如博伊西州立大学参照 ISPI 的绩效技术标准，通过深度的课程标杆研究，开发了如表 2-11 所示的胜任力模型作为课程的总体目标，此模型明确了合格人才的能力要求，也成为其构建课程体系的基础。这些胜任力是指"成功完成教学和绩效技术领域某工作必备的一系列知识、技能或个人特征"，分为"专业实践""分析流程""技术产品""人际交往技能"4 个维度 38 个要点，其中，"专业实践"的要求与 ISPI 绩效技术标准大致符合，"分析流程"围绕绩效技术的关键环节提出了对应的能力要求，"技术产品"强调了制作、开发绩效干预具体办法的能力，"人际交往技能"则梳理出了面对不同人际交往情境时的行为要求。[3] 佛罗里达州立大学也开发出了自己的教学系统专业胜任力列表，用以指导课程开发、对学生进行评估以及对培养项目的有效性进行评价[4]，详见附录 2-1。韦恩州立大学的教学设计课程的顺序也与 IBSTPI 的能力标准相匹配，而专业整体上与 AECT 过程一致[5]。

表 2-11　博伊西州立大学教学与绩效技术胜任力[6]

维度	具体要求			
专业实践	■愿景和目标设定	■结果定向的实践	■增加价值的实践	■系统的观点　■领导力
	■对商业和行业的理解	■项目管理	■咨询	■专业和道德的判断
分析流程	■分析性思维	■需求评估和分析	■数据分析	■模块建构与选择　■观察
	■研究	■系统化的问题解决	■成本有效分析	■评价干预措施的结果

① 沈红:《美国研究型大学形成与发展》,166 页,武汉,华中理工大学出版社,1999。

② R. D. Chevalier, "A Brief History of Performance Improvement," *Performance Improvement*, 2008(6), pp. 5-11。

③ 方圆媛:《美国高校绩效技术课程设置研究》,硕士学位论文,北京师范大学,2010。

④ 韩世梅、刘美凤:《美国高校导入绩效技术的历程考察——以佛罗里达州立大学为例》,载《中国电化教育》,2014(2)。

⑤ 马晓玲:《美国教育技术学专业课程设置研究》,博士学位论文,北京师范大学,2012。

⑥ 方圆媛:《美国高校绩效技术课程设置研究》,硕士学位论文,北京师范大学,2010。

续表

维度	具体要求				
技术 产品	■成人学习	■计算机媒介交流 技能	■写作技能	■演示技能	■设计非教学类 干预措施
	■设计教学类 干预措施	■开发非教学类 干预措施	■开发教学类 干预措施	■实施教学类 干预措施	■实施非教学类 干预措施
人际交 往技能	■说服和支持	■辅导	■处理	■委派	■促进
	■反馈	■小组动力学、 小组流程	■自我的知识	■社会意识	■与客户合作

(四)教学/培训类干预措施仍是主流和特色

虽然很多高校认识到了教学/培训仅仅是干预措施的一种类型，但是它们所开设的干预措施的课程仍普遍围绕教学类干预措施展开。例如，雪城大学的"项目管理和人力绩效技术"方向，"以培训和教学类课程为主导"为其特色。博伊西州立大学为绩效技术独立设立的系也是如此。该系干预措施的课程大多围绕学习和教学展开，以此作为其优势和特色。[①] 非教学类干预措施只是作为一种趋势出现，尤其是在教育学院或教育技术系开设的专业或研究方向。

(五)关注实践技能的培养和培养对象的选择

虽然高校在培养绩效技术专业人才中起着越来越重要的作用，但高校只有通过和实践人员合作，才能培养出更好的专业人才。日常经验和在职活动仍然是学习和发展绩效技术最有效的途径。[②] 如果毕业生能够展示出分析、设计小范围的干预措施和评价方面的实践技能，再加上具有业务实践和组织动力学方面的基本知识，那么其在本领域的可靠性也将大大加强。[③] 因为人们通过做来学习，学习的整合只有通过有意义的行动才能发生。[④] 对于那些希望成为绩效技术专业人才的硕士研究生来说，要求他们在一位有经验的绩效技术指导者的监督下工作几个月，从而展示出基本技能方面的胜任力，无论对高校还是用人单位，都是非常有益的：一方面，高校可以培养高素质的学生，从而在商业界确立他们的影响力；另一方面，有经验的实践人员可以获得助手，如在法律、会计和医疗等行业，并且有机会判断有潜在价值的未来雇员。对学生来说，他们可以获得实践的机会来发展自己的胜任力，还可以获得实践经历(这对他们的简历来说尤其重要)，从而

---

① 方圆媛：《美国高校绩效技术课程设置研究》，硕士学位论文，北京师范大学，2010。

② H. D. Stolovitch & E. J. Keeps, *Handbook of Human Performance Technology：Improving Individual and Organizational Performance Worldwide*, San Francisco, Jossey-Bass, 1999, pp.651-697.

③ H. D. Stolovitch & E. J. Keeps, *Handbook of Human Performance Technology：Improving Individual and Organizational Performance Worldwide*, San Francisco, Jossey-Bass, 1999, pp.651-697.

④ H. D. Stolovitch & E. J. Keeps, *Handbook of Human Performance Technology：A Comprehensive Guide for Analyzing and Solving Performance Problems in Organizations*, San Francisco, Jossey-Bass, 1992, p.335.

使自己更有信心面对工作市场。① 因此，从绩效技术社团的成员那里获得某种形式的指导是无价的。正如杰里·吉雷(Jerry W. Gilley)和斯蒂芬·艾格兰德(Steven A. Eggland)指出的，"有指导的培养项目更进一步地面向职业生涯"，这种方式比简单的在职培训更有针对性。②

与多数人关注 HPT 培养项目的"产出"(毕业生)不同，罗塞特建议把关注点放在"输入"，即报考绩效技术专业的学生上，呼吁提出 HPT 研究生专业的特殊准入要求，即学生应该已经具备一些在该领域工作所必需的技能或知识，如组织行为学、信息技术或工业心理学等方面的技能或知识。③ 拉姆勒也指出，绩效咨询领域并不适合每个人。④

由此可见，绩效技术自身的跨学科特性，使得绩效技术从一开始就是从研究生层次进入高校课程体系的。随着学科自身发展和社会对绩效技术专业人才素质的要求越来越高，博士学位课程越来越受到重视。也正是因为绩效技术建立在广泛的理论基础之上，从几乎所有与人和组织有关的学科领域摄取养分，所以才有了其多层次、多样化的学位需求。而所有这些学位需求必然需要分层次、多样化的课程设置来满足。在专业协会的胜任力和标准规范的基础上，开发出符合自身特色的胜任力框架，成为指导课程设置的重要依据。

美国绩效技术领域的发展及其人才培养揭示了绩效技术领域的整体发展路径。从学科发展的视角来看，我国绩效技术专业人才必然会表现出一定的共性。由于我国与美国在文化、历史、社会形态和发展阶段等方面不同，在绩效技术领域发展的过程中也必然会表现出一定的差异。把握其共性可以使我国绩效技术的发展和人才培养与世界接轨，只有分析其差异才能使我国绩效技术领域的发展走出适合自身的道路。

---

① H. D. Stolovitch & E. J. Keeps, *Handbook of Human Performance Technology：Improving Individual and Organizational Performance Worldwide*, San Francisco, Jossey-Bass, 1999, pp. 651-697.

② J. W. Gilley & S. A. Eggland, *Principles of Human Resource Development*, Reading, Addison-Wesley, 1989, pp. 325-345.

③ A. Rossett, "Performance Technology and Academic Programs in Instructional Design and Technology：Must We Change?" *Educational Technology*, 1990(8), pp. 48-51.

④ G. A. Rummler, *Serious Performance Consulting：According to Rummler*, San Francisco, Pfeiffer, 2007, p. xi.

第三章　我国绩效技术专业
人才培养状况研究

绩效技术在 20 世纪 80 年代末 90 年代初进入我国，主要在教育技术学领域内引起了关注，但我国对绩效技术专业人才的培养才刚刚起步。

第一节　绩效技术在我国的发展

一般认为，张祖忻教授 1995 年发表的《企业绩效技术是教育技术走向市场的重大突破》一文是我国绩效技术研究的开端。[①] 也有人将 1996 年作为我国绩效技术研究的起点。[②] 根据可获得的文献，"performance technology"更早以"行为技术学"[③]和"作业技术"[④]等术语出现在教育技术学领域的文献中。张祖忻教授指出，自从绩效技术"由国外引入，就标志着教育技术在我国将进入一个崭新的历史阶段，教育技术将冲破狭小的课堂，直接面向广阔的市场。……'绩效'一词是英语 performance 的汉译（笔者在以前的有关论著中曾译为'作业'，现考虑到我国企业界约定俗成的术语用法，改译为'绩效'），指有目的、有预定结果的行为倾向，是一企业组织所期望的、符合企业总目标的业绩"[⑤]，足以说明绩效技术进入我国教育技术学领域研究者的视野应该在 1995 年以前。由张祖忻教授编著的《美国教育技术的理论及其演变》一书对作业技术的崛起进行了专门论述，并认为绩效技术是对教学系统设计与开发进一步扩展而成的一门新的学科——这使得教学系统设计与开发进一步扩展为一门称作"作业技术"（performance technology，亦称"人类作业技术"）的新学科[⑥]。在加涅主编的《教育技术学基础》（*Instructional Technology Foundations*）中，考夫曼和蒂拉加拉叶对"performance technology"（被译为"行为技术学"）进行了介绍，指出教育技术学可以看作它的一个分支，认为行为要求产生于不同的因素。原因不同也就意味着采取的措施不同。大多数的行为问题有着多种成因，而行为工程学认为，我们应该运用适当的方法去减少或消除最基本的根源。考夫曼介绍了他的"组织元素模型"（organization element model，OEM），其论述中也出现了大家耳熟能详的绩效技术专家，如吉尔伯特、哈里斯、拉姆勒、马杰和托斯蒂等，并从上属系统的问题、管理的问题、动机的问题、环境的问题、人际的问题、健康的问题、技能和知识的问题七个方面

---

① 方圆媛：《美国高校绩效技术课程设置研究》，硕士学位论文，北京师范大学，2010。

② 尹睿、梁贵媛：《近十年中美绩效技术研究的历史回顾与发展比较》，载《中国远程教育》，2008(6)。

③ ［美］罗伯特·M. 加涅：《教育技术学基础》，张杰夫、赵建毅、陈跃华等译，155 页，北京，教育科学出版社，1992。

④ 张恰、毛广玉：《教育技术学研究的新领域——企业绩效技术》，载《中国电化教育》，1996(7)。

⑤ 张祖忻：《企业绩效技术是教育技术走向市场的重大突破》，载《外语电化教学》，1995(3)。

⑥ 张祖忻：《美国教育技术的理论及其演变》，230～233 页，上海，上海外语教育出版社，1994。

描述了各种行为问题的潜在成因。①

　　一个有影响的事件是 1996 年 9 月在北京航空航天大学举办的"中美培训与教育技术学术研讨会"，与会的大多国内专家都是第一次听到绩效技术这个词。随后，宋钺发表了《提高创造性潜能教育新技术——绩效技术》一文，介绍了 IBM 公司把绩效技术用到职工教育和继续教育上的案例，并指出，"实际上，现在我们的人事制度中还存在许多扼杀人才积极性和创造性的成分……挫伤了一些人才的积极性。如果这些政策不彻底改革，绩效技术是无法实行的"②。关于这次研讨会，北京大学的高利明教授和北京师范大学的郑永柏博士也先后有相关文章发表。③ 在教育技术学界尚不太了解绩效技术之时，这次研讨会对绩效技术进入人们的视野起到了重要的促进作用。

　　此后，教育技术学领域的许多学者都对绩效技术给予了关注。2005 年年底，绩效技术进入教育技术学学科建设和人才培养的视线。李龙提出，应将绩效技术作为一门专业拓展课添加到教育技术学学科体系中，并指出绩效技术可以成为教育技术学专业的一个方向，毕业生能胜任"政府和企、事业单位人力资源开发和绩效的提高"等工作④；刘美凤把绩效技术看作教育技术学学科未来发展要研究的课题之一⑤。张祖忻的《绩效技术概论》、梁林梅的《教育技术学视野中的绩效技术研究》和刘美凤等人的《绩效改进》等相关著作也相继出现。近年来，《绩效改进：消除管理组织图中的空白地带》、威廉·罗斯韦尔（William J. Rothwell）的《员工绩效改进：培养从业人员的胜任力》、范·提姆等人的《绩效改进基础：人员、流程和组织的优化》和朱迪·赫尔的《绩效改进咨询实务手册：提升组织与人力资源的工具和技术》等译著的涌现，为绩效技术专业人才的培养奠定了基础。但是，考虑到社会的发展与需求，绩效技术仍有很大发展空间。

第二节　我国绩效技术专业人才培养状况

　　如前所述，对 2013 年和 2014 年全国硕士研究生招生网调查的结果显示，在所有开设教育技术学专业的高校中，标明了与绩效技术有关的研究方向的不足 10%。

一、我国典型高校绩效技术专业人才培养目标

　　上海外国语大学明确将绩效技术作为教育技术学专业的研究方向之一，培养以教学系统设计、培训与开发为主要专业方向，具有扎实的英语语言基本功的复合型国际化人才。毕业生应能承担国际企业中的绩效分析、培训与开发、绩效支持工具开发等促进学

---

① ［美］罗伯特·M. 加涅：《教育技术学基础》，张杰夫、赵建毅、陈跃华等译，134～165 页，北京，教育科学出版社，1992。

② 宋钺：《提高创造性潜能教育新技术——绩效技术》，载《继续教育》，1997(1)。

③ 高利明：《教育技术与人员培训》，载《现代教育技术》，1997(1)；郑永柏：《教育技术的三个应用领域与中国教育技术的发展》，载《中国电化教育》，1997(1)。

④ 李龙：《教育技术人才的专业能力结构——五论教育技术学科的理论与实践》，载《电化教育研究》，2005(7)。

⑤ 刘美凤：《教育技术学学科未来发展需要研究的课题》，载《中国电化教育》，2003(9)。

习、提高绩效方面的工作。① 具体要求包括：①掌握学科基础理论和相关学科的基础知识，了解学科发展动态；能够在组织机构中承担绩效/需要分析、教学/培训设计、开发、实施、评价和项目管理等工作职责，包括管理、沟通与领导，分析与设计，开发与制作，利用与推广，以及评价与研究；②重视应用理论指导实践，因地制宜和因时制宜，有职业道德意识和社会责任感，根据需要不断更新自己的知识结构和专业态度，善于运用各种方式进行沟通，具有团队意识和合作精神；等等。②

上海师范大学培训与绩效技术方向的培养目标是：学习绩效技术的有关理论，掌握E-Learning 课程设计与开发、多媒体教育资源开发、企事业机构的人力资源开发和员工培训等的知识与技能，研究生毕业后可在企事业单位等从事项目开发与管理、培训项目的设计与管理、研究等工作。

由此可见，绩效分析、培训与开发、绩效支持工具开发等成为绩效技术专业人才培养的主要目标。但是，各个学校自身的历史沿革等方面的原因，导致绩效技术与其他专业人才的培养目标混杂在一起，上海外国语大学强调传播媒体编制能力就是一例。因此，只有参照国际上绩效技术专业人才培养的相关标准和典型高校的培养目标，深入了解我国社会的真正需求，才能制定出符合我国实际的绩效技术专业人才培养目标。

二、我国典型高校绩效技术专业人才培养层次

由于绩效技术在我国主要集中在教育技术学领域，因此其人才培养层次深受教育技术学专业人才培养目标和层次的影响。把教育技术学专业人才培养层次确定在研究生层次，得到了许多专家学者的认同。刘美凤指出，我国缺乏教育技术学理论研究的高层次人才；大力发展硕士、博士层次的教育技术学专业是我国未来教育技术学学科发展的必由之路。③ 也有学者认为，不同于美国教育技术人才培养以硕士学位研究生为主，少量涉及本科生与博士生，我国教育技术人才培养以本科生为主，辐射到硕士生与博士生层面。所以，绩效技术课程面向的学习对象以本科生为主。因此，我国要实现绩效技术课程的发展，必须立足本国国情，建立"本科—硕士—博士"三阶层课程目标体系。④

三、我国典型高校绩效技术的相关课程设置

在课程体系建设方面，有研究者指出，绩效技术应该成为我国大学教育技术专业的独立课程⑤，或在现有课程中纳入绩效技术的有关知识，包括加强分析类课程，重视培养人员的分析技能；增加企业管理、商业和经济维度的课程，或者允许学生选修商学院、管理学院的企业文化、组织管理等相关课程。⑥ 除了极少数高校（如上海外国语大学）为绩效技术提供了较完善的课程体系，大部分绩效技术课处于讲座、研讨和选修课等形态，

---

① 张祖忻：《教育国际化背景下教育技术学专业发展思路》，载《中国电化教育》，2012(6)。
② 张晓梅：《美国高校绩效技术课程设置及应用领域研究》，硕士学位论文，曲阜师范大学，2012。
③ 刘美凤：《中国教育技术学学科发展面临的问题与对策》，载《中国电化教育》，2003(10)。
④ 尹睿、叶萌、郑晓纯：《中美绩效技术课程的比较研究》，载《电化教育研究》，2009(11)。
⑤ 曾兰芳：《关于教育技术的本质及其学科的发展——访我国教育技术著名专家何克抗教授》，载《开放教育研究》，2003(2)。
⑥ 方圆媛：《美国高校绩效技术课程设置研究》，硕士学位论文，北京师范大学，2010。

仅作为一门任选的专业拓展课程被添加到教育技术学学科体系中。①

　　上海外国语大学提供了较为系统的课程体系来培养绩效技术专业人才，开设了教学设计和绩效技术类课程，主要包括人力资源开发、电子绩效支持系统开发、绩效分析、改进绩效的认知方法、知识管理、教育评价和培训评估与变革管理等。北京师范大学教育技术学院虽然持续多年专门开设了绩效技术相关课程——绩效技术理论与实践，但课程的性质目前也只是面向硕士研究生开设的专业选修课。

　　研究课程设置的学者也提出了一些绩效技术课程体系的构建思路，如张晓梅在其硕士论文中指出，绩效技术专业的专业必修课（应）包括两部分：第一部分是基础理论课（2～3门），如绩效技术概论、绩效改进、绩效管理系统等；第二部分是涉及绩效技术操作流程各环节的课程（10～12门），如绩效分析、需求分析、教学/培训设计与开发、项目管理、绩效支持系统、工作帮助/电子绩效支持系统、评价方法与工具、绩效咨询等；而选修课则包括变革管理、组织文化发展、网络技术应用、商业管理、人力资源开发、成人学习原理等。② 方圆媛更详细地讨论了绩效技术作为教育技术学专业的一个研究方向需要构建的课程体系（表 3-1）③。

表 3-1　绩效技术作为教育技术学专业的一个研究方向需要构建的课程体系

课程类型	对应的知识类别	建议课程名称
方向基础课	原理性知识	绩效技术原理
	操作性知识	绩效分析（绩效评估）
		变革管理（创新扩散）
		绩效改进评价
	基础性知识	企业管理
		组织动力学（组织文化）
方向选修课	操作性知识	企业培训设计与开发
		工作帮助的设计与开发
		电子绩效支持系统
		动机原理与绩效激励
		人力资源管理
		组织文化再造
	理论基础	经济学
		财务管理
		绩效管理
		人体工学
		成人学习心理学
		工作场所的传播学
		社会学研究中的测量与统计

① 李龙：《教育技术人才的专业能力结构——五论教育技术学科的理论与实践》，载《电化教育研究》，2005(7)。
② 张晓梅：《美国高校绩效技术课程设置及应用领域研究》，硕士学位论文，曲阜师范大学，2012。
③ 方圆媛：《美国高校绩效技术课程设置研究》，硕士学位论文，北京师范大学，2010。

从中可以看出，我国学者对绩效技术相关课程体系的理解在不断加深，如关注"绩效分析"和"变革管理"等核心课程，关注"企业培训设计与开发""电子绩效支持系统""成人学习心理学"等相关课程或操作类课程。但是，学者们对于课程构成的理解并未形成体系，关注点基本上局限于教育技术相关领域。而把"绩效管理"和"人体工学"等作为理论基础，显然是混淆了绩效技术干预措施或应用领域与理论基础的结果。

第三节　我国在借鉴国外绩效技术专业人才培养经验 方面存在的误区

　　我国从刚开始的关注和引介绩效技术，到认识到绩效技术及其专业人才培养的重要性，再到尝试开设一两门与绩效技术相关的课程，尚不能说是在培养绩效技术专业人才。就国内教育技术学专业的课程设置状况来看，学生往往很难具备管理学、经济学等方面的相关基础或经验。相对而言，在全球范围内，尤其是在美国，教育技术学领域出现了明显的绩效技术视角转向，绩效技术已成为教育技术学专业硕士、博士研究生培养方案中的主要研究方向之一。[①]　因此，有的研究者从某所大学的绩效技术课程设置与人才培养模式入手进行研究，以寻求启示[②]；有的研究者选取几所典型学校或与某专业组织（如 IS-PI）有关的学校，进行课程设置研究[③]；有的研究者则选取典型高校，对中美课程设置进行比较研究[④]。

　　绩效技术在美国高校的课程体系中出现时，并不是一开始就是一整套课程系统，而是根据教授或教师的专长逐渐引进的。大学的院系很少采取全体教师投票的方法决定是否接受本领域出现的新观点和新趋势。通常情况是一位或多位教师开始讨论这些新观点，开设讲座或进行讲演，发表文章，建议改革某些课程，并开始对这些新观念进行研究。也是由于这样的原因，美国高校培养的人才的定位往往是绩效技术的教学系统设计人员，而不是绩效技术专业人员。[⑤]

　　前述美国高校，如佛罗里达州立大学、圣地亚哥大学等导入绩效技术的历程，反映了美国高校"职业—课程—专业"的专业形成路线，社会对新职业需求的反映在高校中首先不是以专业的形式出现的，而是以课程的形式出现的。当社会上出现新的职业时，高校总是先开设一门或几门有相应职业需求的选修课，只有当新职业发展到相当规模，产生了稳定的人才需求，且高校有可能开设系列配套的课程，师资、设备达到一定条件时，

　　① 张祖忻：《绩效技术的启示 教育技术发展的要求》，载《现代远程教育研究》，2006(2)。

　　② 刘永贵：《印第安娜大学教学系统技术系硕士课程对我国教育技术学专业硕士研究生课程建设的启示》，载《电化教育研究》，2004(3)；马文娜、张义兵：《面向企业的应用实践——美国佛罗里达州立大学教育技术专业给我们的启示》，载《现代教育技术》，2009(11)。

　　③ 方圆媛：《美国高校绩效技术课程设置研究》，硕士学位论文，北京师范大学，2010；张晓梅：《美国高校绩效技术课程设置及应用领域研究》，硕士学位论文，曲阜师范大学，2012。

　　④ 尹睿、叶萌、郑晓纯：《中美绩效技术课程的比较研究》，载《电化教育研究》，2009(11)。

　　⑤ W. Dick & W. Wager, "Preparing Performance Technologists: The Role of a University," *Performance Improvement Quarterly*, 1995(4), pp. 34-42.

才正式设置相关专业。[①] 国内学者在对美国高校开设绩效技术相关课程进行研究、比较和借鉴时，忽略了美国高校的专业形成路线与我国长期以来沿用的"职业—专业—课程"路线的不同。因此，这些在对美国课程设置现状进行研究的基础上对我国课程建设所提出的建议，如增设企业培训课程、经济类课程、管理类课程等，难以使我们了解"为什么设置这些课程"，在操作层面上的意义也不大。有研究者认为，我国课程建设比美国滞后，二者的可比性不高。即使确有学者对两国课程进行比较研究，得出我国应借鉴美国知名高校绩效技术的课程设置的结论，这种结论也忽略了这些高校的历史发展轨迹，对在目前状况下我国该如何构建绩效技术课程体系，如何培养绩效技术专业人才来说，参考意义不大。

鉴于此，在对绩效技术不断深入了解的基础上，弄清我国绩效技术专业人才的社会需求和未来发展，就成了绩效技术专业人才培养的重要一步。

---

① 樊平军：《知识视野中的中国大学专业设置研究》，19 页，北京，北京师范大学出版社，2011。

第四章 我国绩效技术专业
人才社会需求研究

专业人才培养方案的设计首先需要解决的是人才培养目标和培养规格的问题。拉尔夫·泰勒（Ralph W. Tyler）指出了社会需求的重要性。为什么教，教什么，怎样教，应当（或必须）在教育实体以外加以规范。[①] 因此，探讨我国绩效技术专业人才的社会需求与角色定位，并在此基础上明确专业人才应该具备的胜任力，是设计培养方案的关键。

第一节 研究设计的依据

为形成设计绩效技术专业人才培养方案，需要深入探讨我国是否对绩效技术专业人才有需求；如果有，那么对绩效技术专业人才的期望是什么。这样的探讨也就是对研究现象进行解释性理解，而不是为了证实某些假设。[②] 另外，我国尚未形成规范的绩效技术专业人员队伍，很难通过对大规模从业人员进行调查的方法，或者根据现有研究成果预先建立假设和进行预测的方法，对专业人才的角色及其胜任力进行量的研究。因此，对绩效技术专业人才需求的探讨采用质的研究（qualitative research）设计。具体而言，就是运用访谈法，从相关人员那里获取他们对于绩效技术专业人才需求的感知。

第二节 访谈对象的确定

一、访谈对象的抽样

抽样指的是根据研究的需要对有关的人、时间、地点、事件、行为、意义等进行选择的行为。在社会科学研究中，抽样一般分为概率抽样和非概率抽样。[③] 由于本部分的研究希望获得访谈对象对所研究的问题深入细致的思考与分析，因此在选取访谈对象时着重考虑其是否可以比较完整、相对准确地回答要研究的问题。本部分研究采用的是非概率抽样方式中的目的性抽样（purposive sampling），即按照研究的目的抽取能够为本研究问题提供最大信息量或最有价值的信息的研究对象，从理论上获得对研究人群的代表性。[④] 在具体的抽样策略上，采用效标抽样（criterion sampling），即事先为抽样设定一个标准或一些基本条件，然后选择符合这个标准或这些条件的个案进行研究；同时结合典

---

① ［美］拉尔夫·泰勒：《课程与教学的基本原理》，罗康、张阅译，3～44 页，北京，中国轻工业出版社，2008。

② 陈向明：《质的研究方法与社会科学研究》，78 页，北京，教育科学出版社，2000。

③ 陈向明：《质的研究方法与社会科学研究》，103 页，北京，教育科学出版社，2000。

④ 刘秀娜：《我国护理学博士研究生教育培养目标的探索性研究》，博士学位论文，第三军医大学，2012。

型个案抽样策略，即选择具有一定代表性的个案，以了解、展示和说明研究现象的一般情况。

二、访谈对象的选择

根据上述抽样原则，在具体的抽样方式上，本部分研究采用了目的性抽样、方便抽样和滚雪球或连锁式抽样相结合的方式。

本研究的目的是获取领域内相关专家和学者的观点。绩效技术在我国的出现和发展，与教育技术专业人员的研究和推广是分不开的。因此，本研究有目的地选取"从事与绩效技术相关研究的学者"这一群体作为访谈的主要对象之一；另外，由于绩效技术的发展充满着对培训的反思，在我国已举办的三届"中国绩效技术论坛"中，参会人员多来自咨询和人力资源/培训领域，因此，在实践领域从事与绩效技术相关的咨询和培训工作的专业人员成为访谈的另一主要对象。

(一)访谈对象的入选标准

高校内从事与绩效技术相关的教学和研究工作的专家，与在实践领域从事绩效咨询和培训工作的专家存在一定的差异，因此，本部分研究在两方的入选标准和具体抽样方式上进行了区分。另外，满足所列条件的高校专家或实践领域专家能够最大限度地提供最有价值的信息。

1. 高校内从事与绩效技术相关的教学和研究工作的专家的入选标准

①出版过与绩效技术相关的专著或在专业期刊上发表过与绩效技术相关的文章。

②在高校从事与绩效技术有关的教学和研究工作。

③在实践领域从事绩效咨询工作。

④在绩效技术专业领域有较大的影响。

以上四项至少满足三项。

2. 在实践领域从事绩效咨询和培训工作的专家的入选标准

①在行业或专业期刊上发表过与绩效技术相关的文章。

②具有五年以上与绩效改进有关的工作经历。

③在绩效技术专业领域有较大的影响。

④获得过 ISPI 的 CPT 或 ASTD 的 CPLP。

以上四项至少满足两项。

(二)最终确定的访谈对象

根据以上两类入选标准，结合方便抽样和滚雪球抽样的方式确定访谈对象，受访专家的具体信息如表 4-1 所示。其中三位专家在绩效技术研究领域有重要影响，所出版的专著在国内绩效技术研究与实践领域影响深远，直接以方便抽样的方式被确认为访谈对象；被认为是我国第一位"国际认证绩效改进顾问（CPT）"的学者，直接以方便抽样的方式被确认为实践领域的专家；由三位教授推荐的专家或学者，采取滚雪球抽样的方式被确认为访谈对象；另两位则进一步采取滚雪球抽样的方式被确认为访谈对象。另外，一位来自美国伊利诺伊大学厄巴纳-香槟分校人力资源开发专业的博士研究生，由于不满足"高校内从事与绩效技术相关的教学和研究工作的专家的入选标准"，未被列入受访专家名单，但该博士研究生提供的课程设置和授课方式等方面的信息，也起到了一定的参考作用。

表 4-1　受访专家的具体信息

类别	简介	满足条件说明
高校专家	上海外国语大学传媒学院教育技术学系教授、硕士研究生导师，中国教育技术协会学术委员会委员	①在上海外国语大学为教育技术学专业硕士研究生开设多门绩效技术相关课程，指导硕士研究生从事绩效技术相关研究； ②多年从事绩效技术相关研究，出版了专著《绩效技术概论》，发表了多篇相关论文； ③中国绩效技术论坛特邀专家，被誉为"中国绩效技术第一人"，在绩效技术领域具有重要影响
高校专家	北京师范大学教育学部教授、博士研究生导师，国际绩效改进协会中国分会绩效技术研究院副院长	①在北京师范大学为教育技术学专业硕士研究生开设绩效技术理论与实践课程，指导硕士、博士开展绩效技术研究； ②多年从事绩效技术相关研究，出版了专著《绩效改进》，发表多篇相关论文； ③在中航工业、国航等集团担任资深绩效改进顾问； ④中国绩效技术论坛特邀专家，在绩效技术研究和实践领域具有重要影响
高校专家	河南大学教育科学学院教授、硕士研究生导师，国际绩效改进协会中国分会荣誉会员	①在南京大学和北京大学为教育技术学专业硕士研究生开设绩效技术相关课程； ②多年从事绩效技术相关研究，出版了专著《教育技术学视野中的绩效技术研究》，发表了多篇相关论文； ③中国绩效技术论坛特邀专家，在绩效技术领域具有重要影响
高校专家	北京大学教育学院副教授、硕士研究生导师，北京大学企业与教育研究中心主任	①在北京大学为教育技术学专业硕士研究生开设绩效技术相关课程； ②翻译了《学习的价值》等多部相关专著，担任"组织学习与发展丛书"总主编，发表了多篇相关论文； ③在绩效技术（尤其是企业大学）领域具有重要影响
高校专家	上海外国语大学传媒学院讲师，美国伊利诺伊大学厄巴纳-香槟分校人力资源与教育项目访问学者	①在上海外国语大学为教育技术学专业硕士研究生开设绩效技术相关课程； ②多年从事绩效技术相关研究，发表了多篇相关论文； ③在多家咨询公司担任绩效改进顾问
实践领域专家	中国人民大学继续教育学院培训事业部部长	①资深培训师和咨询专家，主持中国人民大学继续教育学院"培训经理人培训"项目； ②多年从事培训经理的培训工作，在绩效技术领域具有重要影响
实践领域专家	华商基业管理咨询有限公司首席绩效改进专家，国际绩效改进协会中国分会预备主席	①在《培训》杂志等行业或专业期刊发表了多篇绩效技术相关文章； ②多年从事绩效改进咨询工作； ③在绩效技术领域具有重要影响； ④担任国际认证绩效改进顾问（CPT）

续表

类别	简介	满足条件说明
实践领域专家	国际培训、绩效与教学标准理事会理事，国际绩效改进协会明尼苏达州分会会长、中国分会副主席和创始会员	①"GPS-IE"业绩（绩效）改进双导航系统模型创立者之一； ②多年从事绩效改进咨询工作； ③在绩效技术领域具有重要影响； ④担任国际认证绩效改进顾问（CPT），CPT中文审查官
实践领域专家	某管理培训有限公司创始人、董事长，资深培训师和绩效改进顾问，国际绩效改进协会中国分会创始会员	①"GPS-IE"业绩（绩效）改进双导航系统模型的创立者之一； ②多年从事绩效改进咨询工作； ③在绩效技术（特别是管理咨询）领域具有重要影响
实践领域专家	北京大学光华管理学院高级管理人员工商管理硕士（EMBA），咨询公司总裁	①多年从事绩效咨询和培训工作； ②在绩效技术（特别是管理咨询）领域具有重要影响

第三节　访谈方法与主要内容的确定

一、访谈方法

由于访谈是针对领域内的专家进行的个人访谈，目的是从受访专家那里获取关于我国绩效技术专业人才的角色、基本胜任力需求和人才培养建议等详细信息，因此采用深度访谈法，以半结构化访谈（semi-structured interview）为主。一是希望通过事先准备的访谈提纲，对于访谈进程和方向有适当的控制；二是希望就与研究相关的问题，从受访专家那里获取更深、更广的见解。

鉴于专家都很忙，研究者首先以电子邮件等形式与专家沟通，介绍本研究的目的，征询其接受访谈的意愿；在专家同意后，研究者再向其提供研究知情同意书和访谈提纲（附录1），并进一步约定访谈的形式（面对面访谈还是电话访谈）、时间和地点等。访谈尽可能采取面对面的方式，不能面对面访谈时，再采取打电话这一间接方式进行访谈。在时间和地点的选择上，也要以方便受访专家为前提。

二、主要内容

本次访谈的对象分为高校专家和实践领域专家两类人群。虽然访谈的最终目的一样，但访谈内容有一定的不同。因此，形成的最终访谈提纲有针对性地分为两份。当前和未来5～10年我国绩效技术专业人才的社会需求状况、承担的主要工作任务和角色以及应具备的关键能力等关键问题是相同的，而对于高校专家，倾向于从人才培养的视角进行访谈，对于实践领域专家，则倾向于从自身实践和人才需求的视角进行访谈（表4-2）。

表 4-2　专家访谈提纲(初稿)

分类	问题提纲
共同问题	绩效技术专业人才承担的角色、主要工作任务和关键任务有哪些？
	绩效技术专业人才需要具备哪些关键能力？
	当前和未来 5～10 年我国绩效技术专业人才的社会需求状况如何？
	对 ASTD 在 1999 年绩效技术专业人才的 7 种角色划分的意见如何？
高校专家	从事哪些与绩效技术有关的教学和研究工作？在从事这些工作时遇到过什么样的问题？
	除了教学和科研，是否从事过与绩效技术相关的工作？若有，承担的角色和主要工作有哪些？
	教育技术学专业内培养绩效技术专业人才有哪些优势和不足？
	绩效技术硕士研究生和博士研究生的培养有哪些不同？
实践领域专家	作为绩效技术实践人员，有着怎样的与绩效技术相关的行业经历？
	作为绩效技术专业人才的潜在用户，对于初任职绩效技术相关专业研究生有哪些期望和要求？

根据研究的主要目的拟定访谈提纲初稿后，由一位教育技术学博士和一位语言学博士从各自的专业与语言两个视角，对问题设计的全面性和准确性、语言的通顺性、表达的明确性等方面进行了检验，并根据反馈进行了修改，形成了访谈提纲。随后，研究者对两位访谈对象进行了访谈，并适当调整，形成了最终的访谈提纲，参见附录 1-2 和附录 1-3。

第四节　访谈资料的收集与整理

本研究采用了面对面访谈和电话访谈两种方式。所有访谈都由研究者本人实施，无论面对面访谈还是电话访谈，都没有第三者(电话访谈时指的是访谈方)在场，以使访谈对象更放松。在征得访谈对象的同意后，访谈者对整个访谈过程进行了录音，尽量把访谈时间控制在 30 分钟到 90 分钟。在个别访谈对象兴趣很高，并且能提供更详细信息的情况下，访谈者会适当延长访谈时间，并将时间控制在 120 分钟以内。同时，在访谈过程中，访谈者尽量按照访谈提纲，使用开放性问题引导访谈对象，基本上不发表个人意见和看法。

一、访谈资料的整理和分类

在访谈过程中，除了录音，访谈者还针对某些重点和现场情况进行了部分记录，作为整理访谈录音时的参考；在访谈结束后，访谈者也会及时对录音进行转录，反复听录音，并核对转录结果，力求客观、深入地理解访谈对象提供的信息。

访谈采用的是小样本，访谈问题也相对集中，因此研究者采用手工编码和归类的方式，即根据访谈提纲中的主要问题和访谈对象(高校专家和实践领域专家)将访谈内容进行分类，以便对比、归纳、总结、发现信息，并做出相对合理的解释。

二、访谈过程及数据处理的伦理考量

所有访谈都是针对领域内的专家进行的小样本访谈，均由研究者本人实施，访谈的时间、地点和方式都是在与访谈对象充分协商后确定的，以方便访谈对象为要。在访谈过程中，访谈者只在必要时进行少量现场记录，专注于倾听，避免引导。

在访谈前的协商阶段，访谈者会充分说明本研究的目的和意义，双方对研究知情同意书的内容达成一致。在访谈正式开始时，访谈者会再次申明研究的意义等，并在征得访谈对象的同意后进行录音，并尽可能在约定时间内完成访谈。后期访谈材料的转录也由研究者本人承担。在访谈过程中，研究者会避免谈及其他访谈对象的观点等，避免对当前的访谈对象产生影响。在最终研究结果公布之前，研究者会严格管理访谈录音和后期整理的材料。对希望获得本研究最终成果的访谈对象，研究者将以统一的方式提供研究成果，并不涉及任何原始资料（包括录音和转录后的文本材料）。

第五节　访谈结果的阐释

由于访谈对象整体上涉及两类人群，访谈的内容除了两类访谈对象共同关注的问题外，还有针对性问题，因此对访谈结果的总结和阐释也采取先分后总的方式。本部分研究首先对两类访谈对象的意见在组内进行解析，然后对两类访谈对象的意见和建议进行比较，找出异同，并进一步总结出启示与思考。

一、对高校专家访谈内容的解析

（一）受访的高校专家的基本状况

本研究采用了目的性抽样、方便抽样和滚雪球抽样相结合的方式，确定了5位高校专家作为访谈对象。他们都是多年从事绩效技术相关教学和研究的人员，对绩效技术给予了较多关注，在绩效技术领域有着较广泛的影响。

此外，从表4-3可以看出，访谈对象覆盖了25～64岁的年龄段，老、中、青都有。男女比例相对均衡（3∶2）。除了一位老专家，其他访谈对象均获得了博士学位，博士研究所涉及的领域也比较广泛，除了教育技术学，还有比较教育学、教育经济学和成人教育学等多个领域。除了一位年轻教师，其他受访的高校专家均担任硕士研究生或博士研究生导师职务。所有受访的高校专家在受访时都承担着与绩效技术相关的教学任务。

表 4-3　受访的高校专家的基本情况

序号	年龄段	性别	学历	学位类型	担任导师情况	访谈方式	访谈时间
1	55～64 岁	男	硕士	教育技术学学术硕士学位	硕士生导师	电话访谈	35 分钟
2	45～54 岁	女	博士	比较教育学哲学博士学位	博士生导师	面对面访谈	80 分钟
3	45～54 岁	女	博士	教育技术学哲学博士学位	硕士生导师	电话访谈	70 分钟
4	35～44 岁	男	博士	教育经济学哲学博士学位	硕士生导师	面对面访谈	90 分钟
5	25～34 岁	男	博士	成人教育学哲学博士学位	未担任	电话访谈	120 分钟

（二）受访的高校专家对各访谈问题的基本回答

1. 主题一：从事与绩效技术有关的教学和研究工作的状况

在受访的 5 位高校专家中，除了一位的研究方向主要关注企业大学和企业教育领域，其他四位均主要关注绩效技术的相关研究工作；而在承担与绩效技术相关的教学任务的问题上，除了一位在受访时基本上不再承担直接教学任务（此前一直致力于该方面的教学和研究工作），其他四位在受访时均承担着相应的教学任务。下面是典型的描述。

［高校专家 1］：我们刚好有一门课，就是绩效技术这门课，在去年和今年（指 2012 年和 2013 年）是我主讲的，在北大教育学院。这门课呢，是教育技术系的必修课。

［高校专家 2］：我从 2011 年起，一直为教育技术学专业的研究生（硕士）开设绩效技术原理与实践这门课程。虽然是选修课，但是教学设计方向的研究生几乎都会选修，还有一些博士研究生和其他院系（如管理、心理等）的研究生也会选修或旁听。

［高校专家 4］：我目前承担的教学任务有绩效技术导论和绩效分析，还有人力资源开发和组织行为学等有一定的纵深性，属于第二梯队的课程。……另外，还有项目实践和项目管理。

虽然访谈普遍反映出对绩效技术的强烈关注，但除了一位高校专家提供了较有层次的多门课程，大部分高校专家都只有一门相关的导论或概论性质的课程。正如其中一位高校专家指出的，"单靠一门导论或概论课是不够的，纵深性还是要有的，如干预、支持方面的课程，尤其是非教学类干预"。因此，课程建设是绩效技术领域的一个重要问题。

2. 主题二：参与企业绩效改进项目的状况（承担的角色和参与的工作等）

在访谈中，一些参与企业绩效改进项目的专家提到，他们所承担的角色主要是项目顾问，参与项目前期的调研和方案讨论等工作，但是具体方案的实施（开发和实施）多由专业公司承担，由此造成全程参与项目较难的情况，给绩效分析及干预措施的后续跟踪和持续改进带来一定的困难。例如，下面是两位高校专家的描述。

［高校专家 2］：我在参加的企业绩效改进项目中主要是被承担甲方企业绩效改进项目的乙方聘为项目专家顾问，并配有两名助手。主要是在前期进行资料收集、绩效分析、解决方案框架设计等，因为前期访谈和资料收集与分析直接决定着后期干预措施的设计与实施。但是，一般情况下，参与这种项目，我们的任务到提出前期报告并提出解决方案就结束了。具体解决方案的设计、开发和实施会交给其他专业公司承担，（我）不能进行后续跟踪评价。

［高校专家 4］：目前我负责一个咨询项目。从承担的任务上来说，首先是与客户洽谈，希望做成什么样子，能够做成什么样子，等等。中间涉及的工作包括调研、访谈、主持研讨会（工作坊），再进行问卷调研和反馈；也包括任务分析，基于任务分析设计培训计划。项目的性质决定了你能怎么做。也就是说，你是项目的主导，是参谋，也就是顾问，根据客户的需求提供解决方案或专业方面的建议。……另外，当前的绩效改进项目在"前端"和"后端"两个方面都比较弱。前端弱表现在客户没有那个意识让你去做充分的分析，不愿意把钱花费在做这些事情上，（而是会）直接要求做一个东西出来，这是由行业成熟度决定的。这就需要在项目中采用迂回的方式，不断地展现你的发现和客户当前存在的问题。

受访的高校专家都意识到了参与企业绩效改进项目的重要性和必要性，但在作为咨询顾问参与到具体的企业绩效改进项目中时却困难重重，主要表现在以下几个方面。

①行业的不成熟导致了困难。例如，有受访的高校专家指出，客户尚没有形成对前端着力进行分析的意识，许多情况下直接要求提供某一类干预措施(往往是培训课程或学习系统)，从而导致作为咨询顾问参与项目的专家处于两难的境地：坚持绩效技术的基本原则，进行详细的调查分析，客户不会给予时间和方便，甚至会因此失掉项目；直接按客户的要求提供客户所需要的解决方案，又难以做到对症下药。

②高校专家和学生在参与企业绩效改进项目时受到限制。"企业的绩效改进项目往往集中在几个月的时间里大密度地展开，这对于我们还需要进行日常教学和研究工作的人来说，包括我们自己的研究生，都难以做到。我们参加的机会就这样被限制了。"

③高校专家和学生在承担整个企业绩效改进项目时表现得能力不足。"绩效技术侧重于企业问题的系统化解决方案，不是关于某个方面的，有点儿战略咨询的味道。而战略咨询是一个系统化梳理的过程。这样的战略性项目往往是总裁亲自抓的项目，很难碰到。一旦碰到，能够承担下来对我们来说也是一个挑战。"

3. 主题三：当前和未来5~10年①我国对绩效技术专业人才的社会需求状况

所有受访的高校专家(n=5)都认为，当前和未来较长一段时间内我国社会对绩效技术专业人才存在较大的需求，但这些需求普遍集中在咨询公司或人力资源和培训部门。

[高校专家4]：在与企业相关人士的交流中可以发现，尤其是在北京和上海地区，对于绩效技术人才的需求量还是很大的，无论咨询公司，还是一般公司的培训和人力资源部门，都很需要这样的人才，关键是我们高校该如何培养这样的人才。……另外一个问题是，绩效改进方面的项目没人做，主要是缺乏绩效技术专业人才。

[高校专家1]：这个事儿肯定需要人来做，但不见得是这个名称。现在好多培训师在承担这样的任务，有些做"教练"，有些做"引导师"，也有一些绩效改进的味道在里面。企业里面需要这样的人才，但是岗位却不一定那么清楚、明白。以前我们在企业里做培训，培训的专业性有所欠缺，没有把培训这块重视到那种程度，培训往往作为一个辅助部门，把一些非专业性的人员放在培训部门，做一些服务工作。近些年来，企业对于培训这一块比较重视了，进入培训机构和企业大学的人专业性都是很强的。随着这些部门专业性的提高，绩效技术专业人才的需求会越来越大，因为培训的最终目标是绩效，或者说绩效是人力资源开发的一个归宿。从这一点来说，绩效技术是比较重要的。

[高校专家2]：从我国加入WTO之后，现在的需求越来越多。从企业发展的角度看，肯定有这方面的人才需求。但是呢，现状是并没有相应的职位存在。企业往往不知道自己有这样的需求，还不清楚要找这样的人，或者是到哪里去找这样的人。

[高校专家5]：随着我国经济的发展和国际化的不断推进，我国对绩效技术(专业人才)的需求会越来越多。

除此之外，也有受访的高校专家从绩效技术专业领域自身发展的角度，对绩效技术专业人才提出了需求。有受访的高校专家(n=2)指出，我国的绩效技术"基本上完成了介绍和引入"阶段，需要"大力发展本地化"。一方面，要尽快吸取和借鉴其他国家的研究成果，用其指导我国的绩效改进实践；另一方面，与我国的发展现状相适应，探讨能够切实指导我国绩效改进实践的基本理论和基本原则，进而对整个绩效技术领域做出贡献，

---

① 本研究的调研时间为2014年，所在相关问卷和访谈部分涉及的"当前"和"未来5~10年"均以2014年为参照起点。——作者注

也是绩效技术专业人员发挥潜力的要点所在。还有研究者提出了劳动力市场的不稳定性和不可预期性、岗位的不确定性和角色的不清晰性等问题。

4．主题四：对我国绩效技术专业人才的角色、任务和关键能力等的预期

对于绩效技术专业人才的角色，受访的高校专家所持的观点比较分散。除了绩效咨询顾问这一普遍意义上的角色得到认同，受访高校专家往往会列举诸如培训经理和教学设计师等按照干预措施的类别或某个专业技能领域进行划分的具体角色，以及分析人员、干预措施设计与开发人员等按照绩效技术流程识别出的具体角色。

［高校专家2］：理论上讲，绩效技术专业人才应该去承担绩效咨询顾问这样一个角色。这是一个笼统的说法。如果绩效技术的从业人员擅长某个方面，如擅长培训的设计、教学设计，那么就会关注培训，而有的可能更擅长做 E-Learning。

［高校专家4］：我们的一些毕业生在培训和咨询公司承担着类似于绩效改进顾问的角色，也有帮助别人配置课程方面的顾问。我觉得顾问是一条更具专业性的路子，要求还是比较高的。但是总体来看，角色偏重人力资源开发和培训方面，因为人力资源开发和绩效技术本身就像双胞胎。具体的角色并不太好划分，这与从业人员的职业生涯发展是相关的。一开始往往是一个辅助角色；随着经验的积累和业绩的提升，逐渐发展为主导者或领导者角色。我觉得角色划分需要根据个人职业生涯的发展和个人的积累来进行。

虽然在角色的划分上受访的高校专家存在分歧，但在需要完成的关键任务和对应的胜任力方面，他们表现出了较高的一致性。例如：

［高校专家4］：一个值得注意的地方是，绩效技术专业人才一定得有某个方面干预措施的设计与开发能力。因为在你进行了充分的绩效分析，发现了差距和原因后，客户会要求你提供解决方案，告诉他怎么做。这就需要你有能够设计甚至开发干预措施的能力。……另外，还需要较强的项目管理能力、文档管理和写作能力、不断学习的能力等。一方面，绩效咨询顾问需要不断地跟进绩效技术领域的新发展；另一方面，绩效技术是一个跨学科的领域，也要不断地关注相关学科的最新发展。

［高校专家2］：其一，沟通特别重要。以前我们在看到文献中关于沟通和人际关系等方面的能力时，没有给予足够的重视，但是在实践中可以发现这方面能力的重要性，包括团队内部的沟通、（与）客户（企业的业务部门）的沟通。如果不会沟通，项目就很难进行。可以说，这个能力影响到最终项目的成败。其二，业务能力，这里指的是从事绩效技术的业务能力。（如）绩效技术流程的把握，各流程该如何推进等方面的专业能力；……还有一个就是"快速学习"，要能够快速学习涉及的行业知识，了解其行业状况、业务背景等，否则很难进行对话。总的来讲，绩效技术专业人员要知识面广、学习能力强、沟通能力强，并有一定的灵活性。

也有部分受访的高校专家提出了具体的看法。例如，有受访的高校专家指出，"还有就是灵活性，得学会变通"。这一观点也得到了其他受访的高校专家的印证。

［高校专家4］：目前（绩效技术）的行业成熟度决定了，客户不愿意在项目前端花费过多的时间和金钱进行数据收集和绩效分析，（而是）直接要求做一个东西出来。这就需要在项目中采用迂回的方式，不断地展现你的发现，以揭示和纠正客户当前存在的问题或错误认识。当你把问题和你的发现以合适的方式呈现在客户的面前时，他们也会意识到并慢慢地朝正确的方向迈进。

另外，有受访的高校专家强调了通用能力和综合能力的重要性。

[高校专家5]：除了专业方面的要求，要求知道基本的学习理论、教学设计的东西之外，很多都是通用能力，即做事情的能力。

诚如许多专家已经指出的，在教育技术专业接受其研究生学术准备的教学设计人员和绩效技术专业人员，需要有更强的业务和管理方面的背景。[①]

5. 主题五：我国绩效技术专业人才培养面临的问题

对高校专家进行的访谈普遍反映出我国绩效技术专业人才培养面临着许多实质性问题。主要表现在以下几个方面。

首先是缺乏合适的案例。

绩效技术作为一个应用和实践领域，其实践课程的比重在高校人才培养过程中必然得到加大。这一点得到了受访的高校专家的认同。而且，"基于项目的教学"和"基于案例的教学"得到了重视。但是，就如何开设或实施相关课程，受访专家指出了实际存在的一些困难。

[高校专家1]：在教学方面的问题是，我们对绩效技术主要从理论层面或者说是教条层面介绍得多一些，绩效技术一些鲜活的案例这种实践方面的内容比较少，所以教学中内容的生动性还有点不够。也就是说，从实证、企业本身出来的东西弱一点，这是我们教学的一个难点。如果仅仅从理论模型上来谈这个事情，学生往往会觉得困难。这个问题我们还没有很好地、有效地解决。我们现在也有一些企业案例，但是案例不那么充分，而且也不完全跟绩效技术相关。

[高校专家2]：我们现在也在反思，绩效技术方向课程该如何开设。仅靠我们教育技术自己的力量，很难接触到那么多的企业案例，而且企业界又不一定知道我们有这样的方向。在国外，从事绩效技术相关研究的专家往往同时在企业做顾问。而我们是自己摸索着发展起来的，只能在讲课的过程中邀请企业方面的专家开展一些讲座，也尽可能多地参与一些企业的绩效改进项目。

参与相关项目以及参与项目的方式也需要被进一步探讨。另外，在所能参与的项目以及应该参与的项目方面，高校专家之间也存在不一致的观点。

[高校专家2]：企业很愿意我们参与他们的绩效改进项目，但是我们自身也有困难。因为参与这样的项目，就会被邀请去参加他们的相关会议……无论是时间还是经费方面都很死。企业的绩效改进项目往往集中在几个月的时间里大密度地展开，这对于我们还需要进行日常教学和研究工作的人来说，包括我们自己的研究生，都难以做到。我们参加的机会就这样被限制了。

[高校专家1]：绩效技术研究的一个瓶颈是在实证中不容易找到研究和实践结合起来的"点"。企业的绩效问题是最大的问题。企业的绩效问题实质上是战略问题。它出现了问题，不可能只是说我们就做一个培训方案，企业老板让你给做绩效技术往往希望从整体上进行规划。这整体上存在错位。

其次是资料和师资方面的严重匮乏。

虽然绩效技术进入我国已有20多年的时间，教育技术领域的期刊也发表了不少相关

---

① C. A. Conn，"A Study Investigating How Human Performance Technology Competencies Are Integrated into Educational Technology Master's Degree Programs，" PhD diss.，University of Northern Colorado，2003.

的论文，相关的硕士论文也陆续出现，但是，"作为对其学术地位的决定性检验的博士论文数目"[①]却很少，在领域内有影响的相关专著也很少。

[高校专家 4]：目前，与绩效技术相关的研究成果，其中有影响的集中在张祖忻、梁林梅以及北师大团队等专家学者身上，"舶来品"的意味还比较浓，主要依赖国外的文献，国内的研究资料较少。

另外，师资方面的匮乏也是我国绩效技术专业人才培养必须直面的问题之一。所有受访的高校专家都表现出了这方面的担忧，也试图提出相应的解决方案：一则加快培养高层次绩效技术专业（教学和研究）人员；二则寻求与其他专业领域的合作。

[高校专家 2]：绩效技术由于自身的跨学科性，要能够与经济、管理、人力资源、心理等专业领域寻求合作，进行联合培养。

再次是存在严重的教育/培训倾向。

我国绩效技术专业人员主要是在教育技术学专业领域内培养的，明显表现出教育/培训倾向。

[高校专家 3]：我们主要还是侧重在培训方面的训练，这一过程已经内化到教育技术的 ADDIE[②] 中去了。虽然给研究生开设的课程基本上是绩效技术的思路，但诸如教学设计、教学开发、教学评估与变革管理和网络课程等仍是主要课程。

[高校专家 1]：战略规划这一块不是我们的专业点，它涉及企业本身的战略，更多是从企业管理这个角度出发的，而教育技术大多是从企业教育、人力资源开发等学习层面来解决问题的。

国内外不少学者把这一倾向看作教育技术的特色或优势，但对教育/培训的强调无形中压制了非教学类的发展。绩效技术专业人员把人和组织看作复杂系统，能够把多种干预措施和技术整合起来改进绩效。绩效技术的有用性就在于，当解决绩效问题时，比起单独使用任何特定的干预措施，从不同领域采取的各种干预措施的组合提供了更大的价值。其他特定领域的专业人员，如组织发展专家，在设计干预措施时往往不具备整合多个学科和技术的本领。在访谈中有专家指出，"教育技术专家/教学设计人员也采用系统方法对问题进行分析，但他们得出的结论往往是教学类干预措施"。

最后是绩效技术处于边缘化状态。

大部分受访谈的高校专家（$n=4$）切身体会到了绩效技术的边缘化处境。

[高校专家 1]：另外，绩效技术是一个新生的交叉性学科，（受到的）支持力度不大，在院系层面并没有真正地把这种认识落到实处。在发挥优势和避免不足方面，没有什么太多的建议。绩效技术走出校园，从社会上获得认同和赞助，才是一条主要的出路。

[高校专家 5]：无论在教育技术学科内部，还是在自身工作所处的"教育研究院"，也就是说在整个教育的大的范畴里面，如果是做企业的东西呢，无论企业学习还是绩效改进，给人的感觉都特别边缘。而且很多老师特别不理解，他总觉得你所从事的不是你的"主业"，不是你的"正道"。……（绩效技术）在教育技术学领域还是比较边缘的，在企业

---

① ［美]R.K. 默顿：《科学社会学——理论与经验研究》，鲁旭东、林聚任译，8 页，北京，商务印书馆，2003。

② ADDIE 模式包括分析（Analysis）、设计（Design）、开发（Develop）、实施（Implement）、评价（Evaluate）五个环节。

界也并没有获得认可，坚持从事绩效技术的研究还是蛮困难的。

［高校专家4］：与传统的教育技术领域的专家学者难以很好地沟通。在国内乃至教育技术学专业领域内的认同感比较低。在教育技术学专业领域内从事绩效技术相关的科研工作，其困难是可想而知的。在科研项目申请上，也很难以绩效技术为题申请到相关的项目。

在访谈中有专家指出，"在教育技术学学科委员会中基本上全部是做学校教育技术的，（绩效技术）没有发言权"。这又进一步影响了学科评价和奖惩制度，以及对于研究来说至关重要的学科基金制度。也有专家提到，教育技术领域的专业期刊以"更偏向于管理学为由"拒绝绩效技术相关的论文，"也很难以绩效技术为题申请到相关的项目"。对于知识行动者群体而言，基金资助是稀缺资源。这些均是学科制度不成熟导致的后果。

二、对实践领域专家访谈内容的解析

（一）受访的实践领域专家的基本状况

与受访的高校专家类似，对于实践领域的专家，本研究也采用了目的性（随机）抽样和方便抽样相结合的方式。所确定的5位访谈对象均多年从事与绩效技术相关的咨询或管理工作，能充分了解绩效技术在我国的发展现状。所选对象均在30～50岁，与高校专家相比，趋于年轻化，男女比例相对均衡（3：2）（表4-4）。

表 4-4　受访的实践领域专家的基本状况

序号	年龄段	性别	单位类型	任职情况	其他
1	40～50 岁	女	高校继续教育学院	培训部主任	—
2	40～50 岁	女	咨询公司	总经理	国际认证绩效技术师（CPT）
3	35～40 岁	男	咨询公司	总经理	—
4	35～40 岁	男	咨询公司	资深绩效顾问	国际认证绩效技术师（CPT），CPT 审查官
5	30～35 岁	男	咨询公司	总经理	EMBA

（二）受访的实践领域专家对各访谈问题的基本回答

1. 主题一：所从事的与绩效技术相关的工作的状况

在所有受访的实践领域专家中，除了一位主要从事"培训经理人培训"项目，其他四位均从事多种与绩效技术相关的咨询工作。对于实践中从事的主要工作内容和需要完成的关键任务，都显示出从培训到绩效、从关注项目本身到结果导向的转变。下面是一位受访的实践领域专家给出的比较典型的描述。

［实践领域专家1］：概括起来，我们所从事的工作主要有三大类：①企业培训（涉及管理相关的知识、能力和技能等）；②咨询（如组织的评估、胜任力模型构建等）；③信息系统（如培训管理软件、组织评估软件等）。实质上，第三类业务是咨询的产品或者成果，是第一、第二类业务的辅助和产出，涉及军工、物流、电商、汽车等多个领域，关注组织中人的能力问题、组织和人力资源的体系建设问题以及如何通过信息系统使绩效改进的工具和模型落地的问题。主要还是基于人力资源这个领域。

从中可以看出，管理咨询公司成为绩效改进实践的重要推动力，人力资源领域还是绩效改进实践的入手处，而企业培训仍然是绩效改进最重要的方面和手段之一。

2. 主题二：绩效技术实践场域的现状和趋势

针对绩效技术的实践场域，几乎所有受访的实践领域专家都指出了从培训到绩效改进的趋势。有受访专家表示，他们从事管理咨询的最终目的就是提升组织绩效，无论企业培训，还是组织结构的设计、企业信息系统的落实，都是以这一最终目的为导向的。而在具体工作和关键任务方面，根据业务类型的不同而有不同的需要，例如：

[实践领域专家1]：根据我们的三大类业务：在人的方面，关键是明确对象人群，应该设计什么样的课程，并有针对性地组织实施；在咨询方面，通过访谈、调研发现一些具体的问题，针对这些问题给出系统的解决方案；信息系统，就是把客户的业务流程和管理理念通过信息技术的方式来实现，并保障其可扩展性、易用性等特性。

如果说上述专家所关注的是管理咨询提供方发生的转变，下面这位专家则从客户需求方面说明了从培训到绩效改进的趋势。

[实践领域专家2]：以前我们关心的更多是培训、咨询等项目本身。这些年通过不断地与企业互动，我们发现企业越来越关注最终的绩效结果，以及这些结果所产生的过程和逻辑。而且企业更希望或者说更需要（相关专家和老师）深入企业内部与他们共同去探讨问题，不单单是由他们单方面地提供一些解决方案，而是希望他们与企业的管理者共同去发现问题和解决问题。以前，企业往往直接提出开发培训课程的需求，或者直接要求推荐几位老师，或者说"最近我的人力资源方面存在问题，你给我做一个人力资源考核项目吧"，等等。现在呢，企业主要关心或需要你帮忙看看今年的目标能否实现，实施过程中有哪些关键问题，（将这些问题）一起梳理和界定出来，并寻求合适的解决方案。过去以项目为导向，现在则以结果为导向。

需要注意的是，这里所出现的结果导向和绩效趋势，更多的是业绩方面的改善。除部分受访的实践领域专家($n=2$)明确指出，组织层次的绩效改进基本上以部门层次的业务目标达成为出发点，尚未出现系统思维和持续改善的迹象。距离拉姆勒所说的"消除管理组织图中的空白地带"尚远，与我国绩效技术领域的成熟度密切相关。

3. 主题三：当前和未来5～10年我国对绩效技术专业人才的社会需求状况

所有受访的实践领域专家($n=5$)都感觉到我国对绩效技术专业人才有着很大的需求，尤其是管理咨询公司，但是不知道该从哪里寻找这样的专业人才。

[实践领域专家2]：我觉得未来的社会需求毫无疑问会是很大的。当然，这需要我们共同去进行一些宣传和推广工作，因为很多企业的管理者还没有认识到这一点。

[实践领域专家1]：我觉得还是比较缺乏这样的人才。但是从整个市场来看，缺的是很专业的人才，就是他在某个领域有特别深入的研究，而不是泛泛地学一些很基础的东西。例如，对人力资源的组织等方面有深入的研究，或者对某些绩效改进方法有深入的研究。这是一个方面。另一个方面呢，（是）缺乏对行业的研究，需要跟行业结合。

从中可以看出，我国对绩效改进专业人才，尤其是资深人才，存在很大的需求。但是，对于高校该如何培养相应的人才，受访专家也提出了自己的担心，观点也不一致，主要表现在对基础与专业的认同上。

另外，也有受访专家($n=2$)指出，我国绩效技术的发展环境还不够成熟。

[实践领域专家3]：我一个人，包括我所接触的这些受训学员（都是培训经理），都感

觉绩效技术在我国还是一个比较新的东西，你要找到哪个企业做了绩效改进都比较困难。有些企业本身人力资源就比较弱，在绩效管理都没有弄好的情况下，更难以谈绩效改进了。

[实践领域专家1]：在中国现处的企业发展阶段和国情背景下，我觉得一方面（是）对绩效技术的重要程度认识不够，另一方面还有在国外发展起来的这些方法在国内的适应性问题。

这一方面反映了绩效技术领域刚刚起步，另一方面也预示了绩效技术的发展前景，因为访谈中专家提出的"绩效管理没弄好"和"现状不清晰"等都是可以随着绩效技术专业领域的发展和专业人才的介入得到改善的。

4. 主题四：对我国绩效技术专业人才的角色、任务和关键能力等的预期

首先是我国绩效技术专业人才的角色及任务。

大多数受访专家（$n=4$）对所在组织的绩效技术专业人员的状况进行了描述，指出了现行体制下绩效技术专业人才的角色定位，主要是（绩效咨询）顾问这一普遍意义上的角色，这一角色在各个公司又存在不同的等级。

[实践领域专家2]：我们在绩效改进过程中一般分为三个主要角色：第一个角色我们称为"CC"，就是首席顾问，要求还是比较高的，能够帮助客户的高层和中层在许多重要问题上达成共识，对问题进行区分，形成对客户的影响力。这样的人需要有资深的学养和实践经验，以及很强的表达和推动能力。第二个角色我们称为"PC"，就是"绩效改进顾问"。当CC在很多问题上与客户达成共识，形成了具体化的任务列表后，PC就拿着这些任务与客户的责任人共同讨论问题解决的策略和计划，以及形成计划和行动之后的督导，进行数据采集与分析。这一点我相信很多硕士毕业生都能胜任。他只要学习一些方法、过程和工具，再加上他的灵活性和主观努力，经过一段时间是可以胜任的。第三个角色是"PM"，就是项目经理，主要是衔接客户和我们团队的关系的，更多地强调协调能力，对专业方面的要求不是很高，但在整个协作、协调能力等人际沟通方面还是有比较高的要求的。另外，还要掌握项目管理的一些方法。

[实践领域专家1]：刚开始是助理，做一些资料收集和数据分析的工作，如整理访谈纪要、搜索资料、做一些相应的研究（如标杆研究）等。往上到了基本的顾问，或顾问这个级别，就要参与调研、方案的整理以及具体方案的产出。再往上就是项目经理，项目经理需要把控整个项目的进度，控制项目的成果，与客户沟通，等等。项目经理也有划分，主要根据能做多大的项目划分，因为几十万元的项目和上千万元的项目其复杂程度是不一样的，所以对人的能力要求也会不一样。项目经理再往上，我们称之为"合伙人"，需要对业务指标负责任，对于某个领域或行业的发展要有思路，要有清晰的脉络，要能够组建团队。

有一位受访的实践领域专家对绩效技术研究人员角色提出了需求。

[实践领域专家4]：我们公司很早就关注绩效技术的发展，并且与国际绩效改进协会联合筹备了多次"中国绩效技术论坛"，深感我国绩效技术的发展还刚刚起步，因此，我们除了寻求绩效咨询顾问之外，还积极探索如何在实践中快速、有效地培养绩效咨询顾问，需要跟踪国际绩效技术领域的新发展，并结合我国企业的状况进行有针对性的、深入的研究。

相对而言，这位专家并没有对特定的"干预措施专家"角色进行说明。

其次是我国绩效技术专业人才应具备的关键能力。

在访谈中我们发现，受访专家对于绩效技术专业人才的能力期望表现出一定的一致性，但也有一定的分歧。

①学习能力。

所有受访专家（$n=5$）都强调了绩效技术专业人才应该具备很强的学习能力。因为绩效技术本身就是一个跨学科领域，所以绩效技术专业人才需要有快速掌握相关知识的能力。除此之外，绩效改进实践涉及的行业各种各样，绩效咨询顾问虽然不一定要求成为行业的（内容）专家，但需要具备快速学习的能力，在短时期内获取相关领域的知识。

［实践领域专家1］：我们比较看重的，第一是他的学习能力，第二是思维能力，第三应该是他的责任心。……知识结构要全面一点，既要有广度，又要在某个领域内有深度。我们强调学习能力，就是因为快速学习并掌握相关的知识对于咨询工作是很关键的。

［实践领域专家2］：学生的学习能力和思维能力的构架，我觉得是最重要的因素。

［实践领域专家4］：我们公司定位于做绩效技术领域的引领者，需要紧跟国际绩效技术的新发展，并结合我国企业的状况进一步创新，因此更需要员工具有很强的学习能力。

②与绩效技术相关的理论基础。

因为影响绩效的因素多种多样，所以"作为绩效咨询顾问首先要有专业的理论基础，这样能够保证理论的系统性"。

［实践领域专家1］：绩效改进顾问需要有较广的知识面，需要对基本的管理理论有所了解，包括战略、财务、营销、流程、信息化等，因为这些跟绩效改进都有关系，需要了解的东西比较多。绩效改进本身是一个跨学科的领域，涉及教育、管理等多个学科。

［实践领域专家5］：绩效改进顾问需要对绩效改进的系统理论有一个起码的认知。

③与绩效咨询相关的专业能力。

绩效技术作为一个专业领域，具有一整套系统的方法（论）。掌握这些专业能力，是从事绩效咨询工作的前提。

［实践领域专家2］：绩效咨询顾问首先要遵循绩效改进的四大原则：关注结果、系统思维、增加价值和伙伴协作。这四大原则本身就给绩效改进顾问提出了相应的要求。……绩效改进顾问需要掌握多种改进方法，因为绩效改进更多的是一个集成的思想和方法系统。它可以把多种改进的工具，基于关注结果和系统思维的思维模式，集成在一起，根据客户的不同需求，匹配不同的工具。……绩效改进顾问要对工具和模型有较高的熟练度和较强的使用能力。

［实践领域专家5］：一般情况下，绩效改进遵循诸如ISPI的HPT模型等包含的流程，揭示了绩效技术专业人员必须具备的专业能力，包括绩效分析能力、各种干预措施的知识、干预措施与根本原因匹配的能力、设计与开发某些（类）干预措施的能力、协助客户推动干预措施落地的能力，以及对干预措施实施结果进行跟踪评估等方面的能力。

也有受访专家指出，"对于新毕业的研究生来说，我们认为相对于专业能力，更注重学习能力和思维能力的构建。……我们更关注的是他的基本素质，因为基本素质决定了未来的可能发展空间，而不是现在已经达到了什么程度"。

④人际交往和沟通能力。

所有受访的实践领域专家都认为绩效咨询顾问需要具备一定的人际关系方面的技能。

[实践领域专家2]：绩效改进主要还是与人打交道的一个过程，所以要喜欢和人打交道，否则是做不好的。……在与人打交道方面要有一定的情商。

[实践领域专家4]：绩效改进顾问的人际交往能力非常重要。首先要学会与客户打交道，虽然"见什么人说什么话"在日常生活中并不是句好话，但是在实际的绩效改进过程中，还是要能够随机应变的。

在沟通能力上还要求能够"用通俗的语言表现专业的需求"。

⑤项目管理能力。

项目管理能力是另一个被明确提出的能力类型。大部分受访专家（$n=4$）都指出了项目管理能力的重要性，尤其是对于担任项目经理角色的人来说。

[实践领域专家1]：项目经理需要把控整个项目的进度，控制项目的成果，与客户沟通，等等。

[实践领域专家2]：项目经理主要是衔接客户和我们团队的关系的，更多地强调协调能力，对专业方面的要求不是很高，但在整个协作、协调能力等人际沟通方面还是有比较高的要求的。另外，还要掌握项目管理的一些方法。

⑥领导能力。

在访谈中，有过半的实践领域专家（$n=3$）强调了领导力（leadership）的重要性，具体体现在"如何把企业的人调动起来""利用组织的影响力"等方面。

[实践领域专家5]：绩效改进顾问要善于利用组织的影响力去推动工作，因为我们的干预措施出来之后，最终的结果还是要看对方行动的有效性。现实中的客户可以找出多种理由说明自己没有能力去做，这个时候就需要绩效改进顾问利用组织的影响力，包括制度、流程、领导者的权威等，要借助这些去推动（客户的工作）。

⑦行业经验。

所有受访专家（$n=5$）都提到了行业知识和经验的重要性，虽然对刚毕业的学生要求不是很高，但也要求他们有一定的实践经验和对某些行业的关注，而且最终的专业化往往会偏重在某些行业领域。

[实践领域专家1]：他得有经验。不同的行业，它的问题也不一样。如果具备相应的行业经验，就能快速地找到一些关键的问题点。如果没有经验，就不能（或很难）把握核心。

[实践领域专家2]：要有行业的知识和经验，要有几年的行业管理经验，最好是承担过具体责任的，最好是部门的一把手，或者企业的一把手，因为他们更能理解责任的概念。……尽管我们绩效改进顾问不需要成为真正的内容专家，但至少对内容不能太陌生。让一个教乒乓球的教练去教足球，如果连足球的基本规则都不懂，那么他即使也懂教练的一些方法，但不一定能带好这个团队。

⑧责任心和职业素养。

还有受访的实践专家提到了责任心和职业素养的问题，并认为这对于绩效改进顾问来说是至关重要的。

[实践领域专家5]：另外一个是责任心的问题。对于毕业生来说，一个很大的问题是他们的职业化素养一定要够，因为它体现了你对这份工作的理解。有许多毕业生前面所

说的各项都很好，但是对于所从事的咨询工作的认识不够，没有弄清楚咨询工作为的是什么。

⑨特定专业技能领域的能力。

虽然受访专家很少提到干预措施专家角色，但是都认为在某一个专业技能领域（人力资源、薪酬等）或某个行业（汽车、餐饮等）深入发展，是绩效咨询顾问职业生涯发展的一个趋向，而且随着绩效技术领域自身的专业化程度不断加深，这种趋向会越来越明显。

［实践领域专家 1］：……从整个市场来看，缺的是很专业的人才，就是他在某领域有特别深入的研究，而不是泛泛地学一些很基础的东西，例如，对人力资源的组织等方面有深入的研究，或者对某些绩效改进方法有深入的研究。这是一个方面，另一个方面呢，（是）对行业的研究，需要跟行业结合。

⑩研究能力。

提出研究人员角色的受访的实践领域专家也提出了对于基本的研究能力的需要。

［实践领域专家 4］：对于研究人员来说，基本的研究能力，包括资料的收集能力、某个领域发展前沿的跟踪能力、报告的撰写能力等，是必须具备的。

第六节　专家访谈带来的启示与思考

从对访谈材料的解析中可以看出，无论高校内从事与绩效技术相关的教学和研究工作的专家，还是在实践领域从事绩效咨询和培训工作的专家，都对我国绩效技术专业人才的社会需求持积极态度，认为这一社会需求会越来越大。专家对于绩效技术专业人才的角色定位和相应的胜任力也给出了一定的参考，其观点既有认同，也不乏分歧。

无论高校专家还是实践领域专家，都对绩效技术专业人才的角色表现出两种倾向——作为绩效技术专业人员或绩效咨询顾问的"通才"和作为干预措施专业人员的"专才"。本研究对于绩效咨询顾问及其胜任力给予了较多关注，花费了许多笔墨，但对干预措施专家的关注较少。然而，结合绩效技术干预措施划分相应的研究方向，使绩效技术专业人才可以在具备绩效技术整体视野的前提下，根据自己的专业背景、专长或兴趣，从事某个相关领域的干预措施（培训、薪酬等）的设计与开发工作，这样的发展思路也受到重视。绩效技术专业人才的能力集中于某个或某几个专业技能领域，即领域的专业化，十分必要，似乎也成了必然。

在关注领域的专业化时，需要区分干预措施专家与其他相关领域的专家，如组织发展专家等。绩效技术已经发展到没有一个从业人员可以掌握它的每一个方面，出现了专业化。同时，在各种各样的从业人员中也出现了深刻的共通趋向，绩效技术专业人才需要共通的模型和话语体系，以便交流和一起有效地工作。所有绩效技术专业人才都需要具备一个共通的、坚固的、共享的和普遍的基础。①

需要注意的是，在所有受访专家（n＝10）中，只有一位实践领域的专家明确提出了对绩效技术研究人员角色的需求。从人才学的角度来看，社会需要四种人才——科学研究人才、解决实际技术问题的人才、经营管理的人才和从事公共治理的人才。② 归纳起来，

---

① H. D. Stolovitch & E. J. Keeps，*Handbook of Human Performance Technology：Improving Individual and Organizational Performance Worldwide*，San Francisco，Jossey-Bass，1999，pp. 651-697.

② 赵恒平、雷卫平：《人才学概论》，9 页，武汉，武汉理工大学出版社，2009。

后面的三种人才都属于实践型人才，因此这四种人才可以被归纳为理论研究型人才和实践应用型人才两大类。[①] 虽然实践应用型人才的需求量远远大于理论研究型人才，但是培养高层次的研究人员是整个学科领域（尤其是新兴专业领域）自身发展所必需的。刘美凤通过澄清芬恩提出的一个领域发展成为学科专业所需的条件之一——"一个有组织的知识体系，随着研究的进行，这个知识体系不断地被扩展"——所隐含的"悖论"，揭示出一个研究和实践领域需要为其自身知识体系的发展培养高层次的研究人员。[②] 另外，在研究方面，尽管应用研究和对策研究更容易获得资助，更容易产生轰动效应或带来直接经济效益，但唯有基础研究才可能生发有创新意义的理论模型[③]，而这正是我国绩效技术专业领域构建自身的国际荣誉和学术尊严的唯一路径。

一、绩效技术专业人才所需具备的胜任力

受访的高校专家和实践领域专家从多个视角对绩效技术专业人才所需具备的胜任力进行了描述，实践领域专家的描述相对来说更为细致和全面，总结起来包括以下内容。

①快速和持续学习的能力。
②绩效技术的基本理论。
③绩效技术的专业能力。
④人际交往和沟通能力。
⑤项目管理能力。
⑥领导能力。
⑦行业知识和经验。
⑧责任心和职业素养。
⑨特定专业技能领域的能力。
⑩研究能力。
⑪文档管理和写作能力。
⑫灵活性。

其中，无论高校专家还是实践领域专家，都强调了基本能力和综合能力的重要性。绩效技术的专业能力和特定专业技能领域的能力仅仅作为一个框架被提出。除了一位实践领域专家明确提出绩效技术的专业能力包括分析能力，干预措施的选择、设计、开发与实施能力，评价能力，其他受访专家都没有给出进一步的解释。对于特定专业技能领域的能力，受访专家也仅仅以人力资源、薪酬、E-Learning 和信息系统等为代表进行了列举，对于这些专业技能领域的能力与绩效技术的专业能力之间的关系等没有做进一步说明，还需要深入研究。

二、绩效技术专业人才的培养目标和培养规格

受绩效技术专业人才角色定位的影响，绩效技术专业人才的培养目标基本集中在使

---

① 刘秀娜：《我国护理学博士研究生教育培养目标的探索性研究》，博士学位论文，第三军医大学，2012。
② 刘美凤：《教育技术学学科定位问题研究》，118 页，北京，教育科学出版社，2006。
③ 方文：《学科制度和社会认同》，72 页，北京，中国人民大学出版社，2008。

学习者成为实践应用型人才上。培养目标把绩效技术的专业能力作为所有绩效技术专业人才所必备的能力，在此基础上按照干预措施的领域进一步划分专业方向。

人才培养规格基本上集中在硕士研究生层次，仅有一位受访的高校专家涉及博士研究生的定位——"作为绩效改进（项目）的领导者，熟悉多种绩效技术干预措施，并能从整体上把控绩效改进的流程，有针对性地设计解决方案（集），领导和指导团队成员有效地完成绩效改进项目"。在博士研究生和硕士研究生培养的差异方面，几乎所有受访的高校专家都把博士研究生定位于研究型博士，即哲学博士，指出博士研究生与硕士研究生的差异更多是普遍意义上的差异，即博士要求知识面更广、更强调研究能力等，而对于硕士研究生的要求似乎过于强调实践性和应用性。我们有必要重新审视国际上和我国研究生教育的主流发展方向，从中寻求多元化的人才培养依据。

值得注意的是，鉴于绩效技术在我国发展的历程和现状，绩效技术专业人才培养大都集中在教育技术学领域，所以把教学/培训和 E-Learning 等作为特色，其人才规格自然与教育技术学专业人才"合流"。如何从绩效技术的系统观出发，审视绩效技术专业人才的培养目标和规格，是需要被重视的一个方面。

三、绩效技术专业人才培养策略的实施

不少受访专家谈到了绩效技术专业人才的培养策略。由于历史原因，绩效技术专业人才培养大都集中在教育技术学领域。这具有一定的优势，主要表现在教学设计相关的积累上，但缺乏管理学和人力资源管理领域的相关积累。其他的优势体现在媒体技术上，如 E-Learning、网络课程等方面。然而，正如有的高校专家已经意识到的一样，受学科奖惩制度等的限制，绩效技术在教育技术学领域的处境很尴尬。

由于师资的匮乏、绩效技术自身的跨学科性，加上教育技术学领域的"重镇"佛罗里达州立大学等美国知名大学的践行，跨院系选课似乎成为国际绩效技术专业人才培养的必然途径，而商学院往往是不可或缺的首选合作伙伴。但是，科恩针对人力绩效技术被整合进教育技术学专业硕士学位所做的调查表明，寻求与商学院的合作并非易事。商学院的工商管理硕士（MBA）专业的课程往往只面向自己的学生，对其他学生都不开放[①]。这种现象并不是只出现在商学院。由于绩效技术有很多胜任力超出了传统的教育技术学领域，许多人也并不积极寻求把绩效技术整合进课程体系的途径；这种院系内的分歧，导致有的学校在教育学院之外成立新系，集中关注教育和绩效技术。

戴安·盖雅斯基（Diane M. Gayeski）也曾质疑为什么绩效技术主要在教育技术或人力资源开发领域进行培养。从传统的培训向绩效改进转化过程中的一个主要障碍是缺乏与高管层的联系，以说服他们采用跨越多个部门和多个学科的复杂绩效解决方案。既然所有的管理者都应该为所在部门的绩效负责，如果绩效技术原理被整合进商学院的学位课程，那么这些原理将在整个组织内更成功地传播[②]。方圆媛在对美国绩效技术课程设置进

①　C. A. Conn，"A Study Investigating How Human Performance Technology Competencies Are Integrated into Educational Technology Master's Degree Programs，"PhD diss.，University of Northern Colorado，2003.

②　H. D. Stolovitch & E. J. Keeps，*Handbook of Human Performance Technology：Improving Individual and Organizational Performance Worldwide*，San Francisco，Jossey-Bass，1999，pp. 936-949.

行研究时选择了 9 所典型高校,这些高校在教育技术/信息技术(系/专业)开设绩效技术的占多数(6/9),另外 3 所高校的绩效技术并未设置在教育技术系,其中就包括唯一设立 IPT 系(现在为 OPWL 系)的博伊西州立大学,其绩效技术是在工程学院设置的。其他两所高校是西佛罗里达大学和奥克兰大学,其分别将绩效技术设立在工程与计算机技术系(属于职业研究学院)和人力资源开发系(属于教育与人类服务学院)。三所高校所占比重为 3/9。[①] 这个数字也比较客观。

硕士研究生实践能力的不足,使得绩效技术乃至教育技术专业人才培养备受诟病,不少研究者纷纷提出加强实践课建设的需求。让研究生直接参与企业绩效改进实践,或者导师带领自己的研究生与咨询公司合作,被看作培养实践能力的较好出路。从访谈内容解析来看,专家自身也面临着这样那样的问题。有受访专家指出,"研究应该从企业的实际问题引出,但应超出企业实际问题本身",研究生的实践活动更应该是一种反思的实践,培养绩效技术专业人才的过程应该是唐纳德·舍恩(Donald A. Schön)认为的培养"反思性实践者"的过程。

在培养绩效技术专业人才的实践过程中,还有一个不得不面对的问题。所有受访专家都认同绩效技术作为一个实践领域,面向的是广阔的教育和非教育环境,其中非教育环境,如工商企业等尤为重要,但是,相关的实践似乎又是沿着培养教育技术专业学术型硕士学位的方向在培养绩效技术专业人才。国际上和我国研究生教育领域对于专业学位的重视,没有引起绩效技术领域的关注。在探讨绩效技术专业人才培养的多元化和针对特定的专业技能领域或干预措施进一步专业化方面,专业学位研究生教育为我们开辟了一条可行之路。无论专业学位还是学术型学位,都需要澄清专业人才的胜任力,以此作为专业人才培养和课程设置的参考。

---

① 方圆媛:《美国高校绩效技术课程设置研究》,硕士学位论文,北京师范大学,2010。

第五章　绩效技术专业人才角色与胜任力研究评述

绩效技术在美国等国家和地区的发展引起了很大关注。随着对专业人才需求的进一步增加，专业人才的胜任力有必要被加以规范。一些专业组织和个体研究者对绩效技术专业人才胜任力展开研究，并产生了广泛的影响，其研究成果成为美国高校专业课程设置或开发自己独特的胜任力框架的参考，也成为我国绩效技术专业人才角色和胜任力研究的基础。因此，本章采用文献研究法，对国际上已有的绩效技术胜任力研究进行梳理，揭示了围绕绩效技术流程各阶段构建的胜任力框架成为专业人才的"核心专业胜任力"，这是绩效技术区别于其他专业领域的关键所在；而集中于某一类干预措施，是领域专业化对专业人才提出的要求；所有核心专业胜任力和干预措施方面的能力，都建立在共通的基础能力之上。基于此，本部分研究从整体上构建了绩效技术专业人才的胜任力框架，包括绩效技术专业人才所需的基本能力（以下简称"基本能力"）、与绩效技术流程相关的胜任力（以下简称"流程能力"）、与干预措施相关的胜任力（以下简称"干预措施"）三个相辅相成的部分。

由于"流程能力"处于核心地位，因此确立适当的绩效技术流程模型对于构建核心专业胜任力来说至关重要。因此，本部分研究通过深入分析，确定了本书采用的绩效技术流程框架；随后，针对构建出的胜任力列表进行专家咨询和实践人员的认同度调查，以最终确定了我国绩效技术专业人才的胜任力模型。

第一节　胜任力概念的界定

一、胜任力

"competence"或"competency"（胜任力），来自拉丁语"competere"（原意是适当的[①]），也被译为素质、能力、才能和胜任特征等，是指"一个人完成一项工作的内部能力"[②]。莱尔·斯宾塞（Lyle M. Spencer）、大卫·麦克利兰（David C. McClelland）和思格·斯宾塞（Sige M. Spencer）给出的定义被广泛采用——"特质、动机、自我概念、社会角色、态度、价值观、知识和技能等能够可靠测量并可以把高绩效员工与一般绩效员工区分开来的任何个体特征"[③]。IBSTPI将其定义为"使一个人在工作中能够高效地执行给定职业或角色的活

---

① O. Nordhaug & K. Grønhaug, "Competences as Resources in Firms," *The International Journal of Human Resource Management*, 1994(1), pp. 89-106.

② P. A. MeLagan, "Competencies: The Next Generation," Training and Development, 1997(5), pp. 40-47.

③ 陈万思：《知识员工胜任力——理论与实践》，29～34页，上海，上海财经大学出版社，2007。

动，并达到预期的标准"①。本书采用 IBSTPI 给出的定义。

二、角色

角色是"在一项工作中的一系列工作活动，它们具有一个共同的目的，超越了特定的工作"②。角色不同于"工作头衔"，也不同于给定组织的某个特定的岗位，是对胜任力和工作产出进行分组和理解其含义的关键。③ 一个胜任力集合（a set of competencies）往往与一个工作角色相关。④

第二节　我国绩效技术专业人才角色与胜任力框架研究

在由多学科知识体系整合而成的学科或领域中，胜任力模型的构建成为开发专业课程体系的基础，为相关学术领域的人才培养和课程设置、相关领域专业实践人才的自身发展、相关资格认证标准的开发和实施等提供了必要的基础与有效的支撑。

一、绩效技术专业人员角色的出现及其身份认同

绩效技术发端于 20 世纪 50 年代末 60 年代初的美国，并于 20 世纪 70 年代中后期作为一个专业领域得以确立⑤，催生了许多成功的案例和一批享有盛誉的实践人员⑥，但直到 20 世纪 80 年代末，相应的专业角色才开始出现。1988 年，IBSTPI 指出，绩效技术专业人员作为一个职业，能够系统地分析和利用各种技术，通过为具体的、合法的并且是适当的任务或个人和组织绩效的各个方面提供解决方案来改进人类绩效，并确保在绩效改进方面所做的努力、所得到的成果和相应的后果之间的关联。⑦ 与此同时，IBSTPI 也列出了与绩效技术实践相关的任务（表 5-1），但由于某些原因，完整的绩效技术胜任力当时并未构建起来。

---

① R. C. Richey，D. C. Fields & M. Foxon，*Instructional Design Competencies：The Standards*，Syracuse，ERIC Clearinghouse on Information & Technology in cooperation with the International Board of Standards for Training，Performance and Instruction，2001，pp. 26-27.

② E. Biech，*ASTD Handbook for Workplace Learning Professionals*，Alexandria，ASTD Press，2008，pp. 807-822.

③ W. J. Rothwell，E. S. Sanders & J. G. Soper，*ASTD Models for Workplace Learning and Performance：Roles，Competencies，and Outputs*，Alexandria，American Society for Training and Development，1999，p. XV.

④ R. C. Richey，D. C. Fields & M. Foxon，*Instructional Design Competencies：The Standards*，Syracuse，ERIC Clearinghouse on Information & Technology in cooperation with the International Board of Standards for Training，Performance and Instruction，2001，p. 36.

⑤ ［美］R. A. 瑞泽、J. V. 邓普西：《教学设计和技术的趋势与问题（第二版）》，王为杰等译，189～206 页，上海，华东师范大学出版社，2008。

⑥ E. Biech，*ASTD Handbook for Workplace Learning Professionals*，Alexandria，ASTD Press，2008，pp. 33-46.

⑦ International Board of Standards for Training，Performance and Instruction，"What Competencies Must an Individual Demonstrate to Meet Minimum Standards in Each of the Three Roles?"Chicago，IBSTPI Alshchuler，Melvoin & Glasser，1989.

表 5-1 IBSTPI 提出的与绩效技术实践相关的任务

序号	任务
1	改进组织及组织中资源的效果和效率
2	通过识别和解决问题的系统方法，帮助客户解决绩效问题
3	促进个人成就，消除妨碍组织任务实现的障碍
4	建立、支持、展示影响组织成果的绩效结果

最初有关绩效技术专业人员的胜任力研究往往是与有关教育技术专业人员的研究共享的。斯皮策在 NSPI[2] 年会上所做的调查明确标明是针对教育技术专业人员/绩效技术专业人员的胜任力的[1]；斯托洛维奇和肯普斯对讨论绩效技术专业人员所需技能的研究文献进行回顾后指出，正式讨论绩效技术专业人员所需技能的文献并不多，大部分文献都是关于教育技术专业人员的胜任力的[2]；也很少通过有计划、有步骤的努力来确定绩效技术专业人员所应具备的能力[3]。但是，没有一套胜任力，绩效技术专业人员的"合法"地位就难以确立[4]，因此，一些组织和研究者围绕着绩效技术的角色和胜任力展开了研究，对绩效技术专业人员区别于其他专业人员的特征、绩效技术专业人员的角色及相应的胜任力进行了深入的探讨。

(一)绩效技术专业人员区别于其他相关领域专家的特征

绩效技术能从所有具备解决人类绩效问题能力的学科汲取养分，也能从为解决人类绩效问题提供了技术和支持的其他应用领域汲取养分[5]，其改进个人、团体/流程、组织的绩效的目的，与所有其他致力于组织绩效的领域所共享。从事绩效技术相关工作的专业人员有不同的背景，包括人力资源管理、人力资源开发、组织发展、环境工程和教学系统设计等[6]，我们需要区分绩效技术专业人员与其他相关领域专业人员之间的异同。

首先，由于绩效技术发端于教育技术专家认识到如果不考虑与之相关的其他组织要素，组织中的教学和培训系统就会缺乏效率或不适当[7]，许多学者也认为绩效技术与教育

① D. R. Spitzer，"Instructional/Performance Technology Competencies，"*Performance & Instruction*，1988(7)，pp. 11-13.

② H. D. Stolovitch，Erica J. Keeps & Daniel Rodrigue，"Skills Sets for the Human Performance Technologist，"*Performance Improvement Quarterly*，1995(2)，pp. 40-67.

③ [美]杰里·W. 吉雷、安·梅楚尼奇：《组织学习、绩效与变革——战略人力资源开发导论》，康青译，76～86 页，北京，中国人民大学出版社，2005。

④ C. Hutchison，"What's a Nice P. T. Like You Doing …?"*Performance & Instruction*，1990(9)，pp. 1-6.

⑤ W. R. Foshay，L. Moller，T. M. Schwen et al.，"Research in Human Performance Technology，"in H. D. Stolovitch and E. J. Keeps，*Handbook of Human Performance Technology：Improving Individual and Organizational Performance Worldwide* San Francisco，Jossey-Bass，1999，pp. 895-915.

⑥ C. Ruckdeschel，M. Yarter，M. A. Riveccio，et al.，"Beyond Instructional Systems：A Performance Technology Degree，"*Performance Improvement*，1998(3)，pp. 22-26.

⑦ H. D. Stolovitch & E. J. Keeps，*Handbook of Human Performance Technology：Improving Individual and Organizational Performance Worldwide*，San Francisco，Jossey-Bass，1999，pp. 3-23.

技术之间有着天然的紧密联系[①]，教育技术专业人员和绩效技术专业人员的胜任力存在很大的重合[②]，甚至有学者指出，"教学设计和工作场所的人力绩效技术是堂（表）兄弟"[③]。斯皮策对教育技术专业人员和绩效技术专业人员进行了区分，指出：虽然教育技术专业人员和绩效技术专业人员共享许多使他们获得成功的技能，但他们之间主要存在两个方面的不同。第一个不同是关注点。教育技术专业人员关注帮助学习者获得知识、技能或态度，而绩效技术专业人员主要关注达成目标和获得成果。第二个不同是两者对各自的领域所持的观点和态度，真正能区分绩效技术专业人员的是对分析所持的态度。大部分教育技术专业人员也客观地分析需求，但他们所进行的分析往往得出教学或基于媒体的解决方案。[④] 绩效技术专业人员则不一样，他们认识到培训是昂贵的，其往往被作为最后的选择。相对于教育技术专业人员来说，绩效技术专业人员能从更广阔的视野来收集和分析数据。在解释数据时，教育技术专业人员往往关注学习者特征和工作任务，而绩效技术专业人员则强调识别绩效差距，并寻找问题的原因和症状。[⑤]

胡奇森等人对绩效技术专业人员和其他组织绩效改进领域的专业人员进行了区分，指出了两个重要的不同。第一个不同在于二者所掌握的技术领域和专业技能的战略与战术的范围不同。其他组织绩效改进领域的专业人员使用他们能接受的特定的技术，即有限数量的战术。教育技术专业人员往往采用提高技能和获取知识等方面的技术。第二个不同在于他们看待绩效问题的理念和方法不同。其他组织绩效改进领域的专业人员倾向于使用单一、特定的技术，而绩效技术专业人员可以把所有的专业领域整合到一个绩效改进系统中，用以解决范围更广的系统问题。[⑥]

斯托洛维奇等人进一步总结了绩效技术专业人员在解决人类绩效问题上具有的四个独特优势，并指出其中的任何一个都可以把他们同其他相似实践领域的专业人员区分开来。[⑦]

第一，绩效技术能够把多种干预措施和技术整合起来以改进人类绩效。绩效技术专业人员把人和组织看作复杂的系统。绩效技术的有用性在于如下假设：当被用于解决绩效问题时，比起单独使用任何特定的干预措施，从不同领域采取的各种干预措施的组合提供了更大的价值。其他特定领域的专业人员，如组织发展方面的专家，在设计干预措施时往往不具备整合多个学科和技术的本领。相反，主动地识别和整合各种来源和不同

① 方圆媛：《美国高校绩效技术课程设置研究》，硕士学位论文，北京师范大学，2010。

② C. A. Conn，"A Study Investigating How Human Performance Technology Competencies Are Integrated into Educational Technology Master's Degree Programs," PhD diss. , University of Northern Colorado，2003.

③ J. M. Spector，M. D. Merrill，J. Elen et al. , *Handbook of Research on Educational Communications and Technology*，New York，Springer，2014，pp. 3-49.

④ D. R. Spitzer，"Confessions of a Performance Technologist," *Educational Technology*，1990(3)，pp. 12-15.

⑤ W. Dick & W. Wager，"Preparing Performance Technologists: The Role of a University," *Performance Improvement Quarterly*，1995(4)，pp. 34-42.

⑥ C. S. Hutchison，F. Stein & J. R. Carleton，"Potential Strategies and Tactics for Organizational Performance Improvement," *Performance & Improvement*，1996(3)，pp. 6-9.

⑦ H. D. Stolovitch & E. J. Keeps，*Handbook of Human Performance Technology: Improving Individual and Organizational Performance Worldwide*，San Francisco，Jossey-Bass，1999，pp. 651-697.

学科的观点，成为绩效技术专业人员日常活动的一部分。

第二，在分析人类绩效问题和提供解决方案方面，没有其他学科或专业能像绩效技术这样提供广泛领域的技能。[1] 绩效技术宽泛的理论基础允许它把大量的分析和干预措施运用到特定的情境中。其他领域的专业人员往往拥有相对较窄的视角和有限的能力集。绩效技术专业人员能够进行高度精练的绩效分析，创建各种教学和非教学类干预措施，科学地设计实施、评价和长期监控系统，以确保期望的绩效。

第三，绩效技术专业人员拥有独特的世界观。绩效技术的概念方法和框架允许实践人员使用精确的术语详细描述绩效差距的本质、原因及其影响变量，并指明适当的补救措施。绩效技术专业人员具备系统思维，能把工作集中在最终确定组织、过程和工作/个人三个层次的绩效变量上。[2] 其他领域的专业人员很少能从这样多层次的视角来分析绩效问题。

第四，绩效技术专业人员在把观点（viewpoint）转变为行动（action）时严格执行系统化过程和明确界定的程序。这一过程包括五个清晰界定的阶段：确定问题或机会；进行分析；设计和开发干预措施；实施和维护干预措施；评价干预措施。这一优势发出了一个清晰的信号——对这一过程的应用是绩效技术专业人员职业生涯中的一个基本部分。

尽管绩效技术专业人员声称他们具有独特性，但他们在解决组织和工作绩效上与其他领域的专业人员存在重叠。斯托洛维奇等人从工作描述、目的、目标（群体）、活动、交付（的成果）、（工作）环境和职业愿景等方面，详细描述了包括教育技术专业人员、人力资源管理专业人员、培训专业人员、组织发展专业人员、工业工程师、业务顾问和变革代理专业人员等在内的其他相关领域专业人员与绩效技术专业人员之间的异同。

(二)绩效技术专业人员角色的分化

绩效技术"对症下药"的基本原则，决定了其"对干预措施没有预设，任何可能的解决问题的方法都可能成为干预方案"的特性，使其自身成为一个综合性很强的跨学科领域，所有相关领域的专业人员都可能是干预措施专业人员，都可能进入绩效技术领域从事相关工作。[3] 用以改进绩效的干预措施有几百种之多。[4] 这虽然是绩效技术向纵深发展而导致的必然结果，但也使绩效技术的理论和实践处于两难之境：如果限于某一范围，则无法有效地改进绩效，难以达到目的；如果顺其自然地发展，则本领域的界限会不明确。[5] 随着绩效技术领域的视野和实践范围进一步扩大，绩效技术专业人员也出现了分化。胡奇森最先对两种类型的绩效技术专业人员进行了区分：一种是绩效改进专业人员，他们注重分析、管理和评价；另一种是干预措施专业人员，他们专职研究具体干预措施的设

---

[1] W. R. Foshay, L. Moller, T. M. Schwen et al., "Research in Human Performance Technology," in H. D. Stolovitch and E. J. Keeps, *Handbook of Human Performance Technology*: *Improving Individual and Organizational Performance Worldwide*, San Francisco, Jossey-Bass, 1999, pp. 895-915.

[2] G. A. Rummler & A. P. Brache, *Improving Performance*: *How to Manage the White Space on the Organization Chart*, San Francisco, Jossey-Bass, 1995, p. 35.

[3] 刘美凤、方圆媛：《绩效改进》，16～17 页，北京，北京大学出版社，2011。

[4] C. S. Hutchison, F. Stein & J. R. Carleton, "Potential Strategies and Tactics for Organizational Performance Improvement," *Performance and Improvement*, 1996(3), pp. 6-9.

[5] 张祖忻：《绩效技术概论》，45 页，上海，上海外语教育出版社，2005。

计、开发与实施。① 马杰对"工程师"和拥有某些特定技能的"技术人员"(一般作为助手),以及完整实施诊断并提供治疗方案的"医生"和具有某方面(X 射线、血液化验等)专业能力的"医疗专业人员"进行了区分,并把这些类比和隐喻迁移到绩效技术领域,指出随着绩效技术领域的不断扩大,需要培养"通才",他们能够评估更宏观的情况,有针对性地分析问题并制订解决方案(可以自己实施也可以分配给其他人)。这些"通才"具备与任何一个影响人类绩效的变量相关的工作知识和相应的专业能力,虽然他们可能只在一两个领域是专业人员,但其能够从客户的视角,而不是特定的专业角度去审视问题;他们的使命是服务客户,而不是"从事某个专业";他们是解决方案的编撰者、设计者和创造者,而不是执行这些解决方案或进行必要修改的技术专业人员。② 罗宾逊提出的绩效咨询顾问③,也是这样的"通才"角色。

正如医学等领域的发展一样,绩效技术从集中于绩效分析和主要是教学类干预措施这一核心活动,发展到包含更大范围的问题和活动,并达到了没有一个实践人员可以掌握所有方面的程度。专业人员专注于某个特定领域的知识生产或技术应用,成为绩效技术领域专业化的基础,也体现在角色和胜任力的研究中。

二、绩效技术专业人员的角色和胜任力研究

在对绩效技术专业人员的角色进行澄清的基础上,相关专业组织和个体研究者对绩效技术的胜任力进行了广泛的研究(表 5-2)。

表 5-2 绩效技术领域的角色和胜任力研究汇总

研究焦点	与之相关的胜任力研究
把绩效技术专业人员作为一个特定的专业角色,从整体上对其胜任力进行探讨	胡奇森对绩效技术专业人员关键技能的总结
	斯皮策对教育技术专业人员/绩效技术专业人员所需胜任力的调查
	斯托洛维奇等人关于绩效技术专业人员所需技能集的研究
围绕绩效技术流程各阶段开展的胜任力研究	ASTD 进行的胜任力研究
	富勒和法林顿(Farrington)的角色和胜任力研究
	ISPI 制定的认证绩效技术专业人员标准
	盖拉(Guerra)针对绩效改进专业人员进行的胜任力研究
	纳玛斯旺·凡蒂维卢(Ramaswamy N. Vadivelu)和克莱因针对美国和南亚所做的跨文化胜任力分析

---

① C. Hutchison, "A Performance Technology Process Model," *Performance and Instruction*, 1990(2), pp. 18-21.

② R. F. Mager, "The 'T' in 'PT' Has Got to Go," *Performance and Instruction*, 1992(2), pp. 57-58.

③ [美]戴纳·盖恩斯·鲁滨逊、詹姆斯·C. 鲁滨逊《绩效咨询》,李元明、吕峰译,前言 2 页,天津,南开大学出版社,2001。

续表

研究焦点	与之相关的胜任力研究
围绕绩效技术干预措施或专业技能领域展开的研究	罗森伯格对绩效技术干预措施的总结
	胡奇森等人对干预措施所做的分类研究
	ASTD 进行的胜任力研究
	范·提姆等人对干预措施进行的分类研究

(一)人力资源开发和教学设计的相关研究构成了绩效技术角色与胜任力研究的基础

绩效技术是从企业培训发展而来的[1]，因此企业培训是绩效技术专业人员一直致力研究和实践的重要领域之一[2]。在绩效、组织/工作场所以及培训迁移等方面，绩效技术和人力资源开发之间有着很大的重叠[3]，绩效技术大量吸收着人力资源开发领域的研究成果。《人力绩效技术手册》强化了绩效技术起源于教学系统设计的观点[4]，绩效技术领域大部分早期的关键开拓者都有着深厚的教学系统设计(instructional systems design，ISD)根源[5]。因此，IBSTPI 对教学设计人员所做的角色和胜任力研究，也成为绩效技术专业人员角色研究的重要组成部分。

1. 人力资源开发相关领域的角色和胜任力研究

1967 年，戈登·理皮特(Gordon L. Lippitt)和伦纳德·纳德尔(Leonard Nadler)提出了培训与开发领域的三种关键角色——学习专业人员和教师，培训、开发部门和项目的管理者，组织问题解决方法的贡献者[6]，开创了培训与开发领域角色研究的先河。纳德尔将其重新界定为管理人员、咨询人员和学习专家，并识别出相应的子角色；随后，相关协会在此基础进行了扩展，增加了职业发展顾问、教师、设计人员等角色，并把管理人员分为项目管理人员和培训管理人员。[7] ASTD 先后进行了 8 次胜任力研究(表 5-3)，对绩效技术领域的工作角色和胜任力研究产生了很大的影响。

---

① 刘美凤：《教育技术学学科定位问题研究》，117 页，北京，教育科学出版社，2006。

② 梁林梅：《教育技术学视野中的绩效技术研究》，101 页，武汉，华中师范大学出版社，2009。

③ T. R. Giberson，"Performance Capabilities and Competencies at the Undergraduate and Graduate Levels for Performance Improvement Professionals," *Performance Improvement Quarterly*，2010(4)，pp. 99-120.

④ H. D. Stolovitch & E. J. Keeps，*Handbook of Human Performance Technology：Improving Individual and Organizational Performance Worldwide*，San Francisco，Jossey-Bass，1999，pp. 24-46.

⑤ E. Biech，*ASTD Handbook for Workplace Learning Professionals*，Alexandria，ASTD Press，2008，p. 37.

⑥ G. Lippitt & L. Nadler，"Emerging Roles of the Training Director：Is Training Sufficiently Creative and Innovative to Serve its Full Purpose?" *Training & Development Journal*，1967，21(8)，pp. 2-10.

⑦ J. W. Gilley & S. A. Eggland，*Principles of Human Resource Development*，Reading，Addison-Wesley，1989，pp. 304-324.

表 5-3　ASTD 的 8 次胜任力研究

时间	名称	简述
1978 年	培训与开发的专业角色和胜任力研究	界定出培训与开发领域的 14 项宏观活动和 104 项微观活动
1983 年	卓越模型	识别出培训与开发领域的 15 种关键角色/职能,界定出 31 项(个)胜任力/(知识领域)和 102 种工作产出
1989 年	人力资源开发实践模型	总结出 11 种人力资源开发角色、35 项胜任力和 74 项工作产出
1996 年	ASTD 人类绩效改进模型	识别出 4 个角色的 16 项核心胜任力以及每个角色的 6 项特定胜任力和最终输出结果与辅助输出结果
1998 年	ASTD 学习技术模型	关注不断变化着的、新出现的和前沿的学习技术如何影响着人力资源开发专业人员
1999 年	ASTD 工作场所学习和绩效模型	提出了 7 种角色和与之相应的 6 类共 52 项胜任力
2004 年	ASTD 2004 胜任力研究:描绘未来	界定了 4 种角色、3 类 12 项基础能力和 9 个专业技能领域
2013 年	ASTD 胜任力研究:重新界定培训与开发领域	淡化了角色,识别出 6 类 16 项基础能力和 10 个专业技能领域

其中,由著名的人力资源开发专家帕特里夏·麦克拉甘(Patricia A. McLagan)领导构建的卓越模型和人力资源开发实践模型,从专业人员从事的活动或承担的职能的角度出发,界定了相关领域的工作角色(表 5-4),并识别出相应的胜任力(表 5-5)。这些研究显示出角色研究中普遍存在的交叉分类现象,既包括与工作流程的阶段相对应的角色(如分析人员、评价人员等),又包括与专业技能领域相关的角色(如组织变革代理、教学设计人员等)。

表 5-4　ASTD 1983 年和 1989 年的胜任力研究所识别出的角色

角色		角色的定义
卓越模型 *	人力资源开发实践模型 **	
培训与开发管理者	人力资源开发管理者	支持和领导一个团队的工作,并将这些工作与整个组织联结起来
策略专业人员	—	为培训与开发的结构、组织、方向、政策、项目、服务和实践等开发长远规划,以完成培训与开发的使命
理论家	研究人员	识别、开发或测试新的信息(如理论、研究、概念、技术、模型、硬件)并将其转换到改进个人或组织绩效中
项目管理人员	管理人员	为人力资源开发项目和服务的传递提供协助和支持服务
需求分析人员	需求分析人员	识别理想和实际绩效以及绩效条件,确定产生差距的根本原因

角色		角色的定义
卓越模型*	人力资源开发 实践模型**	
任务分析人员	—	识别与实现某个任务或组织的特定结果所必需的活动、任务、子任务、人力资源和支持环境
个人发展咨询师	个人职业生涯 发展顾问	帮助个体评估其胜任力、价值观和目标，并帮助他们识别、规划和实施职业发展
项目设计人员	项目设计人员	为具体干预措施准备目标、界定内容、选择活动并排序
媒体专业人员	人力资源开发 材料开发者	为培训和开发生产软件及使用音频、视频、计算机和其他硬件技术
教学材料编写者		生产实体的或电子的教学材料
营销人员	营销人员	销售人力资源开发的理念、项目和服务
教师	教师/促进者	展示信息并指导结构化的学习经验，以便个体进行学习
团队促进者		管理小组讨论和团队过程
评价人员	评价人员	识别一个干预措施对个人或组织绩效的影响
（培训）转化代理	组织变革代理	影响并支持组织行为方面的变革

* P. A. McLagan & D. Bedrick, "Models for Excellence: The Results of the ASTD Training and Development Competency Study," *Training and Development Journal*, 1983, 37(6): 10-20.

* * P. A. McLagan, Models for HRD Practice. *Training and Development Journal*, 1989, 43(9): 49-59.

表 5-5　ASTD 1989 年识别出的人力资源开发专业人员的胜任力*

胜任力类别	胜任力	
技术技能	1. 理解成人学习	2. 掌握职业生涯发展的理论与技术
	3. 胜任力识别技能	4. 计算机（应用）能力
	5. 电子系统（应用）技能	6. 促进技能
	7. 目标设定技能	8. 绩效观察技能
	9. 理解主题技能	10. 掌握培训与开发的理论和技术
	11. 研究技能	
商业（业务） 技能	12. 对业务（商业）的理解	13. 成本-效用分析技能
	14. 委派/授权技能	15. 对行业的理解
	16. 对组织行为的理解	17. 掌握组织发展的理论和技术
	18. 对组织的理解	19. 项目管理技能
	20. 文档（记录）管理技能	

续表

胜任力类别	胜任力	
人际关系 技能	21. 教练/指导技能	22. 反馈技能
	23. 团队建设/过程技能	24. 谈判技能
	25. 演示技能	26. 提问技能
	27. 关系建立/经营技能	28. 写作技能
智力技能	29. 数据还原/推导技能	30. 信息搜索/收集技能
	31. 智力整合技能/智慧的多样性	32. 模型构建技能
	33. 观察技能	34. 自我认知/管理技能
	35. 愿景技能	

 * 资料来源：P. A. McLagan，"Models for HRD Practice," *Training and Development Journal*，1989，43(9)，pp. 49-59.

2. IBSTPI 的教学设计能力标准

IBSTPI 在《教学设计能力标准》(*Instructional Design Competencies：The Standards*)一书中界定了一个胜任的教学设计人员的"通才"角色：他们能够展示出与系统化设计流程相关的技能，并且能够管理从需求分析到设计、开发、实施和评价各个阶段的设计项目。[①] IBSTPI 在其前身 AECT 的教学开发部(AECT Division of Instructional Development，AECTDID)和 NSPI 联合资格认证任务小组识别出的教学开发专家所需具备的23 项胜任力的基础上，精简出 16 项作为"教学设计能力标准"，对其中的每一项都做了详细的说明。这些基本的胜任力与教学设计过程、培训和项目管理以及专业人员发展有关[②]，与通用的 ADDIE 模式相联系，并把重点放在初级专业人员的行为描述上。随着与教学设计相关的理论基础出现新的重大发展，教学设计相关能力标准对从业人员所能开发的培训和教育种类及其兴趣、认同和期望也随之增加，此外，基于技术的培训和教育主要依靠计算机和网络技术，这些因素促使 IBSTPI 对教学设计的胜任力与绩效标准进行了更新，区别了基础水平和高级水平，添加了"专业基础"部分，强调了知识基础的重要性以及从业人员所应具有的专业职责——持续不断地学习和更新其知识储备。新版本中的"实施与管理"部分不仅代表了对这些角色及其胜任力更好的认同，而且也代表了教学设计在知识型企业尤其是在商业环境中不断增强的重要性，反映出对改进员工的绩效和解决组织问题的强调。教学设计不再仅仅是有组织地生产产品或课程开发的方法，而且是分析人的绩效问题并确定合适问题解决方案的一般过程。2012 年版的教学设计能力标准(见附录 2-2)，把"管理"从原来的"实施与管理"中析出，并添加了"评价"成分，形成"评价与实施"领域，体现出对于评价和管理的重视。

随着教学设计领域的复杂化，相关职位出现了专业化趋势。例如，从课堂教学到基

---

① R. C. Richey，D. C. Fields & M. Foxon，*Instructional Design Competencies：The Standards*，Syracuse，ERIC Clearinghouse on Information & Technology in cooperation with the International Board of Standards for Training，Performance and Instruction，2001，pp. 39-81.

② ［美］R. A. 瑞泽、J. V. 邓普西：《教学设计和技术的趋势与问题(第二版)》，王为杰等译，382～402 页，上海，华东师范大学出版社，2008。

于技术的教学的转变，导致了多媒体教学设计人员的出现，并使他们快速发展成为 E-Learning 专家；从专注培训向绩效改进的转变过程中，产生了强烈的绩效分析技能需求，许多大型组织开始出现分析方面的专业人员。[①] IBSTPI 识别出了四个典型的"专才"角色——分析人员、评价人员、E-Learning 专家和项目经理（表 5-6）。这些"专才"多出现在大型组织中，不会削减或替代"通才"角色。教学设计"通才"仍在中小组织中承担着重要的角色，他们需要做出策略选择，负责设计文档等；而"专才"却很难完成所有的教学设计任务。[②]

表 5-6　教学设计领域的主要"专才"角色

角色	职能
分析人员	专注于绩效分析和培训需求评估
评价人员	专注于各种形式的评价和评估，特别是在对评价的转化和影响方面
E-Learning 专家	专注于开发多媒体和电子学习产品，特别是基于 Web 的学习
项目经理	专注于在一个或多个项目中管理内部或外部教学设计人员

IBSTPI 针对教学设计人员开展的胜任力研究，在教育技术学及其相关领域产生了深远的影响，为教学设计专业人员的知识、技能和态度提供了广受认可的、全面的框架。许多大学在设计相关的研究生课程时都参考了这一研究成果。实际上，绩效技术也出现了专业化趋势，在 ASTD 胜任力研究中体现为对专业技能领域的关注。但 IBSTPI 针对"专才"角色及其胜任力的研究，是在"通才"角色胜任力的基础上扩展出来的。

（二）围绕绩效技术流程各阶段展开的胜任力研究

由于遵循绩效技术的流程阶段成为绩效技术专业人员日常工作的一个重要方面，因此，几乎所有的胜任力研究都会涉及与流程相关的胜任力。例如，1988 年，斯皮策在 NSPI[2] 年会上调查的 17 项胜任力就包括多项与分析相关的能力——需求评估、绩效分析和任务分析等，而且结果表明这些能力都是极其重要的。[③] 斯托洛维奇等人秉持"认识和定义一个专业领域最好的方法之一是通过观察它的实践人员都会做些什么"的理念，通过观察，推想（演绎）出专业地从事这些实践所需的基本技能、关键特征和价值观，并以 AECT DID/NSPI 认证工作小组 1984 年确立的 16 项教学/培训开发胜任力为基础，将其重新界定为所有绩效技术专业人员都需要的基本技能，分为两个大的类别：技术类技能（technical skills）和与"人"有关的技能（"people" skills）（图 5-1）。其中，技术类技能包括分析和观察、设计、评价，都与绩效技术的流程有关。

---

①　R. C. Richey，D. C. Fields & M. Foxon，*Instructional Design Competencies：The Standards*，Syracuse，ERIC Clearinghouse on Information & Technology in cooperation with the International Board of Standards for Training，Performance and Instruction，2001，pp. 107-110.

②　R. C. Richey，D. C. Fields & M. Foxon，*Instructional Design Competencies：The Standards*，Syracuse，ERIC Clearinghouse on Information & Technology in cooperation with the International Board of Standards for Training，Performance and Instruction，2001，pp. 39-81.

③　D. R. Spitzer，"Instructional/Performance Technology Competencies，"*Performance & Instruction*，1988(7)，pp. 11-13.

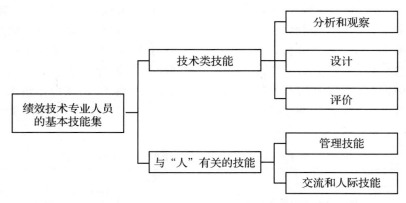

图 5-1　斯托洛维奇等人对绩效技术专业人员所需基本技能集的划分

其他研究，如 ASTD 针对绩效改进与工作场所学习和绩效（workplace learning and performance，WLP）的胜任力研究，盖拉对绩效技术专业人员胜任力的研究，以及凡蒂维卢和克莱因针对绩效技术胜任力所做的跨文化研究，都是与绩效技术流程相关的胜任力研究的典型。

1. ASTD 针对绩效改进与工作场所学习和绩效专业人员开展的胜任力研究

如前所述，人力资源开发领域的胜任力研究为绩效技术的角色和胜任力研究奠定了基础。罗斯韦尔等人以图 5-2 中间部分所示的绩效技术流程的阶段为基础，识别出了分析人员、干预措施专家、变革管理人员和评价人员四种角色。[①] 这些角色处在绩效技术流程中的不同位置，需要不同的胜任力，但他们也共享通用且适用于所有绩效技术活动的核心胜任力（表 5-7）。这些核心胜任力是所有角色的基础，并且贯穿于绩效改进流程的每一个步骤[②]，是绩效改进工作的基础。

表 5-7　威廉·罗斯韦尔等人识别出的绩效技术核心胜任力和角色胜任力

核心胜任力	角色胜任力			
	分析人员 角色胜任力	干预措施专家 角色胜任力	变革管理人员 角色胜任力	评价人员 角色胜任力
1. 行业认知 2. 业务知识 3. 领导力技能 4. 对组织结构的了解 5. 人际关系技能 6. 谈判/签约技能 7. 技术认知与理解 8. 认同/拥护技能	1. 绩效分析技能（前置分析） 2. 设计和开发需求分析调查的技能（前置的、有组织的） 3. 确定能力要求的技能	1. 解释绩效信息的技能 2. 方案选择技能 3. 阐明绩效变化的技能	1. 变革实施技能 2. 变革推动技能 3. 沟通渠道、非正式关系网和联盟	1. 绩效差距评估技能 2. 评估组织目标与结果的能力 3. 标准设定技能

---

① W. J. Rothwell, *ASTD Models for Human Performance Improvement：Roles，Competencies，and Outputs*，Alexandria，American Society for Training and Development，1996，pp. 79-81.

② W. J. Rothwell, *ASTD Models for Human Performance Improvement：Roles，Competencies，and Outputs*，Alexandria，American Society for Training and Development，1996，pp. 79-81.

续表

核心胜任力	角色胜任力			
	分析人员 角色胜任力	干预措施专家 角色胜任力	变革管理人员 角色胜任力	评价人员 角色胜任力
9. 解决问题技能 10. 善于处理 11. 系统思考及理解 12. 宏观思考的能力 13. 绩效理解 14. 咨询技能 15. 与解决方案有关的知识 16. 项目管理技能	4. 提问技能 5. 分析技能（综合的） 6. 工作环境分析技能	4. 测评方案涉及的各方面关系的技能 5. 确定关键业务问题及变化的能力 6. 解释目标的技能	4. 了解团队的动态流程 5. 流程咨询技能 6. 指导技能	4. 评定企业文化影响的能力 5. 检查绩效改进方案的技能 6. 反馈技能

1999 年，ASTD 提出了"工作场所学习和绩效"这一术语，把它界定为"为了改进个人和组织的绩效，而对学习和其他干预措施的整合利用"[①]。基于同样的绩效技术流程，ASTD 识别出管理人员、分析人员、干预措施选择人员、干预措施设计与开发人员、干预措施实施人员、变革领导者和评价人员 7 种角色（表 5-8），并以"胜任力—角色"矩阵的形式表示了 6 个类别共 52 项胜任力，详见附录 2-3。

表 5-8　ASTD 胜任力研究识别出的 7 种角色（1999 年）

角色	定义
管理人员	计划、组织、安排、监控和领导个人和团队的工作，以获得预期的结果；促进战略规划；确保工作场所学习和绩效符合组织的需求和规划；确保该职能的行政管理要求
分析人员	分离并调查人类绩效差距的原因，或者识别人类绩效改进的领域
干预措施 选择人员	选择适当的干预措施以解决人类绩效差距的根本原因
干预措施设计 与开发人员	创建学习和其他干预措施以帮助解决人类绩效差距的某些特定的根本原因
干预措施 实施人员	确保期望的干预措施得到适当且有效的实施，以解决人类绩效差距的特定的根本原因
变革领导者	激励全体员工迎接变革，创建变革努力的方向，帮助组织的全体员工适应变革，并确保持续地监控和指导干预措施使之与利益相关者期望的结果相一致
评价人员	对干预措施的影响进行评价，并为参与者和利益相关者提供关于这些干预措施如何被实施以及这些干预措施被员工接受的程度等信息

---

① W. J. Rothwell，E. S. Sanders & J. G. Soper，*ASTD Models for Workplace Learning and Performance：Roles，Competencies，and Outputs*，Alexandria，American Society for Training and Development，1999，p. 8.

从图 5-2 中可以看出，工作场所学习和绩效的角色变化主要体现在干预措施实施和变革管理两个阶段，变革管理人员被细分为干预措施设计与开发人员、干预措施实施人员和变革领导者三种角色，正是基于对其所需胜任力不同的认识。另外一个变化是增加了管理人员角色，该角色不与绩效技术流程中的任何特定阶段相关，"负责规划、组织、安排日程和领导个人与团队的工作以获取期望的结果，推进战略规划，确保工作场所学习和绩效与组织的需求和规划对接，并确保完成这一功能的管理需求"①。一个人不一定要成为所有角色的专家，但是要对每个角色的胜任力有一定程度的了解，特别是当需要担当多个角色时。同一个问题往往需要不同的角色参加。每个角色都需要不同的胜任力。②

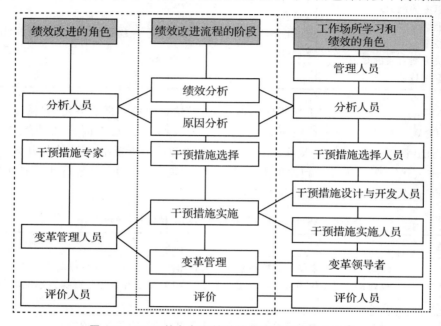

图 5-2　ASTD 的角色和绩效技术流程的对应关系③

总体上看，从绩效技术流程的视角对绩效技术的相关角色进行分类，可以比较充分地涵盖各种角色，并且可以避免角色之间的重叠。但是，把"干预措施实施"和"变革管理"看作绩效技术流程的两个并列的阶段，必然会导致角色界定的混乱。

2. 盖拉识别的与 A^2DDIE 流程相关的胜任力

盖拉结合考夫曼和罗塞特等人对需求评估的强调，认为需求评估的作用是识别出不同层次结果的差距，而需求分析则把这些需求或问题进行分解并识别出根本原因。如果

①　W. J. Rothwell, E. S. Sanders & J. G. Soper, *ASTD Models for Workplace Learning and Performance: Roles, Competencies, and Outputs*, Alexandria, American Society for Training and Development, 1999, pp. 43-51.

②　罗思韦尔、霍恩、金：《员工绩效改进——培养从业人员的胜任能力》，杨静、肖映译，13 页，北京，北京大学出版社，2007。

③　W. J. Rothwell, *ASTD Models for Human Performance Improvement: Roles, Competencies, and Outputs*, Alexandria, American Society for Training and Development, 1996, p. 79; W. J. Rothwell, *ASTD Models for Workplace Learning and Performance: Roles, Competencies, and Outputs*, Alexandria, American Society for Training and Development, 1999, p. 44.

把需求分析作为绩效改进的第一步，就暗示着需求评估已经被执行或者被忽略。基于此，其在传统的 ADDIE 模型中添加了另一个"A"，代表"评估"，构成了 A²DDIE（Assessment，Analysis，Design，Development，Implement，Evaluate）模式。该模型更好地反映了绩效技术流程的各个阶段，并据此识别出绩效技术专业人员所需的胜任力（表 5-9）。①

表 5-9　盖拉根据 A²DDIE 识别出的胜任力列表

阶段	序号	对应的胜任力
评估	1	对利益相关者（管理者、在职人员、社团成员等）进行访谈，以可测量的术语界定与绩效相关的需求
	2	首先关注绩效需求（如结果），避免利益相关者提供"不成熟的解决方案"
	3	完成一个有说服力的需求评估案例
	4	确定组织绩效对社会的影响
	5	确定组织层面的绩效差距
	6	确定团队的绩效差距
	7	确定个人的绩效差距
分析	8	准备有效的和可靠的分析工具（调查、访谈等）
	9	进行工作分析
	10	进行任务分析
	11	分析工作者的特征
	12	分析绩效环境的特征
	13	对相关的组织记录和文件进行内容分析
	14	采用适当的数据分析技巧
	15	为改进绩效开发框架和模型
	16	识别对所需绩效的障碍
	17	确定所需的干预措施类型
	18	确定干预措施所需的资源（如时间、资金、人力等）
	19	估计消除各种绩效差距的相关成本和效用
	20	估计忽略各种绩效差距的相关成本和效用
	21	根据消除与忽略绩效差距的成本和效用的对比，对绩效差距进行优先级排序
	22	清楚并简洁地向客户解释与绩效相关的需求数据
	23	解释所有组织层次上的绩效需求之间的相互关系
	24	根据绩效需求，就一个绩效技术干预措施将实现或交付什么结果达成协议
	25	就每个部分（如绩效技术专业人员、组织的合作伙伴等）在何时、提交什么达成协议

① I. J. Guerra，"A Study to Identify Key Competencies Required of Performance Improvement Professionals，" PhD diss.，Florida State University，2001.

续表

阶段	序号	对应的胜任力
设计	26	在设计干预措施之前回顾绩效分析报告
	27	把所有利益相关者都包含进干预措施的设计中
	28	运用系统化的、基于研究的设计原则
	29	识别并确定干预措施需求的优先级
	30	对期望的绩效干预措施结果和活动进行排序
	31	详细说明适合干预措施的绩效改进战术
	32	预测成功实施的障碍
	33	根据干预措施需求推导（制订）实施计划
	34	根据组织动态推导（制订）实施计划
	35	根据预先指定的绩效目标推导（制订）评价计划
开发	36	在开发干预措施之前回顾设计说明书
	37	确定已有的干预措施是否满足绩效要求
	38	如果已经存在，则购买干预措施
	39	如果需要，则调整或补充已购买的干预措施
	40	根据设计说明书开发必要的干预措施
	41	根据需要监控干预措施的开发活动
	42	持续评价干预措施的开发
实施	43	回顾实施计划
	44	根据需要修改实施计划
	45	向那些受干预措施影响的人传播相关的益处和风险
	46	在为实施过程分配角色时，授予必要的权力和责任
	47	根据需要帮助实施绩效干预措施
	48	监控实施活动
评价	49	在实施评价活动之前回顾评价计划
	50	根据需要修改评价计划
	51	确定组织对社会的影响
	52	确定预先设定的组织层面的绩效目标的达成
	53	确定预先设定的团队绩效目标的达成
	54	确定预先设定的个人绩效目标的达成
	55	制定关于什么是必须改进的以维护所需的绩效的建议
	56	制定关于什么是必须维护的以改进绩效的建议
	57	制定关于什么是必须放弃的以改进绩效的建议
	58	根据实施评价的结果为持续改进的修改过程提出建议

3. ISPI 开发的绩效技术标准

ISPI 开发的绩效技术标准(表 5-10)在绩效技术领域有着重要的影响,是专业认证的基础,也是美国许多高校开设绩效技术课程的重要参考之一。绩效技术标准的前四条通常被称为基本原则,因为它们对于每一条标准来说都是基本的,每个阶段都包含其中的某个方面;而其他六条则代表着所有专业人员必须遵循的系统化过程。①

表 5-10　ISPI 绩效技术标准及其变化

序号	2002 年的 ISPI 绩效技术标准	2013 年的 ISPI 绩效技术标准
1	关注结果	关注结果
2	系统思维	系统思维
3	增加价值	增加价值
4	伙伴协作	与客户和利益相关者协作
5	系统化地分析需求或机会	确定需求或机会
6	系统化地进行原因分析	确定原因
7	系统化地设计(解决方案)	设计解决方案(包括实施和评价计划)
8	系统化地开发(解决方案)	确保解决方案的一致性和可行性
9	系统化地实施(解决方案)	实施解决方案
10	系统化地评价(解决方案及其影响)	评价结果和影响

4. 凡蒂维卢和克莱因所做的跨文化胜任力研究

凡蒂维卢和克莱因通过分析绩效技术领域的两种主要刊物(《绩效改进》和《绩效改进季刊》)与《人力绩效技术手册》,识别出了与胜任力相关的各种活动描述,以 ISPI 的绩效技术模型所呈现的 5 个主要阶段对胜任力进行了分组,即绩效分析(7 项)、原因分析(8 项)、干预措施实施与变革管理(6 项)和评价(3 项)(表 5-11),以及和干预措施的设计与开发相关的胜任力(8 项)(表 5-12),并以此为基础探讨了地域和文化等因素的影响。②

由于我国与东南亚各国在文化和就业方面存在一定的相似性,如与绩效技术相关的从业人员(不是研究人员)基本上属于人力资源部门或培训/咨询公司,因此凡蒂维卢和克莱因所做的跨文化胜任力研究为本书借鉴已有的胜任力研究成果提供了依据。

---

① D. M. Snyder, A. Moore & P. P. Rasile, "Maintaining Standards and Increasing Accessibility of the Certified Performance Technologist Credential," *Performance Improvement*, 2013(8), pp. 21-26.

② R. N. Vadivelu & J. D. Klein, "Cross-Cultural Analysis of HPT: An Empirical Investigation of HPT Competencies in the Workplace in the United States and South Asia," *Performance Improvement Quarterly*, 2008(3-4), pp. 147-165.

表 5-11　凡蒂维卢和克莱因跨文化研究的绩效技术胜任力列表

阶段	序号	胜任力
绩效分析	1	识别或制定组织的愿景、使命或目标
	2	识别组织中应该如何改变或改变哪里的绩效
	3	识别与某一工作需求有关的员工技能、知识、能力、动机或期望
	4	识别对组织的成功至关重要的利益相关者(如员工、客户、供应商等)
	5	分析工作以确定它是否是结构化的、能够帮助员工获得最优绩效
	6	识别组织层面和部门层面的绩效问题
	7	分析组织的绩效需求,并与组织的目标和能力进行比较
原因分析	8	分析员工是否能得到与期望的工作绩效一致的激励、奖励或后果
	9	确定员工是否拥有所需的环境支持、资源或工具来完成他们的工作
	10	确定绩效问题是否由缺乏环境支持引发
	11	确定员工是否有能力完成他们的工作
	12	分析员工是否拥有完成他们的工作所需的数据、信息或反馈
	13	确定绩效问题是否由缺乏必要的行为技能引发
	14	分析员工是否具有执行他们的任务的积极性
	15	分析员工是否具有执行他们的工作所需的技能和知识
干预措施实施与变革管理	16	重新设计工作或参与组织再造计划以协助干预措施的实施
	17	解决在组织内实施干预措施时出现的问题
	18	开发组织沟通材料用以说明某项干预措施的益处
	19	设计或选择干预措施的范围以最好地满足由绩效分析所揭示的需求
	20	形成网络和联盟以帮助提升工作场所的绩效
	21	开发或维护组织的结构以促成员工学习新技能和新知识
评价	22	进行验证性评价以确定某项绩效干预措施对组织的影响
	23	在设计或开发绩效干预措施期间进行形成性评价
	24	对某项绩效干预措施或绩效改进中的过程进行总结性评价

　　另外,富勒和法林顿也根据自己开发的 RMC(Redwood Mountain Consulting)绩效技术流程模型[①],对问题界定、根因分析、方案实施和结果评价 4 个阶段所需的胜任力进行了研究。

(三)围绕绩效技术干预措施及其分类展开的研究

　　绩效本身涉及许多不确定因素,如个人的行为和组织的集体行为以及内部和外部环境的动态变化等,几乎任何因素都可能对绩效产生影响,如文化、领导力、工作场所的

[①] J. Fuller & J. Farrington, *From Training to Performance Improvement*：*Navigating the Transition*, San Francisco, Jossey-Bass, 1999, pp. 25-27.

设计、监控、沟通、财务系统、动机、战略和运营规划以及技能、态度和知识等[①]，这就使得导致绩效差距的原因千差万别，应对的方法也就各不相同。因此，选择干预措施就成为绩效技术专业人员必须具备的核心能力之一。首先，他们必须知道可选的干预措施的范围，既可以直接使用，也可以寻找相关的专家和资源进一步获取信息；其次，他们必须能够为给定的问题选出最可行和可持续发展的干预措施；最后，他们还必须以有效的方式就所推荐的干预措施与利益相关者进行沟通，以获取他们的支持。[②]

从 20 世纪 90 年代初开始，绩效技术的文献中开始出现对干预措施的专门讨论，但对于绩效技术干预措施的分类，理论界至今仍未有统一的说法。[③] 概而言之，玛克·罗森伯格（Marc Rosenberg）和胡奇森等人是绩效技术干预措施分类研究的先驱；马杰和派普、哈里斯等人进行了有益的补充；胡奇森等人对绩效技术干预措施进行了分类汇总，并通过范·提姆等人的著作将研究成果发扬光大；兰登、凯瑟琳·怀特塞德（Kathleen S. Whiteside）和莫妮卡·麦肯纳（Monica M. McKenna）介绍了 50 种干预措施[④]，桑德斯和蒂拉加拉叶则提供了解决组织绩效问题的 39 种策略[⑤]，这些研究都是在范·提姆等人的研究的基础上进行的；福克斯、克莱因及凡蒂维卢都对范·提姆等人提出的干预措施的类别及重要性进行了研究；安·周（Ann T. Chow）着重研究了财务类胜任力的需求[⑥]；托马斯·卡明斯（Thomas G. Cummings）和克里斯托弗·沃里（Christopher G. Worley）则从组织发展和战略的视角对组织需要处理的 4 类问题和干预措施进行了研究。我国学者对干预措施的研究都明显受到范·提姆等人的影响。

1. 罗森伯格和胡奇森等人对绩效技术干预措施分类的研究

罗森伯格把个人绩效看作试图改进组织生产力的起始点，认为如果没有合适的支持，绩效将不断恶化，因为：①绩效不会自己改进；②绩效一旦恶化就会不断地抵触改进；③只有在绩效改进系统支持的情况下，绩效才会不断改进。基于这一认识，罗森伯格把干预措施分为人力资源开发、组织发展、人力资源管理和环境工程 4 个主要领域（图 5-3）。[⑦] 很显然，这一干预措施分类仅局限于人力资源范畴，但具有开创意义。

①　D. M. van Tiem，J. L. Moseley & J. C. Dessinger，*Fundamentals of Performance Improvement：Optimizing Results Through People，Process，and Organizations*，San Francisco，Pfeiffer，2012，p. 195.

②　[美]达琳·M. 范·提姆、詹姆斯·L. 莫斯利、琼·C. 迪辛格：《绩效改进基础：人员、流程和组织的优化》，易虹、姚苏阳译，181 页，北京，中信出版社，2013。

③　张祖忻：《绩效技术概论》，113 页，上海，上海外语教育出版社，2005。

④　D. G. Langdon，K. S. Whiteside & M. M. McKenna，*Intervention Resource Guide：50 Performance Improvement Tools*，San Francisco：Pfeiffer，1999.

⑤　E. S. Sanders & Sivasailam "Thiagi" Thiagarajan，*Performance Interventions Maps：39 Strategies for Solving Your Organization's Problems*，Alexandria，ASTD Press，2001.

⑥　A. T. Chow，"A Needs Assessment of the Knowledge，Skills and Use of Finance Competencies by Human Performance Technology Practitioners," PhD diss.，Wayne State University，2010.

⑦　M. J. Rosenberg，"Performance Technology：Working the System," Training，1990(2)，pp. 42-48.

胡奇森等人提出了近百种干预措施。① 随着研究的不断扩展和深入，这些干预措施增加到了 200 多项，分为了 20 类。胡奇森等人的研究堪称包含类别（战略）和条目（战术）最广的干预措施分类研究。② 具体干预措施列表详见附录 2-4。

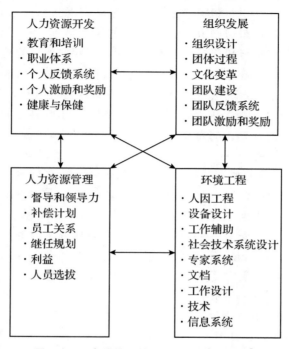

图 5-3　罗森伯格对绩效干预措施的分类③

胡奇森等人堪称绩效技术干预措施分类研究的"集大成者"，许多研究者都是以他们的研究为基础展开研究的。福克斯和克莱因从上述干预措施分类中选取了 16 类，对高校从事教育技术学专业研究生教学的教职员，以及来自 ISPI 和 ASTD 从事绩效改进工作的实践人员进行了调研并认识到，"知道广泛领域的绩效干预是很重要的，但实际开发和实施所有这些干预措施的技能却不是必需的"。基于这样的认识，他们区分了"关于每一类干预措施的知识"与"开发和实施该类干预措施的技能"。对上述两类人群在知识和技能方面的得分情况进行分析后，他们的结论是：整体上，所有的 16 类干预措施的知识项得分均高于技能项，说明无论专业协会的实践人员还是学术机构的教学研究人员，都认为关于干预措施的知识比技能重要。④ 因此，在培养绩效技术专门人才时，需要区别对待关于

———————————

① C. A. Hutchison， "A Performance Technology Process Model," *Performance and Instruction*，1990(3)，pp. 1-5.

② C. S. Hutchison， F. Stein & J. R. Carleton， "Potential Strategies and Tactics for Organizational Performance Improvement," *Performance and Improvement*，1996(3)，pp. 6-9； C. S. Hutchinson & F. S. Stein， "Whole New World of Interventions：The Performance Technologist As Integrating Generalist," Performance Improvement，1998(5)，pp. 18-25.

③ M. J. Rosenberg， "Performance Technology：Working the System," *Training*，1990，27(2)：42-48.

④ E. J. Fox & J. D. Klein， "What Should Instructional Designers & Technologists Know About Human Performance Technology?" *Performance Improvement Quarterly*，2003(3)，pp. 87-98.

干预措施的知识与开发和实施干预措施的技能。

2. 关注引发绩效差距根本原因的干预措施分类

由于干预措施都是根据引发绩效差距的根本原因研究进行选择的，因此大部分干预措施分类研究都关注引发绩效差距的根本原因。

改进绩效的正确方法是提供反馈、激励和绩效标准，或者重新设计工作。哈里斯认为，把干预措施分为提供信息、改变环境、改变动机/激励条件、人员的选择和分配 4 个类别特别有用[1]；在接受兰登和怀特塞德的采访时，哈里斯又强调指出，从宏观角度看，只有 5 种常见类型的干预措施：人员选拔和分配，工作过程再设计，工作环境再设计，动机、激励和态度，技能、知识和信息[2]。

由于绩效技术是在教育技术专家对培训的反思中发展起来的，其区别于教育技术的一个重要方面就是对非教学类干预措施的重视和整合运用，领域内的一些专家倾向于将干预措施划分为教学类和非教学类。[3] 国内学者梁林梅按照此分类方法对问题解决方案的选择与设计进行了分析和讨论，指出：在绩效分析的基础上，如果问题是由环境或动机（激励）等因素引发的，则倾向于选择非教学类解决方案，包括组织设计、战略联盟、组织文化变革、工作辅助、组织再造、工作分析/设计、人力资源开发、组织传播、激励与反馈系统、财务系统等；如果引发绩效问题的根本原因在于个体的知识、技能或态度等，则可以选择教学类解决方案，通常包括课堂教学、培训、自我指导学习、团队学习、学习型组织、行动学习、导师系统、多媒体学习系统、分布式学习系统等。[4] 富勒和法林顿指出，非教学类干预措施包括编写工作描述、创建反馈系统、重新设计激励或薪酬系统、使用流程工程、促使文化变革以及使用变革管理和信息工程（或知识工程）。[5] 然而，正如布莱斯欧所批判的，把绩效分为教学类和非教学类两个阵营，类似于把美国分为波士顿和波士顿以外的地区，或者是把新闻出版分成《纽约时报》和其他新闻途径。[6]

以形成差距的根本原因类型为依据进行分类，成为干预措施分类的主要方法。范·提姆等人就是从审视绩效差距形成的根本原因出发对干预措施进行分类的。

ISPI 的绩效技术模型（图 5-4）是本领域最常使用的模型之一[7]，具有广泛的影响。在该模型中，范·提姆等人把干预措施分为绩效支持（教学类和非教学类）、工作分析（工作设计）、个人发展、人力资源开发、组织沟通、组织设计与发展、财务系统七大类别，共

---

① J. Harless, "Whither Performance Technology?" *Performance and Instruction*, 1992(2), pp. 4-8.

② D. G. Langdon & K. S. Whiteside, "The Performance Technologist's Role in Interventions: An Interview with Joe Harless," *Performance Improvement*, 1997(10), pp. 36-38.

③ D. M. Van Tiem, J. L. Moseley & J. C. Dessinger, *Fundamentals of Performance Technology: A Guide to Improving People, Process, and Performance*, International Society for Performance Improvement, Washington, D. C., 2000, p. 66.

④ 梁林梅：《教育技术学视野中的绩效技术研究》，63～64 页，武汉，华中师范大学出版社，2009。

⑤ J. Fuller & J. Farrington, *From Training to Performance Improvement: Navigating the Transition*, San Francisco, Jossey-Bass, 1999, p. 172.

⑥ D. Brethower, "Sense and Nonsense in HPT," *Performance Improvement*, 2004(3), pp. 5-11.

⑦ J. A. Pershing, Ji-Eun Lee & J. Cheng, "Current Status, Future Trends, and Issues in Human Performance Technology, Part 2: Models, Influential Disciplines, and Research and Development," *Performance Improvement*, 2008(2), pp. 7-15.

涉及 56 种具体的干预措施，此外还有一类其他干预措施。① 详见附录 2-5。

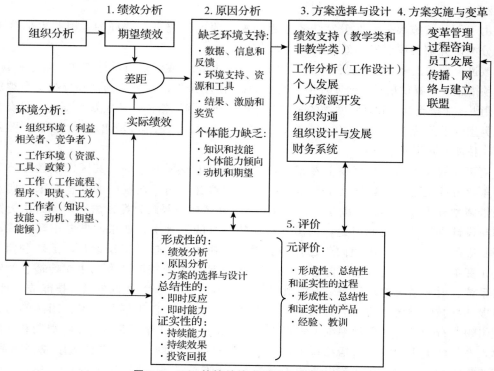

图 5-4　ISPI 的绩效技术模型（2012 年以前）

国内外大部分干预措施分类都沿用了这种方式。凡蒂维卢和克莱因在对绩效技术胜任力所做的跨文化分析(cross-cultural analysis)中，把干预措施的设计与开发阶段的胜任力单独提炼出来，并命名为"干预措施胜任力"（表 5-12），采用了范·提姆等人提出的干预措施类别。②

表 5-12　凡蒂维卢和克莱因提出的干预措施胜任力

阶段	序号	干预措施胜任力
干预措施的设计与开发	1	工作设计类干预措施，包括岗位规范、质量控制、人因工程学、安全工程、界面（接口）设计、工作轮岗和工作方法
	2	教学类绩效支持干预措施，包括培训、远程学习和行动学习
	3	非教学类绩效支持干预措施，包括工作辅助、电子绩效支持系统、知识管理、文件和标准
	4	人力资源开发类干预措施，包括人员配置和甄选、薪酬和福利、退休计划、绩效考核、领导力发展，以及激励和奖励

---

① D. M. Van Tiem，J. L. Moseley & J. C. Dessinger, *Fundamentals of Performance Technology：A Guide to Improving People, Process, and Performance*，Washington，ISPI，2000，p. 66.

② R. N. Vadivelu & J. D. Klein, "Cross-Cultural Analysis of HPT：An Empirical Investigation of HPT Competencies in the Workplace in the United States and South Asia," *Performance Improvement Quarterly*，2008(3-4)，pp. 147-165.

续表

阶段	序号	干预措施胜任力
干预措施的设计与开发	5	处理组织沟通的干预措施，包括信息系统、冲突解决、建议和投诉系统、网络和协作
	6	组织设计和组织发展类干预措施，包括战略规划、国际化、再造、文化和多样性、道德规范、精神、标杆管理、团队建设
	7	个人发展类干预措施，包括辅导和指导、反馈、职业发展、职业测评
	8	财务系统类干预措施，包括财务预测、资本投入和支出、现金流分析、兼并、收购、合资

国内学者关于干预措施分类的研究，明显地受吉尔伯特的行为工程模型和范·提姆等人对绩效干预措施分类的影响。[①] 张祖忻在其著作《绩效技术概论》中，根据对绩效系统中影响绩效各因素的分析，把干预措施分为知识与技能、组织环境两大类，前者是缺乏信息和知识所引起的绩效问题的对策，后者是组织环境因素所引起的绩效问题的对策。[②] 其中，知识与技能类干预措施包括"绩效支持与反馈""知识与技能的培养""交互技术"3个亚类，共14项具体干预措施；组织环境类干预措施包括"工作分析与设计""人力资源开发""组织设计和发展""组织沟通""财务系统"5个亚类，共39项具体干预措施。从表5-13中可以看出，组织环境类别的5个亚类几乎完全沿用了范·提姆等人的分类方法[③]，所不同的是"个人发展类"干预措施成了知识与技能类别的一个亚类——"知识与技能的培养"，并且"（绩效）反馈"与"绩效支持"合并为了"绩效支持与反馈"，另外，"交互技术"及其所包含的"远程学习""远程通信""卫星技术"从"教学类绩效支持"中独立了出来，成为知识与技能类别的一个亚类。

表5-13　张祖忻对绩效技术干预措施的分类[④]

干预措施类别	干预措施亚类	具体干预措施	
知识与技能	绩效支持与反馈	教学类绩效支持	学习型组织、行动学习、自学、培训、教育
		非教学类绩效支持	工作帮助、电子绩效支持系统、记录（工作规范）与标准
		绩效反馈	
	知识与技能的培养	辅导与教练、职业发展	
	交互技术	远程学习、远程通信、卫星技术	

---

①　D. M. van Tiem，J. L. Moseley & J. C. Dessinger，*Fundamentals of Performance Technology：A Guide to Improving People，Process，and Performance*，Washington，ISPI，2000，p.66；D. M. van Tiem，"Interventions（Solutions）Usage and Expertise in Performance Technology Practice：An Empirical Investigation，"*Performance Improvement Quarterly*，2004（3），pp.23-44.

②　张祖忻：《绩效技术概论》，113～145页，上海，上海外语教育出版社，2005。

③　D. M. van Tiem，J. L. Moseley & J. C. Dessinger，*Fundamentals of Performance Technology：A Guide to Improving People，Process，and Performance*，Washington，ISPI，2000，p.66.

④　张祖忻：《绩效技术概论》，113～145页，上海，上海外语教育出版社，2005。

续表

干预措施 类别	干预措施亚类	具体干预措施	
组织环境	工作分析 与设计	工作分析	职位描述与工作规范、轮岗、岗位扩展
		工作设计	工效学手段、预防性维护措施、工作方法、安全管理、质量控制、管理和保障、持续改进、界面设计
	人力资源开发	员工选拔与配置、薪酬与福利、激励和奖励、绩效评估、评估中心和能力测试、继任规划与职业道路规划、管理人员的发展、文化水平、退休计划、健康福利	
	组织设计 和发展	战略规划与管理、环境监测、国际化、基准化、重新设计、组织一致化与结构重组、团队建设、解决问题与决策、企业文化、多样性、伦理、精神文明	
	组织沟通	沟通网络与合作、信息系统、建议与投诉系统、冲突的解决	
	财务系统	财务预测，投资与成本，现金流分析，合并、并购与合资	

2012 年，ISPI 更新了绩效技术模型(图 5-5)，对干预措施及其分类做了适当调整：①取消了原来的绩效支持大类，把教学类和非教学类提升为一级分类——学习类干预措施和绩效支持类干预措施，体现了学习的重要性；②对"工作分析(工作设计)""人力资源开发""组织设计与发展"3 个类别进行了子类划分；③对具体的干预措施进行了扩充，使总项目达到97 种，反映了一些新的研究成果，如"绿色工作场所"和"社交媒体"等(表 5-14)。

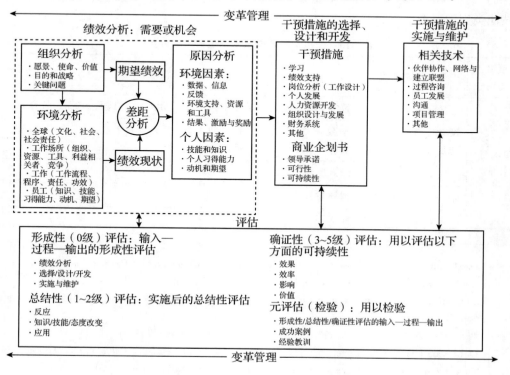

图 5-5　ISPI 的绩效技术模型

表 5-14 范·提姆等人对绩效技术干预措施的分类和整理①

大类	亚类	具体干预措施举例
学习类干预措施		知识管理、组织学习、学习管理系统、教育/培训、在职学习、及时学习、行动学习、在线学习/E-Learning 等
绩效支持类干预措施		绩效支持工具(PSTs)或工作帮助、电子绩效支持系统、文档和标准、专家系统等
工作分析（工作设计）类干预措施	岗位分析	岗位描述和岗位规范
	工作设计	岗位设计、岗位扩展和丰富化、轮岗、再造、重新调整和重组
	人因工程	工效学/人体工程学、安全工程、安全管理、绿色工作场所
	质量改进	全面质量管理、持续改善、六西格玛、精益组织和预防性维护
个人发展类干预措施		反馈、教练、指导、情感智力、专业实践社区、社会性智力、文化智力等
人力资源开发类干预措施	人才管理	员工配置、员工发展、员工留用、薪酬/福利、健康与保健、退休规划、劳资关系
	个人成长	动机、绩效管理、关键绩效指标、绩效评估、360 度评估、胜任力、能力测评
	组织成长	继任规划、职业发展通道、领导力发展、高级管理人才发展、管理层发展、督导能力发展
组织沟通类干预措施		沟通网络、信息系统、建议系统、申诉系统、冲突解决、社交媒体
组织设计与发展类干预措施	授权	团队策略、虚拟团队、问题解决
	组织的前瞻性行为	战略规划、环境扫描、欣赏式探询、外包、标杆管理、平衡记分卡、仪表盘
	组织价值	文化、多样性、包容策略、国际化、本地化、社会责任、道德规范、决策制定
财务系统类干预措施		公开账簿管理、利润与成本中心、财务预测、资本的投入与支出、现金流分析、现金流预测、兼并、收购与合资

范·提姆等人认为，绩效支持系统整合了"学习""做""技术"，帮助人们获得新的绩效或改进现有绩效所需的知识或技能，从而不断地满足组织的目的、目标和战略，并被划分为教学和非教学两类。在 2012 年的版本中，学习和绩效支持各自独立。当某个工作者或某一组工作者现有的知识、技能或态度与工作规范存在差距时，就选择或设计学习类干预措施，包括知识管理、学习管理系统和内容管理系统，教育和培训以及交互式学习技术。而绩效支持指的是"在职"和"及时"为工作者提供支持，强调"做"和"技术"的整合，改进流程、产品、服务，包括绩效支持工具(PSTs)或工作帮助、电子绩效支持系统、

---

① D. M. van Tiem，J. L. Moseley & J. C. Dessinger，*Fundamentals of Performance Improvement*：*Optimizing Results Through People，Process，and Organizations*，San Francisco，Pfeiffer，2012，pp. 203-206.

文档和标准，以及专家系统等。①

3. 专注于影响层次的干预措施分类研究

由于组织绩效通常涉及个人、团队和组织 3 个层次②，因此，干预措施的影响层次成为对干预措施进行分类的另一个视角。兰登、怀特塞德和麦肯纳从可应用的层次（事业部、流程、工作团队、个人）和通过干预措施能够实现的绩效改进类型（建立、改进、维护、区别）两个维度，给出了 50 种干预措施的选择矩阵（附录 2-6）。③ 卡明斯和沃里对组织发展领域的干预措施进行了总结和分类，认为组织需要处理 4 种类型的问题，相应地需要 4 类干预措施来处理这些问题（图 5-6）。表 5-15 显示了 30 种主要的组织发展类干预措施及其影响到的组织层次。④

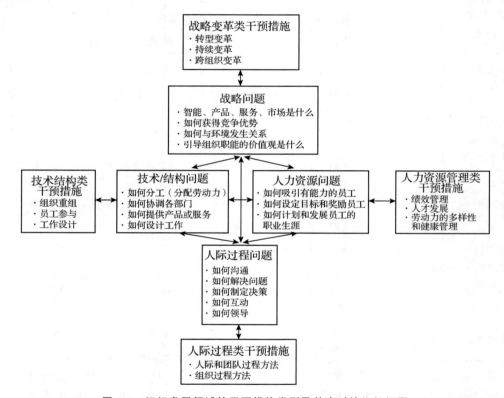

图 5-6　组织发展领域的干预措施类型及其应对的组织问题

①　D. M. van Tiem，J. L. Moseley & J. C. Dessinger，*Fundamentals of Performance Improvement：Optimizing Results Through People，Process，and Organizations*，San Francisco，Pfeiffer，2012，p. 281.

②　［美］拉姆勒、布拉奇：《绩效改进：消除管理组织图中的空白地带》，朱美琴、彭雅瑞等译，30～42 页，北京，机械工业出版社，2005。

③　D. G. Langdon，K. S. Whiteside & M. M. McKenna，*Intervention Resource Guide：50 Performance Improvement Tools*，San Francisco，Pfeiffer，1999，pp. 36-37.

④　T. G. Cummings & C. G. Worley，*Organization Development & Change*，Mason，South-Western Cengage Learning，2009，p. 155.

表 5-15　组织发展领域的干预措施类型及其作用层次

干预措施		受影响的主要组织层次			干预措施		受影响的主要组织层次		
		个人	团队	组织			个人	团队	组织
人际过程类干预措施	过程咨询		√		技术结构类干预措施	结构化设计			√
	第三方干预	√	√			裁员/缩编			√
	团队建设		√			流程再造		√	√
	组织对抗会议		√	√		平行结构		√	
	团队间关系干预措施		√	√		全面质量管理		√	√
	大群体干预措施			√		高度参与组织	√	√	√
	—					工作设计	√√√	√	
人力资源管理类干预措施	目标设定	√	√		战略变革类干预措施	整合的战略变革			√
	绩效评估	√	√			组织设计			√
	奖励体系	√	√	√		文化变革			√
	教练和辅导	√				自我设计组织		√	√
	职业生涯规划和发展干预措施	√				组织学习和知识管理		√	
	管理和领导力发展	√				为变革铺路			√
	员工多样化干预措施	√	√	√		合并与兼并			√
	员工压力和健康干预措施	√				战略联盟干预措施			√
	—	—	—	—		战略网络干预措施			√

4. ASTD 对专业技能领域的研究

针对工作场所学习和绩效所做的持续研究表明，专业人员经常跨越多个领域，必须运用广泛的技能，越来越强调跨学科的综合能力。基于此，ASTD 构建了一个三层金字塔结构的胜任力模型(图 5-7)，界定了"学习策略专业人员""业务伙伴""项目经理""职业专业人员"4 种角色，并指出：角色是随工作或项目而变的，不同于"工作头衔"；对于专业人员来说，当情况需要时，他们便会摘下这顶"帽子"(头衔)，然后换上另一顶"帽子"；每一种角色都需要将精选的基础能力和专业技能领域加以组合，来有效地执行任务。[①] 2004 年的 ASTD 胜任力模型试图把角色界定为"工作场所学习和绩效中广泛的职责范围"，并把工作场所学习和绩效与传统的人力资源学科相区别，实质上仍然没有脱离人力资源

---

① P. Davis，J. Naughton & W. J. Rothwell，"New Roles and New Competencies for the Profession，" *Training and Development*，2004(4)，pp. 26-36.

开发(和管理)的本质,只是更关注学习,如"学习策略专业人员"角色。"业务伙伴"这一角色的出现,正是近来把人力资源开发摆放在企业的战略地位,与主流业务对齐的一种体现。另外,该角色的主要职责涵盖了"绩效分析人员"角色的职责。"职业专业人员"更接近"绩效技术专业人员"角色,其主要职责包括"设计、开发、传递或评价学习和绩效解决方案,保持并应用任何一个或多个特定的工作场所学习和绩效的专业技能领域所需的深层次工作知识",体现出对某个或多个特定专业技能领域的全面把握的需求。然而,1999 年的工作场所学习和绩效概念把"学习"和"绩效"并列,虽然显示出对"绩效"越来越多的关注,但是仍然难以避免人力资源开发领域长期存在的"学习范式"和"绩效范式"之争。2013 年的 ASTD 胜任力模型研究的一个最显著变化是其忽略或淡化了"角色"这一概念,更加突出了本领域的跨学科特性,把关注点集中在专业技能领域上。这里所说的专业技能领域,指的是在工作场所学习和绩效领域获得成功所需的特定的技术和专业性技能与知识领域,它们构建在基础能力之上并依赖对基础能力的集中应用。[①]

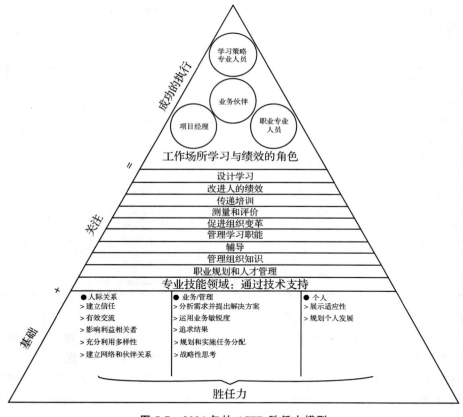

图 5-7　2004 年的 ASTD 胜任力模型

为了在某个给定的专业技能领域有效地工作,个人必须显示出适当的基础能力和独

---

① J. Arneson,W. J. Rothwell & J. Naughton,"Training and Development Competencies Redefined to Create Competitive Advantage,"*Training & Development*,2013,67(1),pp. 42-47.

特的专业技能整合能力。[①] 因此，基础能力和专业技能领域构成了一种层次关系。在 2004 年的 ASTD 胜任力模型中，9 个专业技能领域依次排列，成为联结角色和基础能力的纽带（图 5-7）。2013 年的 ASTD 胜任力模型删除了角色层，表现为一个两层结构——底层是基础能力，上层是一个五角星，包含着 10 个具体的专业技能领域（图 5-8）。表 5-16 对这些专业技能领域进行了定义并展示了它们的变化。

图 5-8 2013 年的 ASTD 胜任力模型

表 5-16 ASTD 胜任力研究识别出的专业技能领域[②]

专业技能领域		定义	备注
2013 年	2004 年		
绩效改进	改进人的绩效	应用发现和分析人类绩效差距的系统化过程；规划人的绩效方面未来的改进；设计和开发解决方案以缩小绩效差距；在识别机会和解决方案时与客户成为合作伙伴；实施解决方案；监控变革；评价结果	变化很小
教学设计	设计学习	设计、创建和开发正式的与非正式的学习解决方案以满足需求；分析并选择最合适的策略、方法（论）与技术使学习的经验和影响最大化	大幅更新，包括移动学习、社会性学习和非正式学习等主题

---

① P. R. Bernthal, K. Colteryahn, P. Davis. et al., *ASTD 2004 Competency Study: Mapping the Future-New Workplace Learning and Performance Competencies*, Alexandria, ASTD Press, 2004, pp. 64-82.

② J. Arneson, W. J. Rothwell & J. Naughton, *ASTD Competency Study: The Training & Development Profession Redefined*, Alexandria, ASTD Press, 2013, pp. xvii-xxi.

续表

专业技能领域		定义	备注
2013 年	2004 年		
培训传递	传递培训	以一种既契合学习者又能产生预期结果的方式传递(交付)非正式的和正式的学习解决方案;管理并响应学习者的需求;确保学习可以获得或者以一种及时并有效的方式传递(交付)	大幅更新,包括学习传送技术
学习技术	—	识别、选择和应用各种学习技术;适应学习技术;把适当的学习技术与特定的学习机会或面临的挑战相匹配	新领域;强调技术的重要性
评估学习的影响	测量和评价	收集、组织并分析与学习解决方案对关键业务驱动的影响相关的信息;以对组织有意义的方式呈现信息;使用学习指标和分析来了解组织的决策制定	大幅更新,包括新的对于学习分析的关注
管理学习项目	管理学习职能	提供领导力以执行组织的战略;规划、监控和调整与培训及开发相关的项目或活动	变化很小
综合人才管理	职业规划和人才管理	通过人才招聘、员工发展、留用和部署等过程的实施与整合,建立组织的文化和契约;确保这些过程与组织的目标对接	更少关注职业规划;强调把人才管理作为一个整合系统,强调学习在其中扮演的角色
辅导	辅导	采用互动的过程帮助个人更快地发展并产生成果;提高他人设定目标、采取行动、做出更好的决策以及充分利用自身优势的能力	变化很小
知识管理	管理组织知识	以一种鼓励组织内知识分享和协作的方式对智力资本进行选取、分发和归档	大幅更新,包括对非正式学习的关注
变革管理	促进组织变革	应用结构化的方法把个人、团队和组织从当前的状态转变成期望的状态	变化很小

(四)针对绩效技术的子角色及其胜任力的研究

富勒和法林顿从实现培训到绩效改进转变的角度出发,识别出了 12 种角色以满足实现转变的目的(表 5-17),一个人可能不只承担一个角色。富勒和法林顿的角色研究包括绩效分析人员、根因分析人员、解决方案开发人员和解决方案实施人员等与绩效技术流程相关的角色,也包括诸如发起者、拥护者、促进者、变革顾问等与绩效技术流程没有明显关系的角色。不管做了多少战略思考,也不管已经揭示了实施绩效技术是为了解决什么样的障碍,以及如何解决这些障碍,我们最终需要的是有胜任力的绩效技术专业人员——绩效顾问,即那些能够提供绩效技术承诺和实践的人。[①]

① J. Fuller & J. Farrington, *From Training to Performance Improvement: Navigating the Transition*, San Francisco, Jossey-Bass, 1999, pp. 150-153.

富勒和法林顿采用自己设计的绩效技术流程模型①，把整个流程划分为"问题界定""根因分析""方案实施""评价"4 个基本阶段，并使用该模型来审查绩效系统，确保不漏掉重要因素，也不会直接跳到任何结论，把它们视为绩效咨询顾问所需具备的特定专业技能，每一个主要技能领域都需要运用许多其他技能。这些特定专业技能和 8 项一般能力——关注业务、系统化和整体性的方法、很强的人际关系技能、咨询技能、项目管理技能、变革管理技能、团队工作以及与专家一起工作——构成了绩效技术胜任力。吉雷和梅楚尼奇从战略人力资源开发的角度讨论了绩效咨询顾问角色及其 11 个次要角色——客户联络人、绩效分析师、评估师、绩效咨询的拥护者、根源分析师、方案开发者、方案实施者、侦察兵、项目经理、团队促进者以及变革咨询顾问。② 绩效咨询顾问角色的职责包括开发学习转换策略、管理绩效管理过程、评价绩效管理过程和绩效咨询，主要是提高组织效率，促进组织变革。除追加了评估师这一次要角色之外，吉雷和梅楚尼奇识别出的次要角色全部包含在富勒和法林顿汇总的角色中；而富勒和法林顿识别出的合作伙伴角色，却没有出现在吉雷和梅楚尼奇的角色之列。

表 5-17　富勒和法林顿对绩效技术角色的汇总

角色	技能和能力
发起者	关注业务、绩效技术思维模式、人际交流、表达(演讲)技能
拥护者	绩效技术思维模式、变革管理技能、关注业务、人际交流、表达(演讲)技能
绩效咨询师	咨询技能以及所有一般的和特定的绩效技术技能的子集，特别是那些完成整个项目所需的技能，能够通过具备特定技能的他人来进行扩充
绩效分析人员	系统化和整体性的方法、进行分析、确定根本原因、推荐解决方案、人际技能、关注业务、与专家一起工作
根因分析人员	根因分析、人际技能、关注业务、绩效技术思维模式
解决方案开发人员	在创建干预措施方面的特定专业技能，如反馈系统、信息系统、薪酬策略、组织设计、培训等
解决方案实施人员	组织或交付特定干预措施方面的专业技能，如发布信息、网站开发、培训协调、培训交付以及组织设计
合作伙伴	能够扩展(或补足)其他项目成员的特定专业技能，团队工作
绩效技术咨询师或指导者	整个绩效技术流程方面的专业技能以及与之相关的一般能力
项目管理者	项目管理技能、绩效技术思维模式、人际技能
促进者	人际技能、执行焦点小组方面的特定专业技能
变革顾问	变革管理技能、绩效技术思维模式

①　J. Fuller & J. Farrington, *From Training to Performance Improvement：Navigating the Transition*，San Francisco，Jossey-Bass，1999，pp. 25-27.

②　[美]杰里·W. 吉雷、安·梅楚尼奇：《组织学习、绩效与变革——战略人力资源开发导论》，康青译，213 页，北京，中国人民大学出版社，2005。

三、绩效技术专业人才角色和胜任力研究小结

(一)绩效技术专业人才角色研究的特征小结

1. "角色"在绩效技术专业化进程中起着重要的作用

IBSTPI 宣称"绩效技术专业人员"是一个独立的职业，表明了对绩效技术专业人员的独特角色及其胜任力研究的必要性，使其摆脱了对教育技术的依存，彰显了自身的独特性。

2. "角色"不同于"工作头衔"，也不同于给定组织的某个特定的岗位

"角色"不同于"工作头衔"或某个特定的岗位，往往与一个胜任力集合相关，如 IBST-PI 开发的《教学设计能力标准》，就与从事教学设计工作的人员相关。①

3. 与医学等领域类似，绩效技术专业人才存在着"通才"和"专才"的区分

绩效技术专业人才分为"绩效技术专业人员"和"干预措施专业人员"两大类别，前者注重分析、管理和评价，后者专职研究具体干预措施的设计、开发与实施。这一观点已获得领域内专家学者的认可。作为"通才"，"绩效技术专家"应该在掌握整个绩效技术流程的基础上，至少精通一至两个具体的干预措施；而所谓"专才"，相对于执行流程中某一特定阶段的专业人员(分析人员、评价人员等)来说，用来指掌握某一特定专业技能领域的专业人员(教学设计人员、E-Learning 专家、项目经理等)更合适。

4. 绩效技术的一般流程模型为角色的界定奠定了基础

由于绩效改进遵循分析—设计—开发—实施—评价(ADDIE)的流程，并在操作层面严格执行绩效技术的系统化过程，绩效技术专业人员没有必要也不可能在每一个步骤上都是专家，因此识别出每个步骤所需的胜任力是对专业人员进行培养的基础。

另外，既然绩效改进的一般流程模型是分析和确定绩效技术专业人才角色的基础，那么所采用的流程模型不同，分析的结果也会不同。因此，重新审视绩效技术的流程模型，成为本书的一个重要方面。

5. 淡化"角色"对于我国绩效技术领域的发展并不合适

我国还处于从培训向绩效改进转变的过程中，借鉴他国的经验和研究成果可以让我们少走弯路。在构建我国绩效技术专业人才的角色和胜任力时，应该使之符合社会发展的实际状况。无视我国绩效技术领域与国际绩效技术领域的差距，会使我们迷失方向。最新的 ASTD 胜任力研究淡化了角色的概念，把关注点集中在专业技能领域上，以期更加突出本领域的跨学科特性。② 但是失去了角色，胜任力就没有了依托，会加重本领域的模糊性，不利于专业人才的职业化发展。③

(二)已有的绩效技术专业人才胜任力研究小结

从已有的绩效技术胜任力研究文献来看，不存在对胜任力类别的统一划分。斯托洛维奇等人把绩效技术专业人员的基本技能分为技术类技能和与"人"有关的技能两大类；

① R. C. Richey, D. C. Fields & M. Foxon, *Instructional Design Competencies: The Standards*, Syracuse, ERIC Clearinghouse on Information & Technology in cooperation with the International Board of Standards for Training, Performance and Instruction, 2001, p. 36.

② J. Arneson, W. J. Rothwell & J. Naughton, *ASTD Competency Study: The Training & Development Profession Redefined*, Alexandria, ASTD Press, 2013, p. xv.

③ 韩世梅、刘美凤：《ASTD 胜任力模型的角色研究评述》，载《开放教育研究》，2014(1)。

安东尼·马克(Anthony Marker)却认为，对于技能的分类并不指向斯托洛维奇等人所说的技术类技能和与"人"有关的技能，而是表现为：①诸如分析、交流、实施和评价等一般化的、与系统相关的技能领域；②诸如教学设计和开发、工效学和专门的统计测量等专门化技能两大类。① 斯托洛维奇等人的观点和马克的观点正好代表了大部分胜任力研究者的观点。他们之间的交集，体现了对绩效技术流程各阶段所需胜任力的重视。他们的不同点则体现为以下两点。①斯托洛维奇等人代表了对诸如人际交往能力和管理能力等偏向于基础能力方面的研究，属于"流程能力＋基础能力型"。ISPI的绩效技术标准、富勒和法林顿以及ASTD的胜任力研究均属此类。②马克则代表了更重视专业技能领域和干预措施的胜任力研究，属于"流程能力＋专业技能领域型"。凡蒂维卢和克莱因的跨文化胜任力研究属于此类。除了上述两种主要观点之外，ASTD则代表了另外一种类型——"基础能力＋专业技能领域"，盖拉的胜任力研究仅仅关注"流程能力"，胡奇森等人和范·提姆等人则仅仅关注"干预措施/专业技能领域"。

国内也有少数学者对绩效技术的胜任力进行了研究和总结。方圆媛和刘美凤对ISPI的绩效技术标准和ASTD的胜任力研究进行了比较，总结出了绩效技术专业人才应该具备下列胜任力。②

①系统思考的能力。

绩效技术专业人员能整体性、全局性地把握与思考绩效改进各相关的工作。

②领导力。

绩效技术专业人员能通过自己的影响力带领所咨询或所在公司领导、相关员工积极参与绩效改进工作，共同迈向经过论证的绩效改进愿景。

③人际关系能力。

绩效技术专业人员能与组织的各层领导和员工以及客户建立并保持良好的人际关系。

④交流与沟通能力。

绩效技术专业人员能收集所需要的信息并把自己的意图有效地传递给相关人员，说服对方并达成共识。

⑤分析并解决问题的能力。

绩效技术专业人员在各种情形或困难面前都能分析问题，发现解决问题的方法和思路，并最终解决问题。

⑥学习能力。

绩效技术专业人员能快速了解并在一定程度上把握所在行业的知识、组织机构的知识和各种干预措施的知识，尤其是促进组织发展的知识等。

⑦项目管理能力。

绩效技术专业人员能对人员、时间、资源、经费等进行安排。

⑧对绩效改进的理解能力

绩效技术专业人员能在把握整体绩效改进工作的基础上，从事自己负责的绩效改进的相关工作。

---

① A. Marker，"The Harvest of PT：ISPI's Past Presidents' Recommendations for the Preparation of Performance Technologists," *Performance Improvement Quarterly*，1995(4)，pp.22-33.

② 方圆媛、刘美凤：《从标准与模型看绩效技术人员的能力要求》，载《远程教育杂志》，2010(2)。

第六章　我国绩效技术专业人才角色与胜任力框架的初步构建

第一节　绩效技术专业人才角色的界定

从已有研究可以看出，绩效技术专业人才角色的界定存在着多个维度的交叉，集中表现为以下两个方面。第一，根据绩效改进一般流程所对应的典型阶段划分的角色，如罗斯韦尔等人、富勒和法林顿及吉雷和梅楚尼奇的划分：分析人员、干预措施选择人员、干预措施设计与开发人员、干预措施实施人员，以及评价人员。[①] 第二，根据专业技能领域划分的角色，如 2004 年的 ASTD 胜任力研究。因此，界定绩效技术专业人才的角色需要厘清这两个方面。其他领域对角色界定的方法，可以为绩效技术专业角色的定义提供参考。

一、社会学领域关于"知识分子"社会角色的界定

兹纳涅茨基（F. Znaniecki）指出，凡是致力于生产和传授知识的人，都被我们称为知识分子。他们能拥有知识，并能发展文化知识财富，而这些知识并非仅仅来自他们个人的直接经验。[②] 默顿（Merton）进一步指出，知识分子是指一种社会角色，而不是一个总体的人。虽然这个角色与很多职业重合，但是它不必与之完全相符。他还以把教师和教授看作知识分子是否合适为例，来进一步说明知识分子的属性。我们通常把教师和教授也看作知识分子。作为一种粗略的近似，这种做法基本上是适当的，但并不意味着每位教师或教授必然都是知识分子，这完全取决于他活动的实际属性。如果一位教师仅仅照本宣科，而对书本上的知识不做进一步的分析或应用，那么他就被排除在知识分子之外了。这样的教师并不比只读现成稿件的播音员更像知识分子，只不过是传达他人观点的传送带上的一个大齿轮而已。[③]

二、IBSTPI 关于教学设计人员角色的界定

IBSTPI 开发的《教学设计能力标准》基于一条重要的假设——教学设计人员是那些在工作中展示出设计能力的人，不考虑他们的"工作头衔"或（所接受的）培训。例如，有些

---

① W. J. Rothwell, E. S. Sanders & J. G. Soper, *ASTD Models for Workplace Learning and Performance: Roles, Competencies, and Outputs*, Alexandria, American Society for Training and Development, 1999. pp. 43-51.

② ［波兰］弗·兹纳涅茨基：《知识人的社会角色》，郑斌祥译，138～144 页，南京，译林出版社，2000，转引自：［美］罗伯特·K. 默顿：《社会理论与社会结构》，唐少杰、齐心等译，312～313 页，南京，译林出版社，2008。

③ ［美］罗伯特·K. 默顿：《社会理论与社会结构》，唐少杰、齐心等译，313 页，南京，译林出版社，2008。

高级设计人员可能是项目经理，但是他们仍然被视为设计人员，尽管他们有着其他扩展了的职责；有些设计人员只与教学设计流程的一个阶段有关，如设计或评价，但他们仍然被视为设计人员。也就是说，只要其工作包括主要的设计领域——计划与分析、设计与开发、实施与管理——的某个部分，那么这些人就被视为设计人员。虽然设计人员同时执行开发任务并非少见，但那些完全专注于开发或生产任务的人并不被视为设计人员，如绘画艺术人员和程序员可能是设计团队中的关键成员，但他们不被视为教学设计人员。[①]

三、绩效技术专业人才角色的界定结果

受上述知识分子和教学设计人员角色界定的启发，本研究认为，凡是致力于改进组织、部门（流程）和个人绩效的人，都可以被称为绩效技术专业人才。由于绩效技术改进个人和组织绩效的目标是与其他许多相关领域共享的，因此，绩效技术专业人才必然与教育技术专家、人力资源管理专业人员、培训专家、组织发展专家、工业工程师及业务顾问和变革代理专家等其他相关领域的专业人员在角色上有所重合，但是不必完全相同。斯托洛维奇等人[②]指出，绩效技术专业人员在解决人类绩效问题上具有四个独特优势，其中的任何一个都可以把他们同工作在其他相似实践领域的专业人员区分开来，而第四个优势——严格执行绩效技术的系统化过程和明确界定的程序——被认为是绩效技术专业人员职业生涯中的一个基本部分，可以作为绩效技术专业人才的关键属性。

基于此，结合先前对高校专家和实践领域专家的访谈以及角色研究的文献综述，本书把绩效技术专业角色界定为两类：作为"通才"的绩效改进顾问和专注于某类特定技能领域的"专才"。

(一)作为"通才"的绩效改进顾问

ISPI 一直坚持使用"人力绩效技术专业人员"（human performance technologist）称呼绩效技术专业人才。根据马杰的观点，该名称不能明确表示绩效技术专业人才从事的工作，容易被人误解为某一类技术专业人员，因此推荐采用"人力绩效咨询顾问"这一名称[③]；达纳·罗宾逊和詹姆斯·罗宾逊也采用"绩效咨询顾问"这一名称。20世纪90年代后期，"绩效咨询顾问"在许多组织中成为一种"工作头衔"，而在其他许多组织内则被确定为一个"角色"，与之类似的还包括人力资源顾问、学习顾问、学习和绩效顾问、学习服务顾问、绩效战略经理、组织发展顾问、绩效改进顾问、客户关系经理及培训与绩效咨询顾问。[④] ISPI 最新发布的"学习指南"也开始采用"人力绩效技术咨询顾问"（human performance technology consultant）这一角色名称。在北京师范大学举办的研讨会上，我

① R. C. Richey, D. C. Fields & M. Foxon, *Instructional Design Competencies: The Standards*, Syracuse, ERIC Clearinghouse on Information & Technology in cooperation with the International Board of Standards for Training, Performance and Instruction, 2001, p. 36.

② H. D. Stolovitch, E. J. Keeps & D. Rodrigue, "Skill Sets, Characteristics, and Values for the Human Performance Technologist," in Harold D. Stolovitch & J. Erica Keeps, *Handbook of Human Performance Technology: Improving Individual and Organizational Performance Worldwide*(2nd Edition), San Francisco, Jossey-Bass/Pfeiffer, 1999, pp. 651-697.

③ R. F. Mager, "The'T' in 'PT' Has Got To Go," *Performance and Instruction*, 1992, 31(2), pp. 57-58.

④ H. D. Stolovitch & E. J. Keeps, *Handbook of Human Performance Technology: Improving Individual and Organizational Performance Worldwide*, San Francisco, Jossey-Bass, 1999, pp. 713-729.

国绩效技术和企业大学界的专家学者一致同意采用"绩效改进顾问"作为角色的名称。

绩效改进顾问作为绩效技术领域"通才"，能够对绩效做出宏观评估、分析问题并制订解决方案，具备与每一个影响绩效的变量相关的知识（理论知识和实践知识），以及相应的专业能力（他们可能只在一两个领域内是专家）；能够从客户的视角而非任何特定的专业能力的视角去审视问题；是方案的制订者、设计者和创造者，而不是执行这些解决方案的技术人员。绩效改进顾问在工作中严格执行绩效技术的系统化过程和明确界定的程序，不凭空预设某一类型的干预措施。

在每一种专业的发展过程中，都会出现"研究者-理论家"的角色，他们从事科学性调查和理论系统化的工作。[①] 致力于绩效技术专业领域发展的研究人员包括两类：一类是在实践领域从事研究的人员，正如上述受访的实践领域专家所说的，他们虽然会不断跟踪绩效技术领域的发展前沿，但其研究主要集中在应用研究上；另一类人则是在高校和研究机构内从事绩效技术专业研究的人员，他们主要以研究绩效技术及其相关领域为己任，关注该领域自身的发展，从事相应的理论研究和基础研究，并进一步发展和培养后备人才。

（二）专注于某类特定专业技能领域的"专才"

自从胡奇森明确区分出绩效技术专业人员和干预措施专业人员[②]开始，"通才"和"专才"就引起了领域内专家的关注。虽然马杰积极主张我们应该培养"通才"，而不是具体实施方案的"专才"[③]，但是，绩效技术的跨学科性和干预措施的多样性，使得专注于某些特定领域的专门人才受到重视。例如，IBSTPI指出，在一些大型组织中，出现了教学设计人员的专业化趋势，这是其专业自身变得越来越复杂而必然导致的结果。例如，从设计课堂教学到设计基于技术的教学的转变，使多媒体教学设计人员出现并快速发展成为 E-Learning 专家；从专注于培训向绩效改进的转变，使强烈的绩效分析技能需求产生，许多大型组织开始出现分析方面的专家[④]，这说明在教学设计领域内有许多已经确立的和正在出现的"专才"角色。虽然这些"专才"多出现在大型组织中的某些大项目中，但他们不会削减或替代教学设计"通才"角色。专业化是绩效技术领域发展的必然，但是，专业的专精化也具有副作用。对个体而言，高度的专精化会导致目光短浅。当一门专业被分化成了多个专门领域时，便会打破早期经验和理解的全面性。[⑤]

ASTD 在其 1999 年的胜任力研究中把"干预措施设计与开发人员"和"干预措施实施人员"两个角色进一步细化，其中"干预措施设计与开发人员"包括教学设计人员、媒体专家、材料开发人员、流程工程师、人体工学工程师、教材编写人员以及薪酬分析人员，"干预措施实施人员"包括管理人员、教师、组织发展实践人员、职业生涯发展专家、流

---

① ［美］唐纳德·A. 舍恩：《反映的实践者：专业工作者如何在行动中思考》，夏林清译，27 页，北京，教育科学出版社，2007。

② C. S. Hutchison, "A Performance Technology process Model," Performance and Instruction, 1990(3), pp. 1-5.

③ R. F. Mager, "The'T'in'PT'Has Got To Go,"*Performance and Instruction*, 1992, 31(2), pp. 57-58.

④ R. C. Richey, D. C. Fields & M. Foxon, *Instructional Design Competencies：The Standards*, Syracuse, ERIC Clearinghouse on Information & Technology in cooperation with the International Board of Standards for Training, Performance and Instruction, 2001, pp. 107-110.

⑤ ［美］唐纳德·A. 舍恩：《反映的实践者：专业工作者如何在行动中思考》，夏林清译，49 页，北京，教育科学出版社，2007。

程再设计咨询人员、工作场所设计人员以及薪酬专家或促进者。吉雷和梅楚尼奇也指出，"绩效咨询顾问"偶尔也可能担当指导设计者（开发学习干预）、薪酬分析师（设计新的薪酬和奖励制度）或组织发展专家（管理变革、组织重组或企业流程再造）。[①]

可以看出，这些"专才"主要以关注的领域或干预措施类别为主。IBSTPI针对"专才"角色的研究，是在"通才"角色的胜任力研究的基础上扩展出来的。也就是说，对于领域的"通才"角色及其胜任力的研究，构成了所有"专才"角色研究的基础。

第二节　我国绩效技术专业人才胜任力的构建

一、我国绩效技术专业人才胜任力模型构建的方法

构建胜任力模型的方法多种多样，最主要的有行为事件访谈、专家小组和问卷调查等。[②] 行为事件访谈法被普遍看作在建立胜任力模型中应用最广泛、最有效的方法。[③] 但根据绩效技术在我国的发展状况，很难通过对从业人员进行大规模调查，或针对业绩优秀的从业人员进行关键事件访谈等方式，对角色及其胜任力进行研究。

ASTD的胜任力研究以1999年为分界线。此前的胜任力研究通过界定本领域实践人员的工作产出，把这些工作产出划分为角色，然后派生出成功地履行这一角色所必需的胜任力，并产出已经界定好的工作输出。这种方法对于确定和定义"存在什么"是合乎逻辑的，也是适当的。而1999年的胜任力模型不仅仅界定该领域的当前状态，还为该领域未来5年提供一个展望。因此，1990年的胜任力研究以先前的胜任力研究为基础，采用了一种具有描述性和探索性的方法，在第一阶段对绩效技术及其相关领域（主要是教学设计和人力资源开发）的胜任力研究进行文献追踪，在此基础上分析并总结出绩效技术专业人员的胜任力列表（合集）；在第二阶段针对总结出的胜任力列表开展专家小组访谈，试图达到两个目的：①确定学科专家对所列出的胜任力与绩效技术专业人员的相关程度；②缩减最初的胜任力列表，使之包含那些对于绩效改进工作来说最重要的胜任力[④]，使之更加精练；在第三阶段，专家小组审查绩效改进的过程模型并确定胜任力列表。该方法基于这样一个潜在的假设——识别出绩效技术领域从业人员未来成功所需的关键胜任力是可能的，而准确地确定组织在未来期望的工作输出则很困难。[⑤]

本书对罗斯韦尔等人的研究方法进行了适当的简化，首先采用文献研究法，对已有

---

①　[美]杰里·W.安雷、安·梅楚尼奇：《组织学习、绩效与变革：战略人力资源开发导论》，康青译，226页，北京，中国人民大学出版社，2005。

②　罗双平：《从岗位胜任到绩效卓越——能力模型建立操作实务》，58页，北京，机械工业出版社，2005；朱瑜、王雁飞：《企业胜任力模型设计与应用研究》，9～16页，北京，科学出版社，2011。

③　冯明、尹明鑫：《胜任力模型建构方法综述》，载《科技管理研究》，2007(9)；罗双平：《从岗位胜任到绩效卓越——能力模型建立操作实务》，48页，北京，机械工业出版社，2005。

④　S. B. King, "Practitioner Verification of the Human Performance Improvement Analyst Competencies and Outputs," PhD diss., University Park, 1998.

⑤　W. J. Rothwell, E. S. Sanders & J. G. Soper, *ASTD Models for Workplace Learning and Performance: Roles, Competencies, and Outputs*, Alexandria, American Society for Training and Development, 1999, pp. 31-39.

的相关角色和胜任力研究进行了梳理；其次结合前期对高校和实践领域的专家进行访谈的结果，初步构建出了绩效技术专业人才的胜任力模型；最后对实践人员（主要是培训经理）进行了认同度调查，以确定我国绩效技术专业人才的胜任力框架。本书构建胜任力模型的流程见图 6-1。

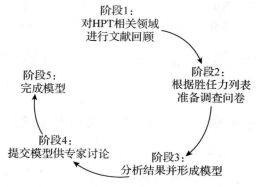

图 6-1 本书构建胜任力模型的流程

二、绩效技术工作流程的确定

绩效技术专业人员严格执行系统化过程和明确界定的程序。对系统化过程的应用是绩效技术专业人员职业生涯的一个基本部分，也是绩效技术专业人员区别于其他相关领域专业人员的最基本特征。与干预措施相关的知识和技能集中在该系统化过程中的一部分，而基础能力则是执行/应用这一系统化过程的基础和支撑。因此，确定绩效改进的流程的各个阶段及与各个阶段相对应的胜任力，是构建整个胜任力框架的基础。

（一）绩效技术流程基础的选择

绩效技术充分吸收了教学设计的理论、研究及有关实践的精华，ADDIE 模型所揭示的分析、设计、开发、实施、评价五大阶段构成了绩效技术流程的基本环节。[①] 图 5-5 较全面地反映了绩效技术的工作流程，可以作为基础参考。

（二）对 ISPI 流程模型（2012）的修正

近期的研究结果表现出以下几个问题：①过度细化分析阶段；②忽视变革管理；③忽视干预措施的选择；④对项目管理的认识不足。下面将对这几点进行修正。

1. 对过度细化分析阶段的修正：对分析和先于分析的评估应区别对待

需要对分析和先于分析的（需求）评估进行区别性对待的观点，得到了学者的普遍认同。这种区别性对待体现在把绩效差距需求分析和绩效差距原因分析区分开来。[②] 姜（Kang）针对 ISPI 流程模型的关键阶段进行了实证研究，提出了一个修正后的绩效技术模型（图 6-2），指出绩效分析和原因分析在实际工作中是按一种逻辑顺序进行的，有经验的

---

① 刘美凤、方圆媛：《绩效改进》，23～24 页，北京，北京大学出版社，2011。

② I. J. Guerra, "Key Competencies Required of Performance Improvement Professionals," *Performance Improvement Quarterly*，2003(1)，pp. 55-72.

绩效改进顾问在分析的时候，同时也会搜索绩效差距和造成差距的原因。[①]

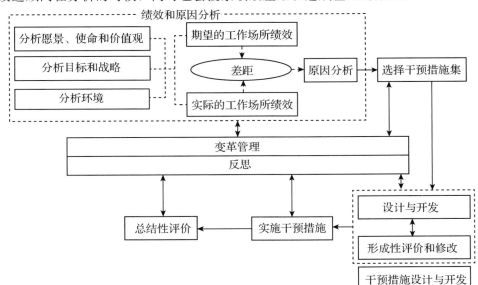

图 6-2　姜对 ISPI 流程模型的修正

从绩效技术专业人才培养的角度来看，需求分析和原因分析所需的技能存在很大的重叠。表 6-1 比较了 ISPI 的《绩效技术标准》中第 5 条"确定需求或机会"和第 6 条"确定根本原因"遵循的标准，二者最大的差别在于"确定需求或机会"需要事先与客户讨论以澄清调查的意图，而"确定根本原因"需要在提交分析报告后与客户讨论以理解导致问题的根本原因。从胜任力的角度来看，二者都是促进能力；在"确定需求或机会"时进行的确定调查的范围与"确定根本原因"时需要考虑的 3 个因素基本上也是一样的；在分析数据之后，前者确定绩效差距，后者确定根本原因。由此可见，这两条标准所涉及的胜任力几乎是完全一致的。因此，本书将"需求分析"和"原因分析"合并为"绩效分析"的一个阶段。

表 6-1　"需求分析"和"原因分析"所遵循的标准（ISPI，2013）

标准 5：确定需求或机会	标准 6：确定根本原因
促进与客户的讨论，以澄清调查的意图	—
确定调查的范围	在调查中至少考虑下列因素中的 3 个： • 社会的和文化的（世界）因素 • 市场的（世界）因素 • 工作场所的因素 • 工作的因素 • 工作者的因素

① S. P. Kang，"Validation of Key Stages of the International Society for Performance Improvement Human Performance Technology Model，" PhD diss.，Indiana University，2012.

续表

标准 5：确定需求或机会	标准 6：确定根本原因
选择适当的分析方法	选择适当的分析方法
确定如何最好地获取数据	确定如何最好地获取数据
收集数据	收集数据
分析数据	分析数据
确定差距的幅度	确定根本原因
提交调查报告并提出建议	提交调查报告并提出建议
—	促进与客户的讨论，以理解导致问题的根本原因
向客户解释调查结果	向客户解释调查结果

2. 对忽视变革管理的修正：变革管理是干预措施实施的关键

在 2012 年以前的 ISPI 绩效技术模型中，"变革管理"被看作"干预措施的实施和变革"阶段的一个组成部分。受此影响，国内大部分学者都把变革管理看作绩效改进方案实施的关键。[①] 针对组织绩效问题设计和开发的干预措施被作为新的举措引入组织，如一项新的制度、一个新的培训方案、一套新的工作流程等，组织内部人员需要做出相应的改变。因此，设计和开发的干预方案可以被看成组织及其成员所要面临的变革，员工根据干预方案而做出的改变和调整可以被看成变革的实施。[②]

ASTD 开发了一个以结果为导向的绩效技术模型，如图 6-3 所示。[③] 该模型从分析组织业务开始，识别出组织的目标，以此作为驱动力进一步识别绩效问题、分析根本原因、选择和设计干预措施、在工作场所管理干预措施（的实施）、对结果进行测量并持续改进组织绩效。[④] "变革管理"包含了整个过程，因为即使在最开始的识别业务目标步骤，绩效技术专业人员也会在组织内引起变革。为了确保干预措施最终能够成功，必须对这些变革进行管理。由于变革成为绩效改进努力的核心，变革管理的重要性日益凸显，理解变革的相关理论和流程成为绩效技术专业人才所必需的胜任力和专业技能领域之一。[⑤] 范·提姆等人对 ISPI 的绩效技术模型进行修改时，认为变革管理包含了整个绩效技术流程的每一个阶段和每一个方面。整个绩效技术所做的努力，总的来说就是变革，而变革管理就是"组织和个人主动地规划和适应变革的过程"，从第一次讨论应该做什么时开始。[⑥] 这些变化也反映在本书确定的工作流程中。

---

① 张祖忻：《绩效技术概论》，113～145 页，上海，上海外语教育出版社，2005；梁林梅：《教育技术学视野中的绩效技术研究》，60～65 页，武汉，华中师范大学出版社，2009。

② 刘美凤、方圆媛：《绩效改进》，187 页，北京，北京大学出版社，2011。

③ 刘美凤、方圆媛：《绩效改进》，26 页，北京，北京大学出版社，2011。

④ 刘美凤、方圆媛：《绩效改进》，26 页，北京，北京大学出版社，2011。

⑤ J. Arneson，W. J. Rothwell，J. Naughton，"Training and Development Competencies Redefined to Create Competitive Advantage," *Training and Development*，2013(1)，pp. 42-47.

⑥ D. M. van Tiem，J. L. Moseley & J. C. Dessinger，*Fundamentals of Performance Improvement：Optimizing Results Through People，Process，and Organizations*，San Francisco，Pfeiffer，2012.

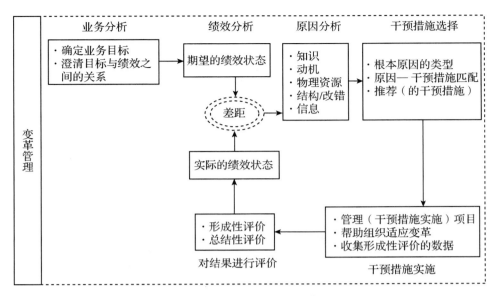

图 6-3　ASTD 的绩效技术模型

3. 对忽视干预措施的选择的修正：其应被视为一个独立的阶段

ISPI 的 HPT 模型一直以来都把干预措施的选择、设计和开发作为一个阶段。姜指出，把干预措施的选择、设计和开发组合在一起，与实际情况相比过于简单，根据绩效技术"向所有的手段、方法和媒体开放"[①]的原则，建议把"选择干预措施（集）"与"设计和开发"分离。[②] 对如此众多的干预措施类型进行选择就成为一个必要的过程，这需要对干预措施的可行性进行广泛分析，并对其设计和开发所需的基本信息进行分析、指导和管理。

干预措施的选择是绩效改进阶段不可或缺的部分的观点得到了学者的广泛认同。梁林梅[③]、刘美凤和方圆媛[④]都对干预措施/解决方案的选择给予了很高的重视，范·提姆等人[⑤]也把干预措施的选择作为独立的章节进行讨论，但他们都把干预措施的选择、设计和开发作为一个阶段。哈里斯在回答"绩效技术专业人员如何才能知道所有应该知道的干预措施"时说，"如果所谓'知道'是指'知道和设计'所有可能的干预措施，那将是一个很难达到的要求；如果所谓'知道'是指知道每一种干预措施能够做什么，这个任务就容易得多了"，"知道"每一种干预措施能够做什么，与设计和开发相应的干预措施，具有不同

①　H. D. Stolovitch ＆ E. J. Keeps，*Handbook of Human Performance Technology：Improving Individual and Organizational Performance Worldwide*，San Francisco，Jossey-Bass，1999，pp. 3-23.

②　S. P. Kang，"Validation of Key Stages of the International Society for Performance Improvement Human Performance Technology Model，" PhD diss.，Indiana University，2012.

③　梁林梅：《教育技术学视野中的绩效技术研究》，101 页，武汉，华中师范大学出版社，2009。

④　刘美凤、方圆媛：《绩效改进》，122～164 页，北京，北京大学出版社，2011。

⑤　D. M. van Tiem，J. L. Moseley ＆ J. C. Dessinger，*Fundamentals of Performance Improvement：Optimizing Results Through People，Process，and Organizations*，San Francisco，Pfeiffer，2012，pp. 195-242.

的意义。① 福克斯和克莱因对 16 类干预措施所做的实证研究表明,干预措施的选择和设计需要不同的胜任力,需要不同的角色来承担。② 早期的模型都将干预措施的开发作为一个必要阶段,开发任务往往需要干预措施专业人员介入并承担。ISPI 针对绩效技术专业人员所做的实践分析表明,绩效技术标准中的"开发解决方案"的重要性最低,被修改为"确保解决方案的一致性和可行性",更关注"确保解决方案符合设计规范"③和"测试解决方案的各个要素和最终方案"。④ 由于引发绩效问题的原因是多元而复杂的,某一种干预措施很少被单独采用,往往需要根据不同的原因和状况选择多种干预措施进行结合与互补。⑤ 本书把"干预措施(集)的选择"作为"(具体)干预措施的设计与开发"之前的独立阶段。

4. 对项目管理的认识不足的修正:其是绩效改进流程的重要部分

在以前的 ISPI 流程模型中,项目管理被当成"干预措施的实施与维护"的一种相关技术。但是,整个绩效改进过程本身就是一个项目实施的过程。项目管理诚然是"支持干预措施成功实施和维护的结构",也是整个绩效技术流程不可或缺的一个部分。

(三)绩效技术流程模型的确定

根据上述分析,我们可以把绩效技术的流程确定为绩效分析(含需求评估和原因分析)、干预措施(集)的选择、(具体)干预措施的设计与开发、干预措施的实施与维护,以及评价 5个主要阶段,以及与这 5 个主要阶段密切相关的"项目管理"和"变革管理"(图 6-4)。

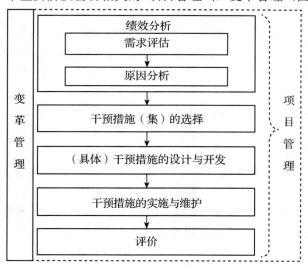

图 6-4　本书确定的绩效技术流程模型

①　D. G. Langdon & K. S. Whiteside, "The Performance Technologist's Role in Interventions: An Interview with Joe Harless," *Performance Improvement*, 1997(10), pp. 36-38.

②　E. J. Fox & J. D. Klein, "What Should Instructional Designers & Technologists Know About Human Performance Technology?" *Performance Improvement Quarterly*, 2003(3), pp. 87-98.

③　A. E. Battenfield & J. Schehl, "Practice Analysis for Human Performance Technologists," *Performance Improvement*, 2013(8), pp. 15-20.

④　D. M. Snyder, A. Moore & P. P. Rasile, "Maintaining Standards and Increasing Accessibility of the Certified Performance Technologist Credential," *Performance Improvement*, 2013(8), pp. 21-26.

⑤　梁林梅:《教育技术学视野中的绩效技术研究》,101 页,武汉,华中师范大学出版社,2009。

三、绩效改进顾问岗位职责的 DACUM 分析

2014 年 6 月，"企业大学转型之绩效改进顾问人才培养研讨会"在北京师范大学举办。该研讨会由 IBSTPI 协办，来自北京师范大学和北京大学等高校从事绩效技术相关教学和研究的专家、培训与开发领域的资深绩效咨询顾问，以及作为潜在雇主的企业大学负责人，围绕企业大学和企业的培训职能未来去向、培训工作如何更贴近业务支撑、业务部门绩效指标达成、学习与发展从业人员未来的职业道路规划、绩效改进咨询顾问的技能和面临的挑战等一系列问题，展开了广泛的讨论。本次会议最重要的议题之一就是确立从业人员的名称为绩效改进顾问。会议用大部分时间对绩效改进顾问的岗位职责进行了 DACUM 分析，结果如表 6-2 所示。可以看出，除了确定绩效改进立项需求、管理绩效改进结果、培养内部绩效改进者、塑造绩效持续改进文化外，确定绩效改进项目需求、设计绩效改进项目方案、制订绩效改进实施计划、推动绩效改进项目实施以及评估绩效改进项目结果等，均被包含在本书确定的绩效技术流程模型中。因此，这次 DACUM 实践也是本书确定绩效技术流程和绩效技术专业人才胜任力模型的一个重要组成部分。

表 6-2　绩效改进顾问岗位职责的 DACUM 分析结果

序号	职责	任务
1	确定绩效改进立项需求； 参与战略制定	分析经营目标； 收集部门阶段需求； 发现业务部门改进需求； 甄选绩效改进机会； 开展可行性调研； 撰写项目可行性报告； 获得组织批示； 发布需求实施框架
2	建设绩效改进项目团队； 澄清项目所需人员	梳理现有人员状况； 确定人手差距； 提交人员申请； 评估项目参与者； 沟通目标定义； 明确项目职责； 提供项目岗前培训； 明确人员考核机制； 评估人员绩效； 进行绩效沟通； 调整项目成员； 兑现项目成员奖惩

序号	职责	任务
3	确定绩效改进项目需求； 召开项目启动会	设计调查方法与工具； 收集项目资料及数据； 分析绩效差距； 确定绩效差距成因； 获取客户反馈； 达成绩效分析结果共识； 撰写项目需求分析报告
4	设计绩效改进项目方案； 再次确认项目需求	设计初步备选改进措施； 选择改进措施； 设计所选改进措施； 形成综合改进方案； 形成评估方案； 获得对总体设计方案的认可； 撰写综合改进方案设计报告
5	制订绩效改进实施计划； 理解总体设计方案	分析资源现状； 列出可选策略； 确定可选策略； 设计项目步骤； 确定项目时间段； 确定项目人员； 确定项目资源； 评估项目步骤风险； 制订风险预案； 界定产出； 设定监控点； 获得对实施计划的认可； 撰写实施计划
6	推动绩效改进项目实施； 建立项目推动关系	建立沟通机制； 监控项目阶段计划； 提供阶段性反馈； 提供阶段性辅导； 处理实施中的异议； 实施风险防范措施
7	评估绩效改进项目结果； 定期评估项目过程	评估项目结果
8	管理绩效改进成果	……
9	培养内部绩效改进者	……
10	塑造绩效持续改进文化	……

第三节　我国绩效技术专业人才胜任力框架的初步构建

通过对国内外已有绩效技术胜任力研究的相关文献进行深入研究和分析，结合前期对高校和实践领域专家的访谈所做的整理，本书总结出了一些"共识"，主要体现在对绩效技术流程各阶段所需胜任力的重视和对绩效技术所涉及的专业技能领域的关注上；另外，基础能力也受到了越来越多的重视。这三个方面几乎可以涵盖所有的胜任力研究（表6-3）。因此，本书的胜任力包括"基本能力""流程能力""干预措施"三个主要维度。

表6-3　已有的绩效技术胜任力研究维度总结

序号	绩效技术胜任力研究	主要维度		
		基本能力	流程能力	干预措施
1	斯托洛维奇等人的胜任力研究	√	√	
2	马克的胜任力研究		√	√
3	ASTD 的 HPI 胜任力研究	√	√	
4	胡奇森等人对干预措施的研究			√
5	富勒和法林顿的胜任力研究	√	√	
6	ISPI 的绩效技术标准	√	√	
7	盖拉的胜任力研究		√	
8	凡蒂维卢和克莱因的跨文化胜任力研究		√	√
9	范·提姆等人对干预措施的研究			√
10	方圆媛和刘美凤对胜任力的研究	√	√	

一、基本能力

实施和维护一个绩效改进系统，首先，需要特定的基本能力，而卓越的通用管理技能（如领导力、沟通能力等）极其重要；其次，也需要分析技能和数据收集技能，即研究问题、识别其根本原因并根据有效、可靠的数据制订解决方案的能力；再次，还需要业务规划技能，即从战略和战术层面为组织的业务规划做出贡献，以及把绩效干预措施与这些规划建立连接的能力；最后，还需要管理人员知道如何评价一个绩效干预措施的真正影响，以及将委托谁来评价。[①] 因此，除了与绩效技术流程相关的胜任力和干预措施之外，"基本能力"也成为绩效技术专业人员所需的胜任力的重要组成部分。

IBSTPI 在其教学设计人员能力标准中除了遵循教学设计的主要工作流程之外，还追加了"专业基础"这一范畴[②]，强调了教学设计知识基础的重要性和教学设计人员所应具有

---

① M. J. Rosenberg，"Performance Technology：Working the System,"*Training*，1990(2)，pp. 42-48.

② R. C. Richey，D. C. Fields ＆ M. Foxon，*Instructional Design Competencies：The Standards*，Syracuse，ERIC Clearinghouse on Information ＆ Technology in cooperation with the International Board of Standards for Training，Performance and Instruction，2001，pp. 39-81.

的专业职责——持续不断地学习和更新其知识基础。马晓玲明确地把 IBSTPI 的教学设计能力标准分为专业能力和基本能力，认为教学设计模型包含的分析、设计、开发、实施和评价五大核心能力构成了教学设计人员的专业能力，而基本能力则包括学习能力、研究能力、协调能力、社会责任和职业道德以及创造能力。[①] ASTD 的胜任力研究也标定了16 项核心胜任力，因为它们是所有角色的基础，并且贯穿于绩效技术流程中的每一个步骤。[②]

在我国绩效技术专业人才胜任力框架中，基本能力包含流程能力和干预措施之外的基本知识和基本技能。通过对胜任力研究进行综述，结合第四章我国绩效技术专业人才社会需求研究中专家访谈的结果，本书把绩效技术专业人才需要具备的基本能力总结如下（表 6-4）。

表 6-4　基本能力列表

类别	序号	基本能力
业务技能和行业知识类	1	具备宏观思考的能力，能够越过细节看到长远目标和结果
	2	理解组织的结构、系统、职能和流程
	3	理解组织的业务模式和在市场上的竞争地位
	4	理解（组织业务）对外部客户的价值定位
	5	理解组织的核心竞争力及实现增长和盈利的途径
	6	理解组织的运营模式，包括规划流程、决策制定渠道和信息管理系统
	7	理解产品和服务是如何被开发、销售和交付给客户的
	8	理解财务指标并知道如何解释这些指标
	9	能够进行成本-效用分析
	10	识别业务的优先级
	11	使用业务术语与他人沟通
	12	了解组织所处行业的当前状况和发展趋势
	13	具有其他相关领域的知识
人际关系技能类	14	与别人有效地互动以产生有意义的结果（实现共同的目标）
	15	支持影响个人、团队或其他相关人员的变革
	16	推广绩效技术以影响组织的利益相关者
	17	获得进行绩效分析的许可
	18	获得利益相关者对改进个人、团队和组织绩效的承诺

---

① 马晓玲：《美国教育技术学专业课程设置研究》，博士学位论文，北京师范大学，2012。

② W. J. Rothwell，*ASTD Models for Human Performance Improvement：Roles，Competencies，and Outputs*，Alexandria，American Society for Training and Development，1996，pp. 79-81.

类别	序号	基本能力
人际关系 技能类	19	获取客户的信任
	20	对客户忠诚
	21	与客户建立伙伴关系
	22	与客户和利益相关者一起制定决策
	23	具有领导、影响和指导别人取得预期结果的能力
	24	与其他方面的专家有效合作
	25	对做出贡献的任何人都给予认可
	26	具有团队合作精神
沟通 技能类	27	在个人和团队情境中以清晰、简洁和令人信服的方式表达自己的思想和感情
	28	理解实现交流的各种方法
	29	积极聆听他人
	30	确保所有利益相关者的声音都被听到，并将其整合到解决方案的设计之中
	31	营造团队之间和团队内部进行公开交流的氛围
	32	有效地运用非言语的、口头的和书面的交流方法实现预期的结果
	33	了解组织中的各种沟通渠道、关系网和联盟
	34	感知自己和他人的情感状态，并利用这些信息来指导有效的决策制定和建立积极的工作关系
	35	欣赏并充分利用所有人的能力、洞察力和观点
	36	与具有不同风格、能力、动机和背景的人一起有效地工作
技术 素养类	37	具有一定的计算机素养
	38	对现有的、新的和正在出现的技术有一定程度的认识和掌握
	39	识别出能够充分利用技术来完成任务和实现业务目标的机会
	40	采用新的资源、方法和工具来推进工作
	41	采取新的方式并运用现有技术来推进工作
	42	适应、识别、选择和运用各种学习技术
个人 技能类	43	主动识别个人学习的新领域
	44	创建并充分利用各种学习机会
	45	在工作中运用新获得的知识和技能
	46	在经历影响整个组织的工作任务、工作环境的重大变革时展示出较强的适应性
	47	对新的人员、思想和方法保持开放态度
	48	高效地适应新的工作结构、工作流程、工作要求或文化背景

续表

类别	序号	基本能力
道德规范类	49	为了帮助组织或个人实现预期目标，提供其所需要的知识、技能、能力和态度
	50	协助创建新的、有效的知识，以帮助实现满足个人、组织和社会所要求的绩效标准
	51	通过系统化研究的方法获得知识，但不妨碍客户、客户的客户及社会的成功
	52	产生客户所需的结果
基础知识类	53	了解绩效技术相关的基本概念和基本理论
	54	了解绩效技术的历史和发展现状
	55	了解绩效技术的理论基础
	56	描述绩效技术的一般模型
	57	描述多个具体的绩效技术模型
	58	识别各种绩效技术模型的异同
	59	理解绩效系统的构成要素
	60	对组织作为动态的政治、经济和社会系统的理解
	61	了解国际绩效技术及其相关领域的发展动态
	62	及时、准确地获取国内外绩效技术及其相关领域的专业资源
	63	掌握学习理论
	64	掌握成人学习的相关理论
	65	掌握认知心理学的相关知识
	66	掌握动机的相关理论
	67	了解系统理论的相关知识
	68	了解管理学的相关知识
	69	了解基本的经济学知识
	70	了解高绩效工作场所的特征
	71	了解组织理论的相关知识
	72	了解人力资源管理与开发的相关知识
	73	掌握教学设计的基本理论和方法
	74	了解工作场所环境下教学设计的应用
	75	掌握统计学原理和方法
	76	掌握评价的相关理论和方法

二、流程能力

根据所确定的绩效技术流程模型，以盖拉[①]、凡蒂维卢和克莱因[②]所列出的"流程能力"

① I. J. Guerra, "A Study to Identify Key Competencies Required of Performance Improvement Professionals," PhD diss., Florida State University, 2001.

② R. N. Vadivelu & J. D. Klein, "Cross-Cutural Analysis of HPT: An Empirical Investigation of HPT Competencies in the Workplace in the United States and South Asia," *Performance Improvement Quaterly*, 2007, 20(3), pp. 147-165.

为基础，结合 ISPI 的绩效技术标准和其他研究者的成果，本书识别出下列流程能力(表 6-5)。

表 6-5　流程能力列表

流程阶段		序号	流程能力
绩效分析	需求评估	1	识别或制定组织的愿景、使命或目标
		2	确定组织绩效对社会的影响
		3	识别对组织的成功至关重要的利益相关者(如员工、客户、供应商等)
		4	识别组织层面的绩效问题
		5	分析组织的绩效需求，并与组织的目标和能力进行比较
		6	确定组织层面的绩效差距
		7	识别组织中应该如何改变或改变哪里的绩效
		8	确定团队层面的绩效差距
		9	确定流程层面的绩效差距
		10	识别与某一工作需求有关的员工技能、知识、能力、动机或期望
		11	确定个人层面的绩效差距
		12	通过调查、访谈和焦点小组等方式询问恰当的(相关的)问题来收集数据
		13	设计和开发用来收集数据的各种调查方法，包括使用开放式和封闭式的问题
		14	进行工作分析
		15	进行任务分析
		16	分析工作者的特征
		17	分析绩效环境的特征
		18	对相关的组织记录和文件进行内容分析
		19	采用适当的数据分析技巧
		20	解释绩效数据，并确定干预措施对客户、供应商和员工的影响
		21	识别对所需绩效的障碍
		22	确定所需的干预措施类型
		23	确定干预措施所需的资源(如时间、资金、人力等)
		24	估计消除各绩效差距的相关成本和效用
		25	估计忽略各绩效差距的相关成本和效用
		26	根据消除与忽略绩效差距的成本和效用的对比，对绩效差距进行优先级排序
	原因分析	27	针对特定情境进行原因分析以识别导致绩效差距的因素
		28	分析员工是否具有与期望的工作绩效一致的激励、奖励或后果
		29	确定员工是否拥有所需的环境支持、资源或工具来完成他们的工作
		30	确定绩效问题是否由缺乏环境支持引发
		31	确定员工是否有能力完成他们的工作
		32	分析员工是否拥有完成工作所需的数据、信息或反馈
		33	确定绩效问题是否由缺乏必要的行为技能引发
		34	分析员工是否具有执行任务的积极性
		35	分析员工是否具有完成工作所需的技能和知识

流程阶段	序号	流程能力
干预措施的选择	36	具备与各种干预措施相关的知识
	37	识别关键的业务问题
	38	区分哪些绩效问题需要教学类解决方案，哪些需要非教学类解决方案
	39	选择能够从根本上解决绩效差距（而不是治疗症状或副作用）的干预措施
	40	具备干预措施与根本原因类型匹配的知识
	41	预测和分析干预措施及其后果的影响
	42	评估多个干预措施之间的关系
	43	对干预措施的结果进行排序
	44	通过选择适合环境、工作者的特征、资源和约束条件、期望的结果以及其他相关因素，详细说明绩效改进策略
干预措施的设计与开发	45	在设计干预措施之前回顾绩效分析报告
	46	把所有利益相关者都纳入干预措施的设计中
	47	运用系统化的基于研究的设计原则
	48	识别并确定干预措施需求的优先级
	49	对期望的干预措施的结果和活动进行排序
	50	详细说明适合干预措施的绩效改进战术
	51	预测成功实施的障碍
	52	根据干预措施需求制订实施计划
	53	根据组织动态制订实施计划
	54	根据预先指定的绩效目标制订评价计划
	55	确定适合绩效改进活动的资源（如媒体、技术、设备、资金、人员）
	56	创建干预措施和实施计划
	57	识别和实施能够支持与维护干预措施的过程或系统
	58	在开发干预措施之前回顾设计说明书
	59	确定已有的干预措施是否满足绩效要求
	60	如果已经存在，则购买干预措施
	61	如果需要，调整或补充已购买的干预措施
	62	根据设计说明书开发必要的干预措施
	63	根据需要监控干预措施的开发活动
	64	持续评价干预措施的开发

续表

绩效技术 流程阶段	序号	流程能力
干预措施 的实施 和维护	65	重新设计工作或参与组织再造计划以协助干预措施的实施
	66	解决在组织内实施干预措施时出现的问题
	67	开发组织沟通材料用以说明某项干预措施的益处
	68	设计或选择干预措施的范围以最好地满足由绩效分析所揭示的需求
	69	形成网络和联盟以帮助提升工作场所的绩效
	70	开发或维护组织的结构以促成员工学习新技能和新知识
	71	跟踪和协调干预措施，以确保其实施的连贯性和与组织战略对齐
	72	回顾实施计划
	73	根据需要修改实施计划
	74	向那些受干预措施影响的人传播相关的益处和风险
	75	在为实施过程分配角色时，授予必要的权力和责任
	76	根据需要帮助实施干预措施
	77	监控实施活动
干预措施 的评价	78	确定是什么构成了个人、组织和流程的成功
	79	识别可能的评价标准和衡量标准
	80	在干预措施实施之前和实施过程中对其进行持续评价和改进
	81	根据组织目标对成果进行评价
	82	使用投资回报、工作者的态度以及客户反馈等对绩效改进解决方案的价值进行评估
	83	为适当的人提供合适的绩效信息
	84	评估干预措施对组织文化的影响力
	85	在实施评价活动之前回顾评价计划
	86	根据需要修改评价计划
	87	确定组织对社会的影响
	88	确定预先设定的组织层面的绩效目标的达成
	89	确定预先设定的团队绩效目标的达成
	90	确定预先设定的个人绩效目标的达成
	91	制定关于什么是必须改进的以维护所需的绩效的建议
	92	制定关于什么是必须维护的以改进绩效的建议
	93	制定关于什么是必须放弃的以改进绩效的建议
	94	根据实施评价的结果为持续改进的修改过程提出建议
	95	进行验证性评价以确定某项干预措施对组织的影响
	96	在设计或开发干预措施期间进行形成性评价
	97	对某项干预措施或绩效改进中的过程进行总结性评价

续表

绩效技术流程阶段	序号	流程能力
变革管理	98	掌握变革的理论和变革模型
	99	具备变革实施技能
	100	具备变革推动技能
	101	建立沟通渠道、关系网和联盟
	102	了解团队的动态流程
	103	具备流程咨询技能
	104	具备指导技能
项目管理	105	掌握项目管理的工具和技术
	106	规划、管理和监控绩效改进项目
	107	制订行动计划，获取资源并对资源进行分配
	108	确保目标被转换成有效的行动
	109	有效地管理优先级冲突、资源匮乏和意见分歧并获得卓越的成果
	110	理解团队如何满足成员的需求和组织的目标
	111	识别和选择特定的组织外部资源的能力
	112	识别、选择和管理特定资源的技术规范
	113	监控进程以确保项目及时有效地完成
	114	制订项目的时间表和里程碑

三、干预措施

（一）对已有干预措施及其分类研究的评述

范·提姆等人对干预措施的最新分类用学习类替代了原来的教学类，反映出对于学习的重视。[1] 国内有学者把"Learning Interventions"翻译成"教育式干预措施"[2]，恰恰丢失了原作者对于学习的强调。范·提姆等人反复强调"绩效支持"所具有的"在职"和"及时"的特性，仍然被划归"学习类干预措施"。从被归于学习类的 19 种干预措施来看，"知识管理""组织学习""培训""E-Learning"等本身就具有很强的包容性，形成了独特的专业技能领域。以"知识管理"为例，"知识管理即通过识别、获取、整理、储存、更新、传播和分享等过程，将组织中的信息与知识系统化地存储到组织的知识系统中。……知识管理的构建已通过验证，并被广泛应用于各类科目中，包括业务流程再造、决策支持系统、

---

① D. M. van Tiem，J. L. Moseley & J. C. Dessinger, *Fundamentals of Performance Improvement*： *Optimizing Results Through People，Process，and Organizations*, San Francisco, Pfeiffer, 2012, p. 243.

② ［美］达琳·M. 范·提姆，詹姆斯·L. 莫斯利，琼·C. 迪辛格：《绩效改进基础：人员、流程和组织的优化》，易虹、姚苏阳译，218 页，北京，中信出版社，2013。

专家系统和信息系统、全面质量管理、商业智慧、图书馆学和信息科学、信息技术、E-Learning、学习型组织、计算机支持的协同工作，以及文档管理……"①。可见，学习类干预措施过于"庞大"，涉及面广，无论对于从业者还是学习者来说，掌握或精通这类干预措施都是不可企及的目标。

麦克拉甘通过修改人力资源轮（HR Wheel），把"人力资源开发"与"人力资源管理"进行了区分，强调了人力资源开发包含"培训与发展""职业生涯发展""组织发展"三大主要领域的观点，并得到了人力资源领域专家学者的普遍认可。②从人力资源开发类干预措施的内容看，主要是传统意义上的"人力资源管理"发展成为"整合的人才管理"。③

"组织设计与发展"一般是作为干预措施的一个类别出现的，但"组织发展"向来被视为在一个系统范围内将行为科学知识转化为战略、结构和流程的有计划的发展、改进和精练，以引导组织的有效性。"团队建设""结构化变革""工作丰富化"都认为是组织发展的实例。④把卡明斯和沃里关于"组织发展"的干预措施及其分类与范·提姆等人和胡奇森等人关于"组织设计与发展"类干预措施（也包含其他类别的干预措施，如"人力资源开发类""工作分析/工作设计类""学习类"等）的总结进行比较⑤，可以发现以下几点。

第一，"组织设计与发展"作为一个干预措施类别，太过丰富，以此作为调查的条目会使区分度不够。

第二，"组织设计与发展"本身就存在分类模糊或分类循环的缺点，因为"组织发展"领域通常都把"组织设计"作为"战略变革"类干预措施之一（属于战略变革中的"转型变革"）。

第三，"绩效管理"被认为包含了"目标设置""绩效评估""激励系统"三种更具体的干预措施。范·提姆等人把"绩效管理"和"绩效评估"并列为"人力资源开发类"的"个人成长亚类"⑥是不妥当的。凡蒂维卢的博士论文所选的25种干预措施只包含了"绩效评估"，而没有包含"绩效管理"。⑦

---

①　［美］达琳·M. 范·提姆、詹姆斯·L. 莫斯利、琼·C. 迪辛格：《绩效改进基础：人员、流程和组织的优化》，易虹、姚苏阳译，218～219 页，北京，中信出版社，2013。

②　P. A. McLagan，"Models for HRD Practice，" *Training and Development Journal*，1989（9），pp. 49-59.

③　J. Arneson，W. J. Rothwell & J. Naughton，*ASTD Competency Study：The Training & Development Profession Redefined*，Alexandria，ASTD Press，2013，pp. xx-xxi.

④　T. G. Cummings & C. G. Worley，*Organization Development & Change*，Mason，South-Western Cengage Learning，2009，pp. 1-2.

⑤　T. G. Cummings & C. G. Worley，*Organization Development & Change*，Mason，South-Western Cengage Learning，2009，pp. 1-2；C. S. Hutchison，F. Stein & J. R. Carleton，"Potential Strategies and Tactics for Organizational Performance Improvement，" *Performance & Improvement*，1996（3），pp. 6-9.

⑥　D. M. van Tiem，"Interventions（Solutions）Usage and Expertise in Performance Technology Practice：An Empirical Investigation，"*Performance Improvement Quarterly*，2004（3），pp. 23-44.

⑦　R. N. Vadivelu，"A Cross-Cultural Investigation of Human Performance Technology Interventions，"PhD diss.，Arizona University，2009.

第四，范·提姆等人把"组织学习"和"知识管理"划归为"学习类"干预措施①。比较而言，卡明斯和沃里把"组织学习"和"知识管理"划归为"战略变革类"干预措施（属于战略变革中的"持续变革"）②，更能体现出这两种干预措施在"团队"和"组织"层面的重要影响。鉴于"组织学习"和"知识管理"已成为组织发展领域最广泛和发展最快的干预措施，有必要将其单独列出，而且"知识管理"作为一种独立的干预措施或者专业技能领域，得到了绩效技术领域的广泛认同③，因此，本书把"知识管理"和"组织学习"都视作独立的干预措施。

第五，卡明斯和沃里提出的"跨组织变革"干预措施包括"合并与兼并""战略联盟""战略网络"，提供了跨越多个组织的视野，是对范·提姆等人和胡奇森等人的绩效干预措施分类的有益补充，也对组织相关知识的组织提出了更高的要求。

绩效技术领域已经发展到没有一个从业人员可以掌握它的每一个方面了，"对于绩效技术的各种干预措施该教到什么程度"仍然是困扰绩效技术课程设置者的主要问题之一。④

（二）本研究采用的干预措施列表

虽然没有一个绩效技术专业人员可以成为掌握所有这些干预措施的专家，但是绩效技术专业人员集体可以成为所有领域（各项具体干预措施）的专家。绩效技术专业人员应该做到以下几点。

①精通10个以上战略领域（干预措施类别）的15～25个甚至更多的战术（各项具体干预措施），应该能够为客户设计满足任何限制条件的解决方案，并经得起其他专家的详细检查和评价。

②具备跨越15个或更多个战略领域的45～75个甚至更多的战术相关的工作知识，能够设计和实施这些战略领域内的多种战术。

③知道一半以上这些战术的原则或原理，并拥有这些方面的专业技能，并与所有这些战略领域的专家保持联系。⑤

凡蒂维卢和克莱因采用范·提姆等人的绩效分类方法，对美国和南亚地区的相关从业者进行研究，结果表明，所有8类干预措施都很重要。⑥ 东亚地区受到教育、实践等因素的影响，大部分绩效技术实践人员的"出身"是人力资源和管理领域，异于北美地区的教育技术"出身"。从专家访谈的结果中也可以看出，我国绩效技术实践领域主要集中在

---

① D. M. van Tiem, J. L. Moseley & J. C. Dessinger, *Fundamentals of Performance Improvement: Optimizing Results Through People, Process, and Organizations*, San Francisco, Pfeiffer, 2012, p. 243.

② T. G. Cummings & C. G. Worley, *Organization Development & Change* (9th edition), Mason, South-Western Cengage Learning, 2009, p. 155.

③ J. Arneson, W. J. Rothwell & J. Naughton, *ASTD Competency Study: The Training & Development Profession Redefined*, Alexandria, ASTD Press, 2013, pp. xvii-xxi.

④ W. Dick & W. Wager, "Preparing Performance Technologists: The Role of a University," *Performance Improvement Quarterly*, 1995(4), pp. 34-42.

⑤ C. S. Hutchison, F. Stein & J. R. Carleton, "Potential Strategies and Tactics for Organizational Performance Improvement," *Performance & Improvement*, 1996(3), pp. 6-9.

⑥ R. N. Vadivelu & J. D. Klein, "Cross-Cultural Analysis of HPT: An Empirical Investigation of HPT Competencies in the Workplace in the United States and South Asia," *Performance Improvement Quarterly*, 2008(3-4), pp. 147-165.

人力资源方面，而高校人才培养或研究则主要在教育技术学科内，兼顾上述两者的特色。从这些状况来看，人力资源(开发/管理)和教育技术是我国绩效技术优先发展的立足点，已经具备了一定的条件；但从长远来看，这种集中于人力资源(开发/管理)和教育技术的专精化，会逐渐显示出其局限性，从而损害绩效技术的跨学科属性。从人才培养的角度来看，应该突破人力资源(开发/管理)和教育技术的"藩篱"，从绩效技术的整体出发，构建其知识体系和课程体系。

研究显示，组织发展越来越多地被管理人员而非组织发展专业人员采用，这使其已经成为一般的管理技能。[①] 但组织层次的绩效及其影响也引起了越来越多的关注。[②] 因此，本书采用卡明斯和沃里提出的组织发展干预措施对范·提姆等人的干预措施列表进行了补充，在具体处理时进行了适当的调整，举例如下。

①作为"类别"的条目和包含于其中的其他具体条目共存时，本书对其进行相应的合并。例如，胡奇森等人把"劳资关系"看作一个干预措施类别，包含了"冲突管理"，因此，本书把范·提姆等人所列的"冲突解决"合并到"劳资关系"中。

②对于平行出现的几个类似的干预措施，本书将其合并为更有包容性的一个。例如，范·提姆把"学习管理系统"和"内容管理系统"并列，有其合理成分，但"学习管理系统"通常需要对内容进行管理，如果因为"内容管理系统"不只涉及学习内容而将其单列，又势必与"信息系统"发生重叠，因此本书把"内容管理系统"从列表中删除。"组织规模削减"是指以缩小组织规模为目标的调整，通常通过两种方法实现这一目标：一是通过临时解雇、裁员、重新部署或提前退休等方式减少员工的数量；二是通过集权、外包、组织再造或减少组织层次来削减组织部门或管理层次。[③] 因此，本书保留"组织规模削减"和"组织(业务)流程再造"，而把"外包"从胜任力列表中删除。采取这种处理方法的还包括把"利润与成本中心"并入"资本的投入与支出"，把"多样性"和"包容策略"合并为"劳动力的多元化"等。

③由于"及时学习"和"在职学习"往往通过组织的 E-Learning 系统进行在线学习，而 E-Learning 是"远程学习/分布式学习"最流行的形式，因此本书将这些相关的干预措施合并为"远程/在线学习/E-Learning"一项。

通过对干预措施及其分类的比较和反思，本书拟订了如表 6-6 所示的干预措施列表。

表 6-6　干预措施列表

序号	干预措施项目	干预措施说明
1	学习管理系统	学习管理系统是用以管理并向学习者传送学习内容和资源的软件系统。组织充分利用学习管理系统为员工提供学习信息，允许系统和员工管理学习和报告

①　T. G. Cummings ＆ C. G. Worley，*Organization Development ＆ Change*，Mason，South-Western Cengage Learning，2009，p. 47.

②　[美]拉姆勒、布拉奇：《绩效改进：消除管理组织图中的空白地带》，朱美琴、彭雅瑞译，35～42 页，北京，机械工业出版社，2005。

③　T. G. Cummings ＆ C. G. Worley，*Organization Development ＆ Change*，Mason，South-Western Cengage Learning，2009，p. 155.

序号	干预措施项目	干预措施说明
2	行动学习	组织通过小组的形式解决真实的、具有挑战性的相关问题，鼓励成员从实践中学习。小组成员以单个项目或开放小组的形式分享、质疑、体验、反思、做出决策和采取行动
3	混合学习	组织采用一种混合式的学习模式，运用多种不同的技术来传递学习和教育经验，构建出各种学习环境的均衡组合，包括不同类型的在线的和面对面的学习环境
4	课堂学习	有活力的课堂学习被用于各类学习中，仍然具有灵活性和主导地位
5	远程/在线学习/E-Learning	在线学习和 E-Learning 是指能够传播信息、具有统计功能的学习方式。通过运用在线学习和电子学习，组织可以培养过程性技巧和策略性技巧
6	绩效支持工具或工作帮助	组织通过绩效支持工具提供适时的、在职的和适量的信息，使得工作人员能够在没有特定培训或对记忆的依赖的情况下成功、有效地执行任务
7	电子绩效支持系统	以计算机为媒介的电子技术被用来增强学习者、提高组织学习和知识管理。和工作辅助一样，电子绩效支持系统支持及时的、在职的、适量的信息，并且是定制的
8	文档和标准	通过精心设计的文档将工作期望告知员工，使用清晰、简洁的标准衡量产出、成果和绩效
9	专家系统	专家系统可以用作决策制定的电子绩效支持系统
10	岗位分析	岗位分析是指收集特定岗位的职责、任务和责任等信息，包括岗位描述和岗位规范
11	岗位设计和再设计	包括完成工作的职责、与这些职责相关的活动、雇主和员工共同承担的责任以及组织所要求的绩效成果
12	岗位扩展/轮换/丰富化	组织鼓励扩大个人的工作范围，缓解狭窄的工作范畴带来的高度专业化、枯燥和沉闷等负面影响
13	工效学/人体工程学	组织在机器和工作环境之间寻求一个契合点
14	安全工程和安全管理	组织建立起系统化的流程以使员工的工作环境更安全、更健康，并能够管理或降低安全风险
15	绿色工作场所	整个组织在所有层次上都支持并积极地为维持一个绿色、可持续发展的工作环境做出积极的贡献。组织的使命、价值观和文化反映出对社会责任的承诺，并减小业务活动对环境的影响
16	全面质量管理	组织范围内的政策和实践支持对产品、服务和客户质量的战略性管理，包括质量保障体系、统计过程控制、持续改善、精益组织等具体措施
17	预防性维护	在重大问题出现之前，组织为所有的系统和子系统都建立起主动防御流程
18	反馈	管理层和同事无偿地提供建议和意见。像360度评估之类的结构化反馈被认为是没有威胁的和有帮助的

序号	干预措施项目	干预措施说明
19	教练和指导	管理层和有经验的教练帮助员工提高绩效，通过分析问题、提供建议、讨论错误和失误、推荐组织资源（如培训）来克服困难
20	多元智能	鼓励并发展自我意识、自我约束、动机、同情心和社会交往能力等，提高自己的社会意识和跨文化意识
21	专业实践社区	实践人员和专业人员因一个共同的兴趣领域走到一起。他们从事问题解决、信息共享和经验分享的工作，并使人们为管理、执行他们的任务所需的知识承担责任
22	员工选拔、配置、留用、晋升和退休	传统的人力资源管理职能（整合的人才管理），即组织和个人都从精心设计的员工招聘、配置、留用程序中受益，并协助员工办理从劳动力市场上退休的事宜
23	薪酬/福利	薪酬制度和实践以薪水的方式奖励员工为组织履行工作职责。福利则是员工因为工作获得的间接的财务和非财务报酬，包含在薪酬中
24	劳动力的多元化	本措施是为了使组织的人力资源策略适应多元化动力的增加而设计的。人口构成方面的问题、残疾、文化和价值观的差别提出了一系列更复杂的人力资源需求
25	员工压力和保健	组织提倡那些关注健康改善、健康保险和疾病预防方面的活动，也包括员工补助计划等
26	劳资关系	组织建立和维持积极的、直接的雇佣关系的一种方法，是一项在时间和资源方面的长期投资。当所有个人都能了解实际情况并做出良好的短期和长期决策时，此种投资是最成功的
27	动机（激励和奖励）	员工充满热情和活力高效地工作，组织通过奖励和激励对员工表示赞赏
28	绩效管理	通常包括目标设置、绩效评估和激励系统的一项综合干预措施，制定明确的指导方针和衡量标准，用以指导员工的成长，管理者评估员工的绩效并对员工进行辅导和指导
29	关键绩效指标	组织有清晰的使命、目的和目标，主要的利益相关者以收集到的与提前制定的绩效指标有关的数据为基础做出决策
30	360度评估	一种多源的反馈方法，允许多个人对某个员工的技能和行为进行评估
31	胜任力建模和测评	个人获得成功的工作绩效的能力，也包括把员工行为和行为与组织的战略规划保持一致的组织能力
32	职业发展通道和继任规划	组织通过一系列工作职位和与之相关的配置有效地培养员工，并且建立系统化的流程，为高级管理职位物色人才
33	管理能力和领导力发展	围绕组织的发展提供各种正式的在职培训机会，这些计划是为实现业务需求而设置的特定的组织使命、愿景、目标和结构，包括领导力发展、高级管理人才发展和督导能力发展

序号	干预措施项目	干预措施说明
34	沟通网络	组织支持和鼓励一个沟通系统，允许信息正式或非正式地被发送和接收，以提高工作绩效和工作满意度
35	信息系统	人员、数据和技术共同作用以实现信息的检索、处理、存储和传播，支持组织做出有根据的决策并提高组织管理水平
36	建议和申诉系统	积极的组织依靠员工的建议来改善产品、流程和服务，并设置申诉系统以调查对薪水、工作时间、雇佣条件或工作实践等的意见和怨言
37	社交媒体	社交媒体作为一种组织沟通技术，包括了论坛、博客、播客、视频、图片等
38	团队建设	通过一系列有计划的活动帮助团队改进他们完成任务的方式，改善他们处理人际关系和解决问题的技巧
39	过程咨询	定位于帮助管理人员、员工和小组，评价及提高他们的过程绩效，如交流、人际关系、决策和目标实施，是一套致力于实现人际关系的技术，更是一套方法论，还是开展人际关系的总体框架
40	第三方干预	第三方干预重在解决出现在同一个组织内的两个或两个以上个人之间的冲突，包括个性上的差异、任务方向、群体成员间的感觉以及对稀缺资源的竞争等
41	问题解决	整体性的和系统化的问题解决是日常工作的一部分，可以作为鼓励持续的绩效改进的明证
42	环境扫描与应对	通过持续的观察和数据收集，组织敏锐地察觉内外部环境的威胁和机会，并对环境做出有效的反应
43	标杆管理	为了学习更好的方法和确定最佳的实践，组织系统化地将自己与其他组织进行比较
44	平衡记分卡	组织监控财务的和非财务的绩效测量，跟踪活动的执行情况，监控绩效的后果并确定与实现公司战略所需的活动有关的测量和目标
45	国际化和本地化	国际化战略包括适当的实施工具，如跨国问题的解决和协作。在国际化过程中，组织往往需要使一个国际化的应用方案适合特定的文化和地区，即本地化
46	社会责任	组织与其员工和利益相关者一起不断地培养归属感，并且承担起个人和社会的集体责任感
47	道德规范	"做正确的事"的理念深深根植于组织文化
48	决策制定	通过系统的和公正的实践，决策制定可以发挥团队的支持精神
49	公开账簿管理	财务信息可以被公开，使得员工能够关注组织获利情况并提供帮助，从而提高生产力和长期财务绩效
50	财务预测	规划组织的财务未来，包括利润、利益、供求等传统因素以及创新、文化、新产品和新服务、竞争对手等非传统因素
51	资本的投入与支出	为了获得有长久价值的投资，作为识别机会和分析可替代方法的谨慎做法
52	现金流分析与预测	组织必须识别自己的财务周期，包括评估各种资源和现金的使用以确保有充足的现金，需要根据经济学的假设和对产品与销售的预测对现金流做出正确的预测

续表

序号	干预措施项目	干预措施说明
53	整合的战略变革	整合的战略变革把组织发展的方法带到传统的战略规划中，高度重视参与，以组织的战略方向为分析的基础，把组织战略和组织设计看作一个整体
54	组织设计	组织设计设置组织自身的结构、工作设计、人力资源实践以及管理系统和信息系统，以指导员工的行为朝向战略方向
55	组织文化及其变革	组织或其成员所贡献的基本假设、价值观、道德规范和信仰模式，这些共享的东西帮助成员理解组织中日常生活的意义，暗示着应该如何工作、如何评价工作、员工之间应如何相互沟通，以及如何与顾客、供应商、政府机构等重要的利益相关者进行沟通。组织文化与组织的使命、愿景和价值观一致，并为它们提供支持
56	自我设计组织	自我设计型组织拥有内生的能力。在持续的竞争和变化的环境中，组织通过自我变革实现高绩效，自我变革中的一系列设计和实施行动，由组织各个层次的管理人员和员工共同完成
57	组织学习	组织学习强调组织的结构和社会过程，使得员工和团队学习并分享知识，这样的学习非常注重社会科学相关的概念性基础，如团队建设、结构设置和员工参与等
58	知识管理	知识管理关注可以让组织收集、整理并把信息转化为有用的知识的工具和方法，是建立在信息技术和计算机科学基础之上的，强调知识存储和传播的电子化
59	变革型组织	构建变革型组织是持续变革类干预措施，能使整个组织不断地应对变革而不是仅仅从事日常运营
60	合并与兼并	合并与兼并涉及两个组织的组合。合并指先前两个独立的组织合并成一个全新的组织；兼并指一个组织收购另一个组织。在这种情况下，组织需要做好充分的准备来解决短期和长期的财务问题，包括试图有效地保持竞争优势的组织变革努力
61	战略联盟	战略联盟(包括合资)是一种两个或多个组织间的正式协议，通过资源共享(包括智力资源、人员、资本、技术、能力或有形资产)达到私有的或公共的目的
62	战略网络	战略网络基于战略联盟的知识，关注帮助一群组织或一个系统的组织建立关系以执行任务，或解决过于复杂的、单个组织无法解决的问题
63	组织规模削减	以缩小组织规模为目标的调整，包括通过外包、裁员、重新部署或提前退休减少员工数量
64	组织(业务)流程再造	通过对组织(业务)流程的根本再思考和再设计来实现组织绩效的巨大改进，常常引起组织的传统生产和流通方式的转变，以及组织部门的削减或组织管理层次的减少

第七章　我国绩效技术专业人才胜任力框架的检验

第一节　研究目的与研究设计

　　通过对第六章所得的胜任力框架进行初步调查，我们可以更好地把握绩效技术干扰措施在当前的发展状况，并对其在今后的发展状况进行适当的预测。调查对象为参加培训经理认证课程的部分人员，详见本章第二节。本书采用了如下方式进行调查。

　　第一，针对绩效技术专业人员需要具备的基本能力，本书就基本能力的"重要性"（一共分为 5 个等级，5＝非常重要，4＝很重要，3＝重要，2＝有些重要，1＝不重要）和"要求的层级"（"初级"和"高级"）进行了问卷调查。本书将这些基本能力区分为"初级"和"高级"两个层级，借鉴了里齐等人研究教学设计人员的能力标准时采取的方法。其中"初级"基本能力是称职的绩效技术专业人员必须掌握的，"高级"基本能力是有经验的专家型绩效技术专业人员必须掌握的。[①]

　　第二，针对干预措施，本书从"当前重要性""未来 5～10 年重要性""当前掌握情况"3 个方面进行调查。

　　由于流程能力是根据绩效技术专业人员必须完成的工作流程设计的，其构成了绩效技术专业人才核心的专业能力，得到了多数学者的验证，同时考虑到问卷整体量太大，因此本书不针对这部分进行调查。

第二节　问卷调查对象的确定

　　从前期专家访谈的结果可以看出，我国尚处于从培训（管理）到绩效改进的起步阶段，高校培养出来的与绩效技术相关的专业人才屈指可数，一些专业机构（ISPI 中国分会、《培训》杂志等）通过近几年的宣传产生了一定的影响，但范围较小。前三届"中国绩效技术论坛"的参与人数总共在 1000 人次左右。与绩效技术相关的工作坊基本上是基础性的，如"绩效改进基础工作坊"和"投资/回报工作坊"等，而且这些工作坊日程短暂（基本上都是 2 天）、价格不菲，每次也只有几十人参加。针对这样的现状，有专家指出，大规模、大范围的问卷调查意义不大。[②] 因此，本研究采用小样本，针对参加中国人民大学网络学院培训经理认证课程的人员进行了问卷调查，现场发放问卷 31 份，回收 29 份，经核查，有

---

　　① R. C. Richey，D. C. Fields & M. Foxon，*Instructional Design Competencies：The Standards*，Syracuse，ERIC Clearinghouse on Information & Technology in cooperation with the International Board of Standards for Training，Performance and Instruction，2001，pp. 18-19.

　　② 此系 2014 年 1 月研究者对国内绩效技术专家、上海外国语大学张祖忻教授进行电话访谈时，张教授给出的建议。

效问卷共 29 份。

第三节　数据处理方法与调查结果的分析

本部分研究使用 Microsoft Excel 软件对原始数据进行初步整理和进一步分析。研究针对有效问卷中所有受访专家对每一项"基本能力"或"干预措施"的打分取平均数（保留两位小数），将其作为该项"基本能力"或"干预措施"的得分进行后续分析。

一、"基本能力"的调查结果

针对"基本能力"，本书从"重要性"和"要求的层级"两个方面进行分析。

（一）对"重要性"的分析

从统计结果可以看出，76 项基本能力，其"重要性"的均值都大于 3.00（附录 3-1），说明这些均值都处在"重要"及以上的等级；其中，处在"很重要"和"非常重要"等级（均值大于或等于 4.00）的有 28 项。在本部分研究中，我们将这 28 项视为"重要性"最高的基本能力，占总数的 36.84%（28/76）。对这 28 项进一步进行聚类分析可知，"业务技能和行业知识类"有 8 项，类别内比重[①]为 61.54%（8/13）；"人际关系技能类"有 8 项，类别内比重为 61.54%（8/13）；"沟通技能类"有 5 项，类别内比重为 50.00%（5/10）；"个人技能类"有 4 项，类别内比重为 66.67%（4/6）；"道德规范类"有 3 项，类别内比重为 75.00%（3/4）。而"技术素养类"和"基础知识类"均未出现（表 7-1）。

表 7-1　"重要性"最高的基本能力的分布（按类别）[②]

类别	序号	基本能力	均值	类别内比重
业务技能和行业知识类	1	具备宏观思考的能力，能够越过细节看到长远目标和结果	4.31	61.54%
	2	理解组织的结构、系统、职能和流程	4.31	
	3	理解组织的业务模式和在市场上的竞争地位	4.14	
	4	理解（组织业务）对外部客户的价值定位	4.00	
	5	理解组织的核心竞争力及实现增长和盈利的途径	4.21	
	6	理解组织的运营模式，包括规划流程、决策制定渠道和信息管理系统	4.03	
	10	识别业务的优先级	4.00	
	12	了解组织所处行业的当前状况和发展趋势	4.21	

---

① 指包含的该类基本能力项数占所属基本能力类别总项数的比重。

② 本表格中基本能力的序号与表 6-4 中的序号一致。如非特殊说明，下文与基本能力相关的表格中的序号同样与表 6-4 一致。

续表

类别	序号	基本能力	均值	类别内比重
人际关系技能类	14	与别人有效地互动以产生有意义的结果（实现共同的目标）	4.38	61.54%
	15	支持影响个人、团队或其他相关人员的变革	4.10	
	16	推广绩效技术以影响组织的利益相关者	4.17	
	17	获得进行绩效分析的许可	4.03	
	19	获取客户的信任	4.24	
	21	与客户建立伙伴关系	4.21	
	23	具有领导、影响和指导别人取得预期结果的能力	4.14	
	26	具有团队合作精神	4.24	
沟通技能类	27	在个人和团队情境中以清晰、简洁和令人信服的方式表达自己的思想和感情	4.28	50.00%
	29	积极聆听他人	4.24	
	32	有效地运用非言语的、口头的和书面的交流方法实现预期的结果	4.00	
	35	欣赏并充分利用所有人的能力、洞察力和观点	4.00	
	36	与具有不同风格、能力、动机和背景的人一起有效地工作	4.24	
个人技能类	43	主动识别个人学习的新领域	4.03	66.67%
	45	在工作中运用新获得的知识和技能	4.07	
	46	在经历影响整个组织的工作任务、工作环境的重大变革时展示出较强的适应性	4.21	
	48	高效地适应新的工作结构、工作流程、工作要求或文化背景	4.00	
道德规范类	49	为了帮助组织或个人实现预期目标，提供其所需要的知识、技能、能力和态度	4.03	75.00%
	50	协助创建新的、有效的知识，以帮助实现满足个人、组织和社会要求的绩效标准	4.10	
	52	产生客户所需的结果	4.03	

　　"技术素养"首先作为"技术类胜任力"的一部分出现，但并未引起人们的重视。2013年，"技术素养"作为一个单独的类别出现[①]，在相关文献中出现得不多。珍妮弗·卡尔福斯比克（Jennifer L. Kalfsbeek）在其博士论文中专门对"技术素养"进行了验证。[②]

　　有前述的"重要性"最高的基本能力，就有"重要性"最低的基本能力。表 7-2 列出了26 项（约占胜任力总数的 1/3）"重要性"均值最低的基本能力。其中，有 20 项都属于"基础知识类"基本能力，类别内比重高达 88.33%（20/24），反映出绩效技术的实践性倾向。但

　　① J. Arneson, W. J. Rothwell & J. Naughton, *ASTD Competency Study: The Training & Development Profession Redefined*, Alexandria, VA: ASTD Press, 2013, p. xvii.

　　② J. L. Kalfsbeek, "Technology Literacy as a 21st-Century Basic Skill: A Study of Evolving Technology Literacy Competencies for a Workforce Education, Community College," PhD diss., Capella University, 2007.

受访的高校专家一致认为，鉴于绩效技术的跨学科特性，专业人才应该对其理论基础、基础理论、相关模型等具备良好的认知水平。

表 7-2　绩效技术专业人才需要具备的"重要性"最低的基本能力的分布(按类别)

类别	序号	基本能力	均值	类别内比重
业务技能和行业知识类	9	能够进行成本-效用分析	3.66	23.08%
	11	使用业务术语与他人沟通	3.52	
	13	具有其他相关领域的知识	3.59	
沟通技能类	33	了解组织中的各种沟通渠道、关系网和联盟	3.66	10.00%
技术素养类	37	具有一定的计算机素养	3.66	33.33%
	38	对现有的、新的和正在出现的技术有一定程度的认识和掌握	3.69	
基础知识类	54	了解绩效技术的历史和发展现状	3.34	83.33%
	55	了解绩效技术的理论基础	3.45	
	56	描述绩效技术的一般模型	3.55	
	57	描述多个具体的绩效技术模型	3.48	
	58	识别各种绩效技术模型的异同	3.55	
	59	理解绩效系统的构成要素	3.69	
	60	对组织作为动态的政治、经济和社会系统的理解	3.52	
	61	了解国际绩效技术及其相关领域的发展动态	3.55	
	62	及时、准确地获取国内外绩效技术及其相关领域的专业资源	3.66	
	63	掌握学习理论	3.34	
	64	掌握成人学习的相关理论	3.45	
	65	掌握认知心理学的相关知识	3.62	
	66	掌握动机的相关理论	3.55	
	67	了解系统理论的相关知识	3.48	
	69	了解基本的经济学知识	3.45	
	70	了解高绩效工作场所的特征	3.55	
	71	了解组织理论的相关知识	3.38	
	74	了解工作场所环境下教学设计的应用	3.48	
	75	掌握统计学原理和方法	3.24	
	76	掌握评价的相关理论和方法	3.59	

(二)对"要求的层级"的分析

从 76 项基本能力的"要求的层级"来看，在所有类别中，"初级"基本能力所占的比重都大于"高级"基本能力所占的比重；总体来看，"初级"基本能力占 66.17%，几乎是总体的 2/3,较好地说明了这 76 项基本能力的基础性(表 7-3)。另外,从"要求的层级"统计结果来看,如果简单地以某项基本能力在有效问卷中被归入"高级"基本能力的次数(以下简称"'高级'次数")大于或等于其被归入"初级"基本能力的次数(以下简称"'初级'次数")为依据来定义"高级"基本能力,那么"高级"基本能力只有 13 项,仅占整体的 17.11%(13/76)(表 7-4),也较好地体现了"初级"基本能力项的基础性。

表 7-3　基本能力的"要求的层级"整体状况

类别	说明	"初级"次数	"高级"次数	缺失	总和
业务技能和行业知识类	累计数量	215	142	7	364
	所占比重	59.07%	39.01%	1.92%	1
人际关系技能类	累计数量	232	130	2	364
	所占比重	63.74%	35.71%	0.55%	1
沟通技能类	累计数量	168	107	5	280
	所占比重	60.00%	38.21%	1.79%	1
技术素养类	累计数量	122	45	1	168
	所占比重	72.62%	26.79%	0.59%	1
个人技能类	累计数量	125	39	4	168
	所占比重	74.41%	23.21%	2.38%	1
道德规范类	累计数量	60	45	7	112
	所占比重	53.57%	40.18%	6.25%	1
基础知识类	累计数量	486	178	8	672
	所占比重	72.32%	26.49%	1.19%	1
总计	累计数量	1408	686	34	2128
	所占比重	66.16%	32.24%	1.60%	1

表 7-4　"高级"次数大于或等于"初级"次数的基本能力

类别	序号	基本能力	"初级"次数	"高级"次数	缺失
业务技能和行业知识类	1	具备宏观思考的能力,能够越过细节看到长远目标和结果	10	16	3
	4	理解(组织业务)对外部客户的价值定位	13	14	2
	5	理解组织的核心竞争力及实现增长和盈利的途径	14	14	1
人际关系技能类	15	支持影响个人、团队或其他相关人员的变革	8	20	1
	16	推广绩效技术以影响组织的利益相关者	13	15	1
	22	与客户和利益相关者一起制定决策	12	16	1
	23	具有领导、影响和指导别人取得预期结果的能力	6	22	1

续表

类别	序号	基本能力	"初级"次数	"高级"次数	缺失
沟通技能类	30	确保所有利益相关者的声音都被听到，并将其整合到解决方案的设计之中	12	16	1
	33	了解组织中的各种沟通渠道、关系网和联盟	14	14	1
	35	欣赏并充分利用所有人的能力、洞察力和观点	11	17	1
个人技能类	46	在经历影响整个组织的工作任务、工作环境的重大变革时展示出较强的适应性	11	15	3
道德规范类	50	协助创建新的、有效的知识，以帮助实现满足个人、组织和社会所要求的绩效标准	8	18	3
基础知识类	62	及时、准确地获取国内外绩效技术及其相关领域的专业资源	14	14	1

二、"干预措施"的调查结果

本部分针对干预措施的"当前重要性""未来 5～10 年重要性""当前掌握情况"进行分析。

(一)对干预措施"当前重要性"的分析

从统计结果可以看出，在所选定的 64 项干预措施中，"当前重要性"均值大于或等于 3.00 的有 52 项，所占比重为 81.25%(52/64)。这说明这 52 项干预措施的"当前重要性"的均值都在"重要"等级及以上。"当前重要性"均值小于 3.00 的干预措施只有 12 项，所占比重为 18.75%(12/64)。具体统计结果见附录 3-2。

1. 对干预措施类别"当前重要性"的分析

按照范·提姆等人的分类，本部分研究把所有 64 项干预措施划分为人力资源开发、财务系统、个人发展、工作设计、绩效支持、学习、组织沟通以及组织设计与发展 8 个类别。图 7-1 和图 7-2 清楚地表现出各类别包含的项目数和各类别的"当前重要性"。

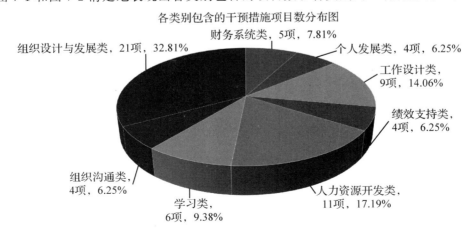

各类别包含的干预措施项目数分布图

组织设计与发展类，21项，32.81%
财务系统类，5项，7.81%
个人发展类，4项，6.25%
工作设计类，9项，14.06%
绩效支持类，4项，6.25%
组织沟通类，4项，6.25%
学习类，6项，9.38%
人力资源开发类，11项，17.19%

图 7-1 各类别包含的干预措施项目数分布图

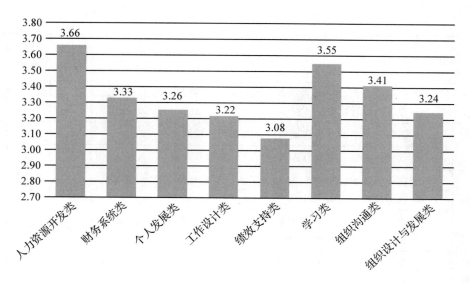

图 7-2　各类别的"当前重要性"的均值

由图 7-2 可知，各类别的"当前重要性"均值都大于或等于 3.00。凡蒂维卢和克莱因的调查表明，在 8 种干预措施类别中，美国和南亚两个地区的绩效技术专业人员都认为设计或开发教学类干预措施最重要，而财务系统类干预措施最不重要。[①] 范·提姆指出，开发财务系统类干预措施需要特定的知识，绩效技术专业人员在这些领域拥有很低的专业技能。[②] 在本研究中，财务系统类干预措施的"当前重要性"相对较高，排在第 4 位。这与安·周（Ann T. Chow）对财务类胜任力的研究成果一致[③]，也与其他大部分研究人员得出的"财务系统作为一个重要的干预措施类别"的结论一致。比较而言，"绩效支持类"干预措施的"当前重要性"最低（均值为 3.08）。

2."当前重要性"均值为 3.50（含）以上的干预措施

本部分研究把均值为 3.50（含）以上的 28 项[所占比重为 43.75％（28/64）]视为"当前重要性"最高的干预措施，其类别及分布情况如图 7-3 所示，各项目的均值如表 7-5 所示。国内现有绩效技术方面的三部专著[④]重点介绍的干预措施，如知识管理、组织（流程）再造、电子绩效支持系统、绩效支持工具（含工作辅助）等，都没有出现在该表格内。这可能与接受调查的都是培训经理，其对于个人发展类、人力资源开发类、组织设计与发展类、学习类的认知度较高有关。

---

① R. N. Vadivelu & J. D. Klein，"Cross-Cultural Analysis of HPT：An Empirical Investigation of HPT Competencies in the Workplace in the United States and South Asia," *Performance Improvement Quarterly*，2008(3-4)，pp. 147-165.

② D. M. Van Tiem，"Interventions（Solutions）Usage and Expertise in Performance Technology Practice：An Empirical Investigation," *Performance Improvement Quarterly*，2004（3），pp. 23-44.

③ A. T. Chow，"A Needs Assessment of the Knowledge，Skills and Use of Finance Competencies by Human Performance Technology Practitioners," PhD diss.，Wayne State University，2010.

④ 三本专著指的是：《绩效技术概论》，张祖忻主编，上海外语教育出版社 2005 年版；《教育技术学视野中的绩效技术研究》，梁林梅著，华中师范大学出版社 2009 年版；《绩效改进》，刘美凤、方圆媛编著，北京大学出版社 2011 年版。

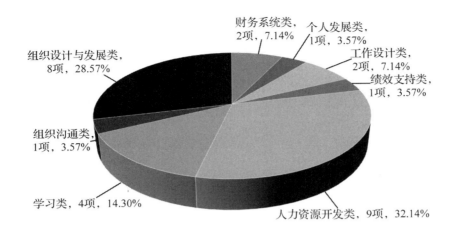

图7-3 "当前重要性"最高的干预措施的类别及分布

表7-5 "当前重要性"最高的干预措施的均值①

干预措施类别	序号	干预措施项目	均值
学习类	1	学习管理系统	3.52
	3	混合学习	3.52
	2	行动学习	3.83
	4	课堂学习	3.90
绩效支持类	8	文档和标准	3.76
工作设计类	11	岗位设计和再设计	3.62
	10	岗位分析	3.93
个人发展类	19	教练和指导	3.76
人力资源开发类	26	劳资关系	3.55
	33	管理能力和领导力发展	3.55
	31	胜任力建模和测评	3.62
	22	员工选拔、配置、留用、晋升和退休	3.66
	27	动机(激励和奖励)	3.69
	32	职业发展通道和继任规划	3.76
	23	薪酬/福利	3.86
	28	绩效管理	3.90
	29	关键绩效指标	4.03

① 在本表中，干预措施项目的序号与表6-6中的序号一致。如非特殊说明，下文与干预措施及其项目有关的表格中的序号同样与表6-6一致。

续表

干预措施类别	序号	干预措施项目	均值
组织设计 与发展类	41	问题解决	3.50
	55	组织文化及其变革	3.50
	57	组织学习	3.50
	44	平衡记分卡	3.54
	54	组织设计	3.54
	46	社会责任	3.57
	43	标杆管理	3.61
	47	道德规范	3.61
组织沟通类	34	沟通网络	3.66
财务系统类	50	财务预测	3.64
	52	现金流分析与预测	3.68

3."当前重要性"均值为 3.00 以下的干预措施

本部分研究把"当前重要性"均值为 3.00 以下的 12 项[所占比重为 18.75%(12/64)]视为"当前重要性"最低的干预措施,其类别及分布情况如图 7-4 所示,各项目的均值如表7-6 所示。

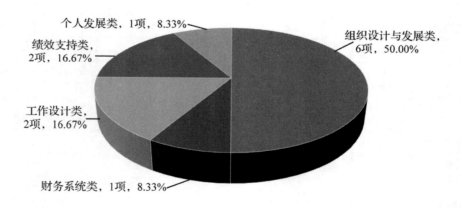

图 7-4 "当前重要性"最低的干预措施的类别及分布

表 7-6 "当前重要性"最低的干预措施的均值

干预措施类别	序号	干预措施项目	均值
绩效支持类	7	电子绩效支持系统	2.72
	9	专家系统	2.59
工作设计类	15	绿色工作场所	2.86
	13	工效学/人体工程学	2.48
个人发展类	20	多元智能	2.69

续表

干预措施类别	序号	干预措施项目	均值
组织设计 与发展类	42	环境扫描与应对	2.93
	59	变革型组织	2.93
	62	战略网络干预措施	2.93
	61	战略联盟干预措施	2.89
	39	过程咨询	2.86
	63	组织规模削减	2.50
财务系统类	60	合并与兼并	2.86

其中，"工效学/人体工程学"的"当前重要性"最低，这与福克斯和克莱因的研究成果一致。[1] 绩效支持类的"电子绩效支持系统""专家系统"，组织设计与发展类的"过程咨询"和财务系统类的"合并与兼并"等都出现在"当前重要性"最低的表格中。而学习类、人力资源开发类和组织沟通类三个类别的干预措施均未出现。这与我国从事绩效改进相关工作的人员（尤其是被调研的培训经理）多数有人力资源背景有关。但组织设计与发展类在"当前重要性"最低的干预措施中独占"半壁江山"，一方面可能是调查对象对其重要性的认识不够，另一方面可能是他们对这些干预措施很陌生，如战略网络、战略联盟、变革型组织等都是近年来发展起来的组织发展类干预措施[2]，需要引起关注。

（二）对干预措施"未来5～10年重要性"的分析

本部分研究选定的所有64项干预措施"未来5～10年重要性"的均值都大于或等于3.00，具体统计结果见附录3-2。其中，均值大于或等于4.00的有34项，所占比重为53.13%（34/64），而均值在3.50以下的只有4项，所占比重为6.25%（4/64）。表7-7和图7-5显示了按类别划分后，各干预措施类别的统计状况。

表7-7　各干预措施类别"未来5～10年重要性"的均值

干预措施类别	干预措施项目数	均值
学习类	6	4.11
绩效支持类	4	4.06
工作设计类	9	3.83
个人发展类	4	4.10
人力资源开发类	11	4.16
组织沟通类	4	4.03
组织设计与发展类	21	3.95
财务系统类	5	3.86

[1]　E. J. Fox & J. D. Klein, "What Should Instructional Designers & Technologists Know About Human Performance Technology?" *Performance Improvement Quarterly*, 2003(3), pp. 87-98.

[2]　T. G. Cummings & C. G. Worley, *Organization Development & Change*, Mason, South-Western Cengage Learning, 2009, p. 155.

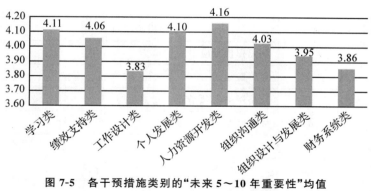

图 7-5 各干预措施类别的"未来 5～10 年重要性"均值

1."未来 5～10 年重要性"的均值大于或等于 4.00 的干预措施

本部分研究把均值大于或等于 4.00 的 34 项[所占比重为 53.13％(34/64)]视为"未来 5～10 年重要性"最高的干预措施,其在各自类别内的均值如图 7-6 所示,各项目详情如表 7-8 所示。

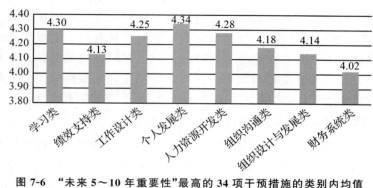

图 7-6 "未来 5～10 年重要性"最高的 34 项干预措施的类别内均值

表 7-8 "未来 5～10 年重要性"最高的干预措施的均值

干预措施类别	序号	干预措施项目	均值
学习类	2	行动学习	4.44
	3	混合学习	4.44
	1	学习管理系统	4.28
	5	远程/在线学习/E-Learning	4.04
绩效支持类	6	绩效支持工具或工作帮助	4.24
	7	电子绩效支持系统	4.08
	9	专家系统	4.08
工作设计类	10	岗位分析	4.32
	12	岗位扩展/轮换/丰富化	4.24
	11	岗位设计和再设计	4.20
个人发展类	19	教练和指导	4.44
	18	反馈	4.24

续表

干预措施类别	序号	干预措施项目	均值
人力资源开发类	33	管理能力和领导力发展	4.48
	32	职业发展通道和继任规划	4.40
	31	胜任力建模和测评	4.36
	28	绩效管理	4.28
	25	员工压力和保健	4.20
	27	动机（激励和奖励）	4.20
	29	关键绩效指标	4.20
	23	薪酬/福利	4.12
组织沟通类	35	信息系统	4.20
	34	沟通网络	4.16
组织设计与发展类	53	整合的战略变革	4.40
	44	平衡记分卡	4.16
	55	组织文化及其变革	4.16
	57	组织学习	4.16
	46	社会责任	4.12
	47	道德规范	4.12
	54	组织设计	4.12
	38	团队建设	4.08
	59	变革型组织	4.08
	41	问题解决	4.00
财务系统类	52	现金流分析与预测	4.04
	51	资本的投入与支出	4.00

　　从"当前重要性"最高的干预措施项目和"未来5～10年重要性"最高的干预措施项目的对比（表7-9）可以看出："当前重要性"高的22项干预措施，如"学习管理系统""行动学习""岗位分析""教练和指导""薪酬/福利""动机（激励和奖励）""绩效管理""管理能力和领导力发展""问题解决""现金流分析与预测""组织文化及其变革""组织学习"等，在未来5～10年内仍保持很高的重要性；而"当前重要性"较高的"课堂学习""文档和标准""员工选拔、配置、留用、晋升和退休""劳资关系""标杆管理""财务预测"6项，其重要性逐渐降低；"远程/在线学习/E-Learning""绩效支持工具或工作帮助""电子绩效支持系统""专家系统""岗位扩展/轮换/丰富化""反馈""员工压力和保健""信息系统""团队建设""资本的投入与支出""整合的战略变革""变革型组织"12项的重要性在未来5～10年有望增加。其中，"电子绩效支持系统""专家系统""变革型组织"曾出现在"当前重要性"最低的行列里（表7-6），可见其变化之大；"信息系统""电子绩效支持系统""绩效支持工具或工作帮助""专家系统"的重要性提高，显示出"技术"方面的影响；而"反馈""员工压力和保健""岗位扩展/轮换/丰富化""团队建设"反映了组织对员工的关注在不断提高；"整合的战略

变革"和"变革型组织""资本的投入与支出"则表现出由原来处于从属地位的培训向与组织战略及财政目标对接的更高地位的干预措施转化的趋势。

表7-9 "当前重要性"最高的干预措施项目和"未来5～10年重要性"最高的干预措施项目对比表

序号	"当前重要性"最高的干预措施项目	序号	"未来5～10年重要性"最高的干预措施项目
1	学习管理系统	1	学习管理系统
2	行动学习	2	行动学习
3	混合学习	3	混合学习
10	岗位分析	10	岗位分析
11	岗位设计和再设计	11	岗位设计和再设计
19	教练和指导	19	教练和指导
23	薪酬/福利	23	薪酬/福利
27	动机(激励和奖励)	27	动机(激励和奖励)
28	绩效管理	28	绩效管理
29	关键绩效指标	29	关键绩效指标
31	胜任力建模和测评	31	胜任力建模和测评
32	职业发展通道和继任规划	32	职业发展通道和继任规划
33	管理能力和领导力发展	33	管理能力和领导力发展
34	沟通网络	34	沟通网络
41	问题解决	41	问题解决
44	平衡记分卡	44	平衡记分卡
46	社会责任	46	社会责任
47	道德规范	47	道德规范
52	现金流分析与预测	52	现金流分析与预测
54	组织设计	54	组织设计
55	组织文化及其变革	55	组织文化及其变革
57	组织学习	57	组织学习
4	课堂学习	5	远程/在线学习/E-Learning
8	文档和标准	6	绩效支持工具或工作帮助
22	员工选拔、配置、留用、晋升和退休	7	电子绩效支持系统
26	劳资关系	9	专家系统
43	标杆管理	12	岗位扩展/轮换/丰富化
50	财务预测	18	反馈
—	—	25	员工压力和保健
—	—	35	信息系统
—	—	38	团队建设

序号	"当前重要性"最高的干预措施项目	序号	"未来 5～10 年重要性"最高的干预措施项目
—	—	51	资本的投入与支出
—	—	53	整合的战略变革
—	—	59	变革型组织

2."未来 5～10 年重要性"的均值小于 3.50 的干预措施

本研究将 64 项干预措施中"未来 5～10 年重要性"均值为 3.50 以下的 4 项[所占比重为 6.25%（4/64）]，视为"未来 5～10 年重要性"最低的干预措施，其各项均值如表 7-10 所示。其中，"工效学/人体工程学"的重要性最低，与福克斯和克莱因的研究成果一致。[①] 与表 7-6"当前重要性"均值最低的干预性措施相对照，"课堂学习"从"当前重要性"高的行列跌落到"未来 5～10 年重要性"低的行列，变化是最大的。与之相对应，"电子绩效支持系统"和"远程/在线学习/E-Learning"等则从"当前重要性"最低或居中（偏下）的行列，跃至"未来 5～10 年重要性"高的行列。这充分反映出传统的企业培训越来越多地被"远程/在线学习/E-Learning"等学习方式所代替。另外，非教学类干预措施（如"电子绩效支持系统"和"绩效支持工具或工作帮助"）在"未来 5～10 年重要性"方面的变化，也反映出越来越多样化的干预措施需求。

值得注意的是，诸如"环境扫描与应对"和"组织规模削减"等"组织设计与发展类"干预措施的"当前重要性"和"未来 5～10 年重要性"持续保持最低水平，可能是因为处于"培训（管理）向绩效改进"转化初期阶段的培训经理尚不具备与组织的战略目标对接的能力。

表 7-10　"未来 5～10 年重要性"最低的干预措施列表

干预措施类别	序号	干预措施项目	均值
学习类	4	课堂学习	3.48
组织设计与发展类	42	环境扫描与应对	3.48
	63	组织规模削减	3.28
工作设计类	13	工效学/人体工程学	3.00

（三）对干预措施"当前掌握情况"的分析

由对 64 项干预措施的"当前掌握情况"的分析可知，"学习类"和"人力资源开发类"干预措施的均值略微超过 3.00（"知道"水平），其他类别未达到"知道"水平，说明干预措施的"当前掌握情况"整体偏低。具体统计结果见附录 3-2。

具体而言，不存在单项干预措施的"当前掌握情况"均值大于或等于 4.00 的项，也就是说，没有一项干预措施的"当前掌握情况"达到"熟练"或"精通"水平；均值大于或等于 3.00 的干预措施有 17 项，所占比重为 26.56%（17/64）；而均值小于或等于 2.70 的有 23 项，所占比重为 35.94%（23/64）。表 7-11 和图 7-7 显示了按类别划分后，各干预措施类别的均值统计状况。

① E. J. Fox & J. D. Klein，"What Should Instructional Designers & Technologists Know About Human Performance Technology?" *Performance Improvement Quarterly*，2003(3)，pp. 87-98.

表7-11 各干预措施类别的"当前掌握情况"均值

干预措施类别	干预措施项目数	均值
学习类	6	3.09
绩效支持类	4	2.59
工作设计类	9	2.85
个人发展类	4	2.77
人力资源开发类	11	3.05
组织沟通类	4	2.91
组织设计与发展类	21	2.75
财务系统类	5	2.71

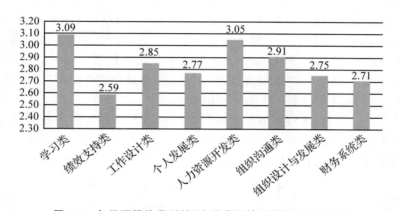

图7-7 各干预措施类别的"当前掌握情况"的均值统计图

1."当前掌握情况"均值大于或等于3.00的干预措施

本部分研究把"当前掌握情况"均值为大于或等于3.00的17项视为"当前掌握情况"最好的干预措施,其类别及分布情况如图7-8所示,各项目的均值如表7-12所示。可以看出,"当前掌握情况"最好的17项干预措施,主要与传统的人力资源相关。这反映出所调查的对象大都是人力资源相关专业的,也反映出对干预措施的掌握亟待加强。

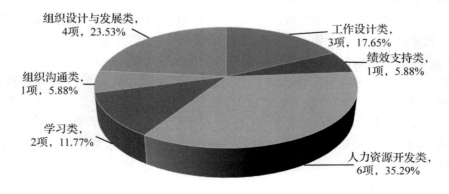

图7-8 "当前掌握情况"最好的干预措施的类别及分布

表 7-12　"当前掌握情况"最好的干预措施的均值

干预措施类别	序号*	干预措施项目	均值
人力资源 开发类	22	员工选拔、配置、留用、晋升和退休	3.48
	23	薪酬/福利	3.48
	28	绩效管理	3.19
	29	关键绩效指标	3.19
	27	动机(激励和奖励)	3.11
	26	劳资关系	3.00
工作设计类	10	岗位分析	3.33
	11	岗位设计和再设计	3.19
	12	岗位扩展/轮换/丰富化	3.11
绩效支持类	8	文档和标准	3.33
学习类	4	课堂学习	3.96
	5	远程/在线学习/E-Learning	3.22
组织沟通类	36	建议和申诉系统	3.00
组织设计 与发展类	47	道德规范	3.27
	38	团队建设	3.19
	46	社会责任	3.15
	44	平衡记分卡	3.12

*本表中的序号与表 6-6 中干预措施的序号一致。

2."当前掌握情况"最差的干预措施

本部分研究把"当前掌握情况"均值小于或等于 2.70 的 23 项干预措施视为"当前掌握情况"最差的干预措施。各项目的均值如表 7-13 所示,图 7-9 显示了"当前掌握情况"最差(均值小于或等于 2.70)的干预措施类别及分布情况。

表 7-13　"当前掌握情况"最差的干预措施的均值

干预措施类别	序号*	干预措施项目	均值
人力资源开发类	30	360 度评估	2.67
财务系统类	51	资本的投入与支出	2.67
	49	公开账簿管理	2.59
	60	合并与兼并	2.56
个人发展类	20	多元智能	2.70
	21	专业实践社区	2.67

续表

干预措施类别	序号	干预措施项目	均值
工作设计类	17	预防性维护	2.70
	15	绿色工作场所	2.67
	13	工效学/人体工程学	2.04
绩效支持类	6	绩效支持工具或工作帮助	2.44
	9	专家系统	2.41
	7	电子绩效支持系统	2.19
学习类	58	知识管理	2.70
组织设计与发展类	24	劳动力的多元化	2.70
	42	环境扫描与应对	2.67
	59	变革型组织	2.67
	63	组织规模削减	2.63
	39	过程咨询	2.48
	40	第三方干预	2.48
	56	自我设计组织	2.41
	61	战略联盟	2.41
	45	国际化和本地化	2.37
	62	战略网络	2.15

* 本表中的序号与表 6-6 中干预措施的序号一致。

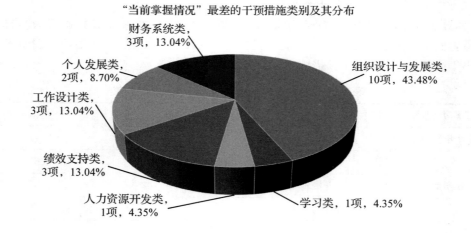

图 7-9 "当前掌握情况"最差的干预措施的类别及分布

本部分研究将"未来 5~10 年重要性"最高的干预措施项目，与"当前掌握情况"最差的干预措施项目进行对比，发现下面 14 项干预措施应该被重点关注(表 7-13)。

表 7-14　在"未来 5～10 年重要性"最高干预措施中"当前掌握情况"最差的项目

干预措施类别	序号	干预措施项目	均值
学习类	1	学习管理系统	4.28
绩效支持类	6	绩效支持工具或工作帮助	4.24
绩效支持类	7	电子绩效支持系统	4.08
绩效支持类	9	专家系统	4.08
个人发展类	18	反馈	4.24
人力资源开发类	31	胜任力建模和测评	4.36
人力资源开发类	33	管理能力和领导力发展	4.48
组织沟通类	35	信息系统	4.20
组织设计与发展类	41	问题解决	4.00
财务系统类	51	资本的投入与支出	4.00
财务系统类	52	现金流分析与预测	4.04
组织设计与发展类	53	整合的战略变革	4.40
组织设计与发展类	57	组织学习	4.16
组织设计与发展类	59	变革型组织	4.08

＊本表中的序号与表 6-6 中干预措施的序号一致。

综上所述，绩效技术专业人员需要具备的"基本能力"和"干预措施"两个方面的胜任力受到了普遍认可，可以与"流程能力"一起构成我国绩效技术专业人员的胜任力模型。

第八章　绩效技术知识体系的建构

对于那些决定成为绩效技术专业人才和发展绩效技术技能的人来说，什么样的培养和训练是适当的呢？我们期待绩效技术专业人员在进入劳动力市场之前应具备什么知识和能力？他们将从哪里获得这些知识和能力？那些把绩效技术作为研究焦点的学术团体和商业组织的代表及绩效技术专业人才已经就培养和训练未来的从业人员进行了交流，并且达成了共识——对为学生提供实用技能有着强烈的需求。积极参与绩效技术教学工作的大学教师也开始采取具体行动。但是，我们面临的问题是，该从哪里（开始）入手。专家访谈和胜任力列表可以解决绩效技术专业人员在进入劳动力市场之前应具备什么知识和能力的问题，本章则从知识体系的角度，试图解决将从哪里获得这些知识和能力的问题。

第一节　知识体系的一般框架

某个学科领域课程体系的建构，除了需要基于培养目标和培养层次的要求构建出胜任力模型，还需要对该学科领域的知识体系进行梳理。知识分类是进行课程研究的先决条件。[①] 学科领域的知识体系既是构建课程体系的基础，也是构建课程体系的原材料。

绩效技术领域的专家并未把绩效技术看作像物理学或心理学这样的学科，他们认为绩效技术主要不关注生产新知识或创立普遍真理，而是主要通过对基础学科的应用来解决现实世界的绩效问题。[②] 富山（Foshay）和莱斯利·穆勒（Leslie Moller）抓住了"绩效技术从任何具备解决绩效问题能力的学科中汲取养分，也从为解决绩效问题提供了技术的任何其他应用领域中汲取养分"这一本质。[③] 也有学者在为中国建立绩效技术学科做一些基础工作，认为绩效技术工作者不能仅仅满足于实践，也应加强研究，并以理论作为指导，以取得更好的实践效果。绩效技术创新实践的不断深化，推动了相关的基础研究的发展，其各子领域都将生成和积累自己独特的知识与方法。当这种有组织的知识体系形成后，绩效技术就会成为一门独立的学科。[④]

对于绩效技术知识体系的研究，有助于本领域的发展和成熟，推进领域知识疆域的扩展、知识体系的完善以及研究方法的规范，进而为绩效技术实践提供日趋完善的理论和方法，提升绩效技术实践领域的地位，为发展绩效技术学术共同体提供有利的条件和

---

① ［美］乔治·A. 比彻姆：《课程理论》，黄明皖译，57 页，北京，人民教育出版社，1989。

② H. D. Stolovitch & E. J. Keeps, *Handbook of Human Performance Technology：Improving Individual and Organizational Performance Worldwide*, San Francisco, Jossey-Bass, 1999, pp. 651-697.

③ H. D. Stolovitch & E. J. Keeps, *Handbook of Human Performance Technology：A Comprehensive Guide for Analyzing and Solving Performance Problems in Organizations*, San Francisco, Jossey-Bass, 1992, p. 702.

④ 张祖忻：《绩效技术概论》，12 页，上海，上海外语教育出版社，2005。

环境。从某种意义上说，知识体系的框架外显为知识的分类，因为分类是认识的基础。

一、知识分类理论

知识分类研究是哲学、教育学、心理学和管理学等领域的专家、学者探讨的一个问题。[①]

(一)显性知识与隐性知识

英国哲学家迈克尔·波兰尼(Michael Polanyi)认为，"我们知道的多于我们能说出的"，从哲学领域提出了隐性知识(tacit knowledge)的概念，在其1958年出版的《个人知识》中首次把知识区分为显性知识(explicit knowledge)和隐性知识两大类。[②] 其中，显性知识是能够以书面文字、图表和/或数学公式表达出来的知识，可以在个体间以一种系统的方法加以传达，属于描述性和规范性的知识；隐性知识也称"缄默知识""意会知识"，是不能用语言、文字、符号等阐述的知识，属于未加编码或难以编码，高度个人化的程序性知识。[③] 日本的竹内弘高和野中郁次郎在波兰尼的基础上，根据知识获取方式的不同，进一步区分了隐性知识的个人性和主观性、显性知识的社会性和客观性，以及显性知识和隐性知识之间循环往复、螺旋上升的转换关系，即SECI转换模型，其中S代表社会化(socialization)，E代表外显化(externalization)，C代表联结化(combination)，I代表内化(internalization)。[④] 国内有学者在显性—隐性的基础上，增加了个人—组织和综合—专门，构成了知识的3个维度和8种类型(图8-1)。[⑤] 隐性知识也引起了多个领域的关注。例如，有学者认为，隐性知识的学习和掌握正是技能培养区别于普通知识学习的特色所在，也是新手成长为专家的必经路径。[⑥] 绩效技术专业人才的培养，也需要被培养的研究生个人在团体实践活动中形成共感知识，并通过分享、观察、模仿、亲身实践等形式获得隐性知识。

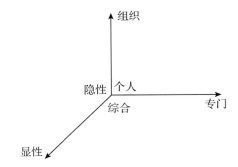

类型	维度组合
超越知识	个人隐性综合知识
自发知识	个人隐性专门知识
专家知识	个人显性专门知识
关系知识	个人显性综合知识
文化知识	组织隐性综合知识
局域知识	组织隐性专门知识
结构知识	组织显性专门知识
环境知识	组织显性综合知识

图8-1　知识的3个维度和8种类型

---

① 康翠：《基于教师专业发展的学科教学设计研究——教案编制的视角》，博士学位论文，北京师范大学，2011。

② ［英］迈克尔·波兰尼：《个人知识——迈向后批判哲学》，许泽民译，379页，贵阳，贵州人民出版社，2000。

③ 高铁刚：《教育技术知识形成与发展的历史考察——社会建构主义的视角》，博士学位论文，北京师范大学，2013。

④ ［日］竹内弘高、野中郁次郎：《知识创造的螺旋：知识管理理论与案例研究》，李萌译，55页，北京，知识产权出版社，2005。

⑤ 张钢、倪旭东：《从知识分类到知识地图：一个面向组织现实的分析》，载《自然辩证法通讯》，2005(1)。

⑥ 宋磊：《从专家技能的养成研究——从新手到专家》，博士学位论文，华东师范大学，2009。

(二)陈述性知识与程序性知识

现代认知心理学通常把知识分为陈述性知识与程序性知识两大类。① 洛林·安德森等人在《学习、教学和评估的分类学：布卢姆教育目标分类学(修订版)》中，把知识分为事实性知识、概念性知识、程序性知识和元认知知识四大类。② 也有学者总结了陈述性知识、程序性知识、情感性知识、策略性知识和反思性知识五类，认为这五类可以较好地概括知识的类型：陈述性知识——是什么，关于某个领域的目标、系统或者技术方面的知识；程序性知识——怎么做，主要涉及规则和程序；情感性知识——形成一定的价值观和态度；策略性知识——在某个领域如何实施决断与行动的策略；反思性知识——对自我在学习或者工作中的状态的理解以及自我调整的意识和策略。③

二、相关领域的知识分类探索

(一)教育技术学知识体系研究

刘美凤在研究广义教育技术学及其研究范畴时指出，教育技术学要提供的知识既应当包括"怎么做"的操作性知识，又应当包括操作性知识的理论依据，即"为什么要这样做"的原理性知识。而这些知识分别涉及教育技术自身知识的构成以及教育技术知识的来源两个方面。在此基础上，其提出了教育技术知识的构成，即教育技术知识Ⅰ、教育技术知识Ⅱ和教育技术知识Ⅲ(表8-1)，并展示了教育技术学学科相关知识关系图(图8-2)。④

表8-1 刘美凤对教育技术知识Ⅰ、Ⅱ、Ⅲ的界定

知识类别	说明
教育技术知识Ⅰ	根据教育、教学实践中的问题，寻找并依据、利用、转化与教和学相关的科学与技术理论知识以及经验知识，通过研究、实验或探索，创造性地形成教育、教学实践问题的解决方案，包括解决问题的指导原则、操作程序、方式或方法、技能或技巧以及对所需资源(如媒体、环境和相应的支持系统)的要求等方面的知识
教育技术知识Ⅱ	对实现教育技术知识Ⅰ所述的问题解决方案的过程和所需的资源进行设计、开发、应用、管理和评价等方面的知识
教育技术知识Ⅲ	基于行动研究的系统方法和形成性研究方法的指导思想、应用模型、实施程序等方面的知识

① 辛自强、林崇德：《认知负荷与认知技能和图式获得的关系及其教学意义》，载《华东师范大学学报(教育科学版)》，2002(4)。

② ［美］洛林·W. 安德森、戴维·R. 克拉思沃尔、彼得·W. 艾拉沙思等：《布卢姆教育目标分类学——分类学视野下的学与教及其测评(完整版)》，蒋小平、张琴美、罗晶晶译，21～22 页，北京，外语教学与研究出版社，2009。

③ 宋磊：《从专家技能的养成研究——从新手到专家》，博士学位论文，华东师范大学，2009。

④ 刘美凤：《教育技术学学科定位问题研究》，203 页，北京，教育科学出版社，2006。

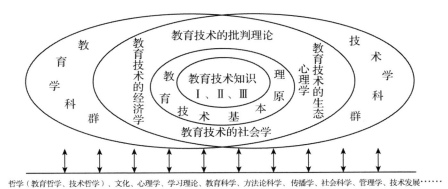

图 8-2　教育技术学学科相关知识关系图

(二)职业教育领域关于不同职业能力发展阶段的知识形态研究

美国学者休伯特・德莱弗斯(Hubert L. Dreyfus)和斯图尔特・德莱弗斯(Stuart E. Dreyfus)认为,人的职业能力是按照从门外汉(初学者)到高级初学者、内行行动者、熟练者和专家5个阶段发展的,教育的任务是把处于低级阶段的人通过合适的方法带入更高级的阶段。[1] 德国不来梅大学的费利克斯・劳耐尔(Felix Rauner)教授把这5个阶段和4个相应的学习发展阶段结合起来,提出了如图8-3所示的能力发展过程,并以之作为发展职业能力和开发工作相关的、面向结构化的职业课程的指导。[2] 表8-2显示了从门外汉到专家的发展过程中的知识类型。[3]

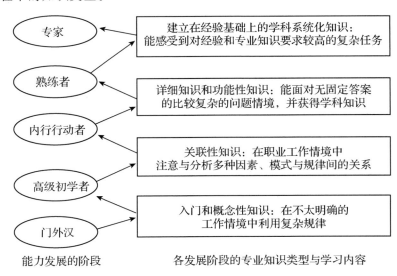

图 8-3　从门外汉到专家的能力发展过程

---

①　赵志群:《职业教育与培训学习新概念》,86~89页,北京,科学出版社,2003。

②　F. Rauner,"Practical Knowledge and Occupational Competence,"*European Journal of Vocational Training*,2007(1),pp.52-64.

③　赵志群:《职业教育与培训学习新概念》,88~89页,北京,科学出版社,2003。

表 8-2　从门外汉到专家的发展过程中的知识类型

知识类型	说明
入门和概念性知识	关于"该职业的本质是什么"的知识。例如，该职业的主要工作内容是什么；如何利用已有基础在职业活动中尽快成长等。在这里，"职业道德"具有特别重要的意义
关联性知识	关于"为什么是这样而不是那样"的知识，如技术领域中对负责的设备、商业领域中对营销信息流的全局性理解。只有了解了工作系统中建立的各种复杂关系，才能正确和高质量地从事操作、调节、分析和维修等较为复杂的工作
详细知识和功能性知识	关于"工作细节和设备功能"的知识。在完成复杂任务时要首先分析问题和设计方案，这除了有可能涉及较为深入的科学和技术知识，还常常需要一定的技巧和经验
建立在经验基础上的学科系统化知识	关于"如何科学地解释并解决实际问题"的知识，这是向更高层次发展的基础，是职业发展"后劲"的真正体现

劳耐尔把工作过程知识（Work Process Knowledge）看作实践知识（Practical Knowledge）和理论知识（Theoretical Knowledge）的组合（图 8-4）。[①]

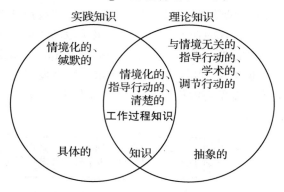

图 8-4　工作过程知识作为实践知识和理论知识的结合

海涅曼等人进一步把工作过程知识分为"引导行动的知识""解释行动的知识""反思行动的知识"（图 8-5）[②]。国际职业教育与培训领域的这些研究成果和实践经验为我们培养应用型人才提供了很好的借鉴。

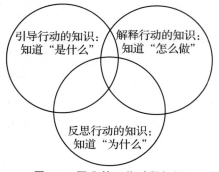

图 8-5　职业的工作过程知识

---

① F. Rauner，"Practical Knowledge and Occupational Competence," *European Journal of Vocational Training*，2007(1)，pp. 52-64.

② ［德］费利克斯·劳耐尔、赵志群、吉利：《职业能力与职业能力测评：KOMET 理论基础与方案》，15～45 页，北京，清华大学出版社，2010。

第二节　绩效技术专业人员胜任力的使能目标分析

一、"基本能力"对应的使能目标聚类分析

本书对"基本能力"进行使能目标分析，得出使能目标后再进行能力聚类，结果如表8-3所示。

表 8-3　"基本能力"对应的使能目标和能力聚类

类别	序号	基本能力	使能目标	能力聚类
业务技能和行业知识类（F-B）	1	具备宏观思考的能力，能够越过细节看到长远目标和结果	F-B01.1 具备宏观思考的能力	系统理论
	2	理解组织的结构、系统、职能和流程	F-B02.1 了解组织的基本概念； F-B02.2 了解常见的两种组织结构； F-B02.3 了解组织作为一个复杂开放系统的基本特征； F-B02.4 了解组织的基本职能； F-B02.5 了解组织各职能部门之间的关系	组织相关知识、系统理论
	3	理解组织的业务模式和在市场上的竞争地位	F-B03.1 具备商学的基本知识；	商业运营方面的知识
	4	理解（组织业务）对外部客户的价值定位	F-B04.1 了解商学的基本知识； F-B04.2 了解价值链条的基本知识	
	5	理解组织的核心竞争力及其实现增长和盈利的途径	F-B05.1 了解组织核心竞争力的相关概念； F-B05.2 识别组织核心竞争力的构成	
	6	理解组织的运营模式，包括规划流程、决策制定渠道和信息管理系统	F-B06.1 具有一定的商业运营管理知识； F-B06.2 能够通过各种渠道了解组织的决策制定过程	
	7	理解产品和服务是如何开发、销售和交付给客户的	F-B07.1 了解产品/服务开发的基本流程； F-B07.2 具有一定的市场营销知识	
	8	理解财务指标并知道如何解释这些指标	F-B08.1 具有一定的财务知识； F-B08.2 能够理解各项财务指标的意义； F-B08.3 能够解释各项财务指标对于组织的影响	财务相关知识
	9	能够进行成本-效用分析	F-B09.1 具有一定的成本-效用分析能力	

续表

类别	序号	基本能力	使能目标	能力聚类
业务技能和行业知识类（F-B）	10	识别业务的优先级	F-B10.1 能够识别影响业务的各种因素； F-B10.2 能够对各项业务的优先级进行排序	行业相关知识
	11	使用业务术语与他人沟通	F-B11.1 列举组织所处行业的业务术语； F-B11.2 能够使用适当的业务术语进行沟通	
	12	了解组织所处行业的当前和未来趋势	F-B12.1 具有一定的业务敏感性； F-B12.2 能够使用适当的业务术语进行沟通	
	13	具有其他相关领域的知识	F-B13.1 具有特定学科的知识； F-B13.2 识别与业务相关领域	
人际关系技能类（F-R）	1	与别人有效地互动以产生有意义的结果（实现共同的目标）	F-R01.1 具备积极有效的沟通能力	沟通能力
	2	支持影响个人、团队或其他相关人员的变革	F-R02.1 具有一定的领导能力	领导能力
	3	推广绩效技术以影响组织的利益相关者	F-R03.1 识别利益相关者； F-R03.2 建立合适的营销策略	推广能力
	4	获得进行绩效分析的许可	F-R04.1 使用各种影响力技能	咨询能力
	5	获得利益相关者对改进个人、团队和组织绩效的承诺	F-R05.1 具有一定的谈判技能	
	6	获取客户的信任	F-R06.1 营造一种信任、易于接触和积极的氛围	
	7	对客户忠诚	F-R07.1 根据道德规范采取行动	
	8	与客户建立伙伴关系	F-R08.1 信任并识别彼此的角色、知识和专长	
	9	与客户和利益相关者一起制定决策	F-R09.1 具有一定的决策制定能力	
	10	具有领导、影响和指导别人取得期望结果的能力	F-R02.1 具有一定的领导能力	

续表

类别	序号	基本能力	使能目标	能力聚类
人际关系技能类（F-R）	11	与其他方面的专家有效合作	F-R11.1 确定所需的专业技能； F-R11.2 平衡专家的专业技能和影响	合作能力
	12	对做出贡献的任何人都给予认可	F-R12.1 识别并衡量贡献	
	13	具有团队合作精神	F-R13.1 具有团队合作精神	
沟通技能类（F-C）	1	在个人和团队情境中以清晰、简洁和令人信服的方式表达自己的思想和感情	F-C01.1 书写和编辑产生清晰、精确和正确的信息的文本	沟通能力
	2	理解实现交流的各种方法	F-C02.1 掌握多种交流方法	
	3	积极聆听他人	F-C03.1 在各种情境中使用积极的聆听技能	
	4	确保所有利益相关者的声音都被听到，并整合到解决方案的设计之中	F-R03.1 识别利益相关者； F-C03.1 在各种情境中使用积极的聆听技能	
	5	营造团队之间和团队内部进行公开交流的氛围	F-C05.1 有效地促成会议	
	6	有效地运用非言语的、口头的和书面的交流方法实现预期的结果	F-C06.1 有效运用非言语交流； F-C06.2 使用视觉辅助提高对内容的理解	
	7	了解组织中的各种沟通渠道、关系网和联盟	F-C07.1 了解组织中的各种沟通渠道、关系网和联盟	
	8	感知自己和他人的情感状态，并利用这些信息来指导有效的决策制定和建立积极的工作关系	F-C08.1 有效获取自己和他人的感情状态； F-C08.2 有效利用感情状态	
	9	欣赏并充分利用所有人的能力、洞察力和思想观点	F-C09.1 具有一定的洞察力； F-C09.2 欣赏别人的能力和洞察力	
	10	与具有不同风格、能力、动机和背景的人一起有效地工作	F-C10.1 在不同背景和角色的个人中寻求并发现信息和思想	

类别	序号	基本能力	使能目标	能力聚类
技术素养类（F-T）	1	具有一定的计算机素养	F-T01.1 具有一定的计算机素养	技术素养
	2	对现有的、新的和正在出现的技术具有一定程度的认识和掌握	F-T02.1 了解技术的发展前沿	
	3	识别出能够充分利用技术来完成任务和实现业务目标的机会	F-T03.1 选择合适的技术完成任务	
	4	采用新的资源、方法和工具来推进工作	F-T04.1 具备探究精神； F-T04.2 掌握新的资源、方法和工具	
	5	采取新的方式并运用现有技术来推进工作	F-T05.1 具备创新精神	
	6	适应、识别、选择和运用各种学习技术	F-T06.1 了解各种学习技术； F-T06.2 选择和运用各种学习技术	
个人技能类（F-P）	1	主动识别个人学习的新领域	F-P01.1 具有良好的自我学习能力	自我学习能力
	2	创建并充分利用各种学习机会	F-P02.1 充分利用各种学习机会	适应能力
	3	在工作中运用新获得的知识和技能	F-P03.1 运用新的知识和技能	
	4	在经历影响整个组织的工作任务、工作环境的重大变革时展示出较强的适应性	F-P04.1 具有较强的适应能力	
	5	对新的人员、思想和方法保持开放态度	F-P05.1 具有开放的态度	
	6	高效地适应新的工作结构、工作流程、工作要求或文化背景	F-P04.1 具有较强的适应能力	

152

类别	序号	基本能力	使能目标	能力聚类
道德规范类（F-E）	1	为了帮助组织或个人实现预期目标，提供其所需要的知识、技能、能力和态度	F-E01.1 具备较强的专业能力和态度	道德规范
	2	协助创建新的有效的知识，以帮助实现满足个人、组织和社会所要求的绩效标准	F-E02.1 具备知识创新能力	
	3	通过系统化研究的方法获得知识，但不妨碍客户、客户的客户及社会的成功	F-E03.1 具备社会责任感	
	4	产生客户所需的结果	F-E04.1 具有价值导向意识	
基础知识类（F-F）	1	了解绩效技术相关的基本概念和基本理论	F-F01.1 了解绩效技术相关的基本概念和基本理论	绩效技术相关知识
	2	了解绩效技术的历史和发展现状	F-F02.1 了解绩效技术的历史和发展现状	
	3	了解绩效技术的理论基础	F-F03.1 了解绩效技术的理论基础	
	4	描述绩效技术的一般模型	F-F04.1 描述绩效技术的一般模型	
	5	描述多个具体的绩效技术模型	F-F05.1 描述绩效技术的一般模型	
	6	识别各种绩效技术模型的异同	F-F06.1 识别各种绩效技术模型的异同	
	7	理解绩效系统的构成要素	F-F07.1 理解绩效系统的构成要素	
	8	对组织作为动态的政治、经济和社会系统的理解	F-F08.1 理解组织作为动态的政治、经济和社会系统	系统理论
	9	了解国际绩效技术及其相关领域的发展动态	F-F09.1 了解国际绩效技术及其相关领域的发展动态	绩效技术发展前沿
	10	及时、准确地获取国内外绩效技术及其相关领域的专业资源	F-F10.1 及时准确地获取国内外绩效技术及其相关领域的专业资源	

续表

类别	序号	基本能力	使能目标	能力聚类
基础知识类（F-F）	11	掌握学习理论	F-F11.1掌握各种学习理论	学习理论
	12	掌握成人学习的相关理论	F-F12.1掌握成人学习的相关理论	成人学习理论
	13	掌握认知心理学的相关知识	F-F13.1掌握认知心理学的相关知识	认知心理学
	14	掌握动机的相关理论	F-F14.1掌握动机的相关理论	动机理论
	15	了解系统理论的相关知识	F-F15.1了解系统理论的相关知识	系统理论
	16	了解管理学的相关知识	F-F16.1了解管理学的相关知识	管理学
	17	了解基本的经济学知识	F-F17.1了解基本的经济学知识	经济学
	18	了解高绩效工作场所的特征	F-F18.1了解高绩效工作场所的特征	绩效技术相关知识
	19	了解组织理论的相关知识	F-F19.1了解组织理论的相关知识；F-F19.2了解组织行为的相关知识	组织理论、组织行为学相关知识
	20	了解人力资源管理与开发的相关知识	F-F20.1了解人力资源管理与开发的相关知识	人力资源管理和开发相关知识
	21	掌握教学设计的基本理论和方法	F-F21.1掌握教学设计的基本理论和方法	教学系统设计
	22	了解工作场所环境下教学设计的应用	F-F22.1了解工作场所环境下教学设计的应用	
	23	掌握统计学原理和方法	F-F23.1掌握统计学原理和方法	统计学
	24	掌握评价的相关理论和方法	F-F24.1掌握评价的相关理论和方法	评价理论

从上述分析可以看出，"基本能力"对应的使能目标的能力聚类涉及系统理论、组织相关知识、商业运营方面的知识、财务相关知识、行业相关知识、沟通能力、领导能力、推广能力、咨询能力、合作能力、技术素养、自我学习能力、适应能力、道德规范、绩效技术相关知识、绩效技术发展前沿、学习理论、成人学习理论、认知心理学、动机理论、管理学、经济学、组织理论、组织行为学相关知识、人力资源管理和开发相关知识、教学系统设计、统计学和评价理论等。可以将其中的一部分进一步聚合，如将商业运营方面的知识和行业相关知识合并为商业知识和行业认知，将推广能力并入咨询能力，将绩效技术发展前沿并入绩效

技术相关知识，将学习理论和认知心理学并入成人学习理论，将统计学并入"流程能力"对应的使能目标聚类后生成的绩效分析。

二、"流程能力"对应的使能目标分析

"流程能力"对应的使能目标和能力聚类如表 8-4 所示。

表 8-4 "流程能力"及其使能目标

流程阶段		序号	流程能力	使能目标	能力聚类
绩效分析（P-A）	需求评估	1	识别或制定组织的愿景、使命或目标	P-A01.1 识别或制定组织的愿景、使命或目标	绩效分析
		2	确定组织绩效对社会的影响	P-A02.1 确定组织绩效对社会的影响	
		3	识别对组织的成功至关重要的利益相关者（如员工、客户、供应商等）	F-R03.1 识别利益相关者	
		4	识别组织层面的绩效问题	P-A04.1 识别组织层面的绩效问题	
		5	分析组织的绩效需求，并与组织的目标和能力进行比较	P-A05.1 分析组织的绩效需求，并与组织的目标和能力进行比较	
		6	确定组织层面的绩效差距	P-A06.1 确定组织层面的绩效差距	
		7	识别组织中应该如何改变或改变哪里的绩效	P-A07.1 识别组织中应该如何改变或改变哪里的绩效	
		8	确定团队层面的绩效差距	P-A08.1 确定团队层面的绩效差距	
		9	确定流程层面的绩效差距	P-A09.1 确定流程层面的绩效差距	
		10	识别与某一工作需求有关的员工技能、知识、能力、动机或期望	P-A10.1 识别与某一工作需求有关的员工技能、知识、能力、动机或期望	
		11	确定个人层面的绩效差距	P-A11.1 确定个人层面的绩效差距	
		12	通过调查、访谈和焦点小组等方式询问恰当的（相关的）问题来收集数据	P-A12.1 掌握多种数据收集技巧	数据收集
		13	设计和开发用来收集数据的各种调查方法，包括使用开放式和封闭式问题	P-A13.1 设计和开发各种收集数据的方法	

续表

流程阶段		序号	流程能力	使能目标	能力聚类
绩效分析 (P-A)	需求评估	14	进行工作分析	P-A14.1 能够进行工作分析	绩效分析
		15	进行任务分析	P-A15.1 能够进行任务分析	
		16	分析工作者的特征	P-A16.1 能够分析工作者的特征	
		17	分析绩效环境的特征	P-A17.1 能够分析绩效环境的特征	
		18	对相关的组织记录和文件进行内容分析	P-A18.1 掌握内容分析技能	
		19	采用适当的数据分析技巧	P-A19.1 掌握数据分析技巧	
		20	解释绩效数据，并确定干预措施对客户、供应商和员工的影响	P-A20.1 总结并解释数据的技能；P-A20.2 评价干预措施对的影响	
		21	识别对所需绩效的障碍	P-A21.1 掌握可能的绩效障碍；P-A21.2 识别对所需绩效的障碍；	
		22	确定所需的干预措施类型	P-A22.1 确定所需的干预措施类型	干预措施相关知识
		23	确定干预措施所需的资源（如时间、资金、人力等）	P-A23.1 确定干预措施所需的资源（如时间、资金、人力等）	成本-效用分析
		24	估计消除各绩效差距的相关成本和效用	P-A24.1 评估消除各绩效差距的相关成本和效用	
		25	估计忽略各绩效差距的相关成本和效用	P-A25.1 评估忽略各绩效差距的相关成本和效用	
		26	根据消除与忽略绩效差距的成本和效用的对比，对绩效差距进行优先级排序	P-A26.1 对绩效差距进行优先级排序	
	原因分析	27	针对特定情境进行原因分析以识别导致绩效差距的因素	P-A27.1 识别导致绩效差距的原因	绩效分析
		28	分析员工是否具有与期望的工作绩效一致的激励、奖励或后果	P-A28.1 分析激励、奖励或后果等原因	
		29	确定员工是否拥有所需的环境支持、资源或工具来完成他们的工作	P-A29.1 确定员工所需的环境支持、资源或工具	

流程阶段		序号	流程能力	使能目标	能力聚类
绩效分析 (P-A)	原因分析	30	确定绩效问题是否由缺乏环境支持引发	P-A30.1 确定缺乏环境支持引发的绩效问题	绩效分析
		31	确定员工是否有能力完成他们的工作	P-A31.1 确定员工的胜任能力	胜任力模型构建
		32	分析员工是否拥有完成工作所需的数据、信息或反馈	P-A32.1 确定执行工作所需的数据、信息或反馈	绩效分析
		33	确定绩效问题是否由缺乏必要的行为技能引发	P-A33.1 确定由缺乏必要的行为技能引发的绩效问题	
		34	分析员工是否具有执行任务的积极性	F-F14.1 掌握动机的相关理论； P-A34.1 分析员工的积极性	动机理论
		35	分析员工是否具有完成工作所需的技能和知识	P-A35.1 分析完成工作所需的技能和知识	绩效分析
干预措施的选择 （P-S）		36	具备与各种干预措施相关的知识	P-S01.1 了解各种干预措施的知识	干预措施相关知识
		37	识别关键的业务问题	P-S02.1 识别关键的业务问题	
		38	区分哪些绩效问题需要教学类解决方案，哪些需要非教学类解决方案	P-S03.1 区分教学类解决方案和非教学类解决方案	
		39	选择能够从根本上解决绩效差距（而不是治疗症状或副作用）的干预措施	P-S04.1 选择适当的干预措施	
		40	具备干预措施与根本原因类型匹配的知识	P-S05.1 具备干预措施与根本原因类型匹配的知识	
		41	预测和分析干预措施及其后果的影响	P-S06.1 预测和分析干预措施及其后果的影响	
		42	评估多个干预措施之间关系	P-S07.1 评估多个干预措施之间关系	
		43	对干预措施的结果进行排序	P-S08.1 对干预措施的预期结果进行排序	
		44	通过选择适合环境、工作者的特征、资源和约束条件、期望的结果以及其他相关因素，详细说明绩效改进策略	P-S04.1 选择适当的干预措施； P-S09.1 详细说明绩效改进策略	

续表

流程阶段	序号	流程能力	使能目标	能力聚类
干预措施的设计与开发(P-D)	45	在设计干预措施之前回顾绩效分析报告	P-D01.1 具有在设计干预措施之前回顾绩效分析报告的意识	系统化设计能力
	46	把所有利益相关者都包含进干预措施的设计中	F-R03.1 识别利益相关者	
	47	运用系统化的基于研究的设计原则	P-D03.1 理解基于研究的设计原则 P-D03.2 运用系统化设计的能力	
	48	识别并确定干预措施需求的优先级	P-D04.1 识别干预措施需求的优先级	干预措施相关知识
	49	对期望的绩效干预措施结果和活动进行排序	P-S08.1 对干预措施的预期结果进行排序	
	50	详细说明适合干预措施的绩效改进战术	P-S09.1 详细说明绩效改进策略	
	51	预测成功实施的障碍	P-D07.1 预测成功实施干预措施的障碍	计划制订能力
	52	根据干预措施需求制订实施计划	P-D08.1 制订干预措施实施计划	
	53	根据组织动态制订实施计划	P-D08.1 制订干预措施实施计划	
	54	根据预先指定的绩效目标制订评价计划	P-D10.1 制订干预措施评价计划	
	55	确定适合绩效改进活动的资源(如媒体、技术、设备、资金、人员)	P-D11.1 确定所需的资源(媒体、技术、设备、资金、人员)	成本-效用分析
	56	创建干预措施和实施计划	P-D12.1 设计新的干预措施; P-D08.1 制订干预措施实施计划	设计干预措施的能力
	57	识别和实施能够支持与维护干预措施的过程或系统	P-D13.1 识别绩效改进过程; P-D13.2 设计绩效系统	
	58	在开发干预措施之前回顾设计说明书	P-D14.1 具有在开发干预措施之前回顾设计说明书的意识	

流程阶段	序号	流程能力	使能目标	能力聚类
干预措施的设计与开发(P-D)	59	确定已有的干预措施是否满足绩效要求	P-D15.1 确定已有的干预措施是否满足绩效要求	开发干预措施的能力
	60	如果已经存在,则购买干预措施	P-D16.1 确定是否购买已有的干预措施	
	61	如果需要,调整或补充已购买的干预措施	P-D17.1 确定需要调整或补充已购买干预措施	
	62	根据设计说明书开发必要的干预措施	P-D18.1 根据设计说明书开发必要的干预措施	
	63	根据需要监控干预措施的开发活动	P-D19.1 监控干预措施开发活动	监控能力
	64	持续评价干预措施的开发	P-D20.1 持续评价干预措施的开发	评价能力
干预措施的实施与维护(P-I)	65	重新设计工作或参与组织再造计划以协助干预措施的实施	P-I01.1 具备设计/再设计工作的能力; P-I01.2 具有组织再造的能力	实施干预措施的能力
	66	解决在组织内实施干预措施时出现的问题	P-I02.1 具有问题解决能力	
	67	开发组织沟通材料用以说明某项干预措施的益处	P-I03.1 开发组织沟通材料的能力	
	68	设计或选择干预措施的范围以最好地满足由绩效分析所揭示的需求	P-I04.1 确定干预措施范围的能力	
	69	形成网络和联盟以帮助提升工作场所的绩效	P-I05.1 构建网络联盟的能力	
	70	开发或维护组织的结构以促成员工学习新技能和新知识	P-I06.1 创设新的学习机会的能力	
	71	跟踪和协调干预措施,以确保其实施的连贯性和与组织战略对齐	P-I07.1 持续评价干预措施的实施	评价能力
	72	回顾实施计划	P-I08.1 具有经常回顾实施计划的意识	计划制订能力

续表

流程阶段	序号	流程能力	使能目标	能力聚类
干预措施的实施与维护（P-I）	73	根据需要修改实施计划	P-I09.1 具有决策能力	领导能力
	74	与那些受干预措施影响的人传播相关的益处和风险	P-I10.1 具有领导能力	
	75	在为实施过程分配角色时，授予必要的权力和责任	P-I11.1 具有授权能力和意识	
	76	根据需要帮助实施绩效干预措施	P-I12.1 辅助实施干预措施	实施干预措施的能力
	77	监控实施活动	P-I13.1 监控干预措施实施活动	
干预措施的评价（P-E）	78	确定是什么构成了个人、组织和流程的成功	P-E01.1 了解组织的远景和目标；P-E01.2 了解组织的竞争优势	组织相关知识
	79	识别可能的评价标准和衡量标准	P-E02.1 了解各种评价标准	评价能力
	80	在干预措施实施之前和实施过程中对其进行持续评价和改进	P-I07.1 持续评价干预措施的实施	
	81	根据组织目标对成果进行评价	P-I07.1 持续评价干预措施的实施	
	82	使用投资回报、工作者的态度以及客户反馈等对绩效改进解决方案的价值进行评估	P-E05.1 评估干预措施的价值	
	83	为适当的人提供合适的绩效信息	P-I06.1 有效展示信息的能力	表现能力
	84	评估干预措施对组织文化的影响力	P-E07.1 了解组织文化的相关知识；P-E07.2 评估干预措施对文化的影响	组织相关知识、评价能力
	85	在实施评价活动之前回顾评价计划	P-E08.1 具有在实施评价活动之前回顾评价计划的意识	
	86	根据需要修改评价计划	P-I09.1 具有决策能力	领导能力

流程阶段	序号	流程能力	使能目标	能力聚类
干预措施的评价（P-E）	87	确定组织对社会的影响	P-E10.1 评价组织对社会的影响	评价能力
	88	确定预先设定的组织层面的绩效目标的达成	P-E11.1 评价组织层面的绩效目标的达成度	
	89	确定预先设定的团队绩效目标的达成	P-E12.1 评价团队层面的绩效目标的达成度	
	90	确定预先设定的个人绩效目标的达成	P-E13.1 评价个人层面的绩效目标的达成度	
	91	制定关于什么是必须改进的以维护所需的绩效的建议	P-E14.1 制定改进建议	计划制订能力
	92	制定关于什么是必须维护的以改进绩效的建议	P-E15.1 制定维护建议	
	93	制定关于什么是必须放弃的以改进绩效的建议	P-E16.1 制定放弃改进的建议	
	94	根据实施评价的结果为持续改进的修改过程提出建议	P-E17.1 制定持续改进的建议	
	95	进行验证性评价以确定某项绩效干预措施对组织的影响	P-E18.1 实施验证性评价；P-E18.2 评价干预措施对组织的影响	评价能力
	96	在设计或开发绩效干预措施期间进行形成性评价	P-E19.1 实施形成性评价	
	97	对某项绩效干预措施或绩效改进中的过程进行总结性评价	P-E20.1 实施总结性评价	
变革管理（P-C）	98	掌握变革的理论和变革模型	P-C01.1 掌握变革的理论和变革模型	组织变革相关知识和技能
	99	具备变革实施技能	P-C02.1 具备变革实施技能	
	100	具备变革推动技能	P-C03.1 具备变革推动技能	
	101	建立沟通渠道、关系网和联盟	P-C04.1 建立沟通渠道、关系网和联盟	
	102	了解团队的动态流程	P-C05.1 了解团队的动态流程	
	103	具备流程咨询技能	P-C06.1 具备流程咨询技能	
	104	具备指导技能	P-C07.1 具备指导技能	

流程阶段	序号	流程能力	使能目标	能力聚类
项目管理 （P-M）	105	掌握项目管理的工具和技术	P-M01.1 掌握项目管理的工具和技术	项目管理能力
	106	规划、管理和监控绩效改进项目	P-M02.1 规划、管理和监控绩效改进项目	
	107	制订行动计划，获取资源并对资源进行分配	P-M02.1 制订行动计划，获取资源并对资源进行分配	
	108	确保目标被转换成有效的行动	P-M03.1 确保目标被转换成有效的行动	
	109	有效地管理优先级冲突、资源匮乏和意见分歧并获得卓越的成果	P-M04.1 有效地管理优先级冲突、资源匮乏和意见分歧并获得卓越的成果	
	110	理解团队如何满足成员的需求和组织的目标	P-M05.1 了解组织行为学的相关知识	组织行为学相关知识
	111	识别和选择特定的组织外部资源的能力	P-M07.1 识别和选择特定的组织外部资源的能力	项目管理能力
	112	识别、选择和管理特定资源的技术规范	P-M08.1 了解特定资源的技术规范	
	113	监控进程以确保项目及时有效地完成	P-M09.1 了解项目管理的相关知识	
	114	制订项目的时间表和里程碑	P-M09.1 了解项目管理的相关知识； P-M10.1 了解时间管理的相关技巧； P-M10.2 具有成本意识	

从对上述"流程能力"对应的使能目标所做的分析可以看出，绩效技术知识涉及绩效分析、数据收集、干预措施相关知识、成本-效用分析、胜任力模型构建、动机理论、系统化设计能力、计划制订能力、设计干预措施的能力、开发干预措施的能力、监控能力、评价能力、实施干预措施的能力、领导能力、组织相关知识、表现能力、组织变革相关知识和技能、项目管理能力以及组织行为学相关知识等。经进一步聚类分析，数据收集和成本-效用分析可以归于绩效分析，系统化设计能力和设计干预措施的能力可以合并为系统化设计干预措施的能力，计划制订能力可以并入项目管理能力，监控能力和实施干预措施的能力可以合并为实施和监控干预措施的能力。

三、"干预措施"对应的使能目标聚类分析

"干预措施"对应的使能目标和能力聚类如表 8-5 所示。

表 8-5 "干预措施"对应的使能目标和能力聚类

序号	干预措施	使能目标	能力聚类
1	学习管理系统	I-N01.1 了解作为绩效技术干预措施的学习管理系统； I-N01.2 设计学习管理系统； I-N01.3 开发和实施学习管理系统	学习管理系统
2	行动学习	I-N02.1 了解作为绩效技术干预措施的行动学习； I-N02.2 设计行动学习方案； I-N02.3 开发和实施行动学习方案	行动学习
3	混合学习	I-N03.1 了解作为绩效技术干预措施的混合学习； I-N03.2 设计混合学习方案； I-N03.3 开发和实施混合学习方案	混合学习
4	课堂学习	I-N04.1 了解作为绩效技术干预措施的课堂学习； I-N04.2 设计课堂学习方案； I-N04.3 开发和实施课堂学习方案	课堂学习
5	远程/在线学习/E-Learning	I-N05.1 了解作为绩效技术干预措施的 E-Learning 系统； I-N05.2 设计 E-Learning 系统； I-N05.3 开发和实施 E-Learning 系统	E-Learning
6	绩效支持工具或工作帮助	I-N06.1 了解各种绩效支持工具； I-N06.2 了解工作帮助； I-N06.3 设计各种绩效支持工具； I-N06.4 设计工作帮助； I-N06.5 开发和实施各种绩效支持工具； I-N06.6 开发和实施工作帮助	绩效支持工具
7	电子绩效支持系统	I-N07.1 了解电子绩效支持系统； I-N07.2 设计电子绩效支持系统； I-N07.3 开发和实施电子绩效支持系统	电子绩效支持系统
8	文档和标准	I-N08.1 了解国家和国际的文档要求和标准； I-N08.2 设计符合要求的文档和标准的模板	文档和标准
9	专家系统	I-N09.1 了解专家系统； I-N09.2 设计专家系统； I-N09.3 开发和实施专家系统	专家系统
10	岗位分析	I-N10.1 了解岗位分析类各种绩效技术干预措施的特征； I-N10.2 进行岗位分析	工作设计
11	岗位设计和再设计	I-N11.1 了解岗位设计和再设计类各种绩效技术干预措施的特征； I-N11.2 制订岗位设计和再设计的详细方案	
12	岗位扩展/轮换/丰富化	I-N12.1 了解岗位分析类各种绩效技术干预措施的特征； I-N12.2 进行岗位分析	

续表

序号	干预措施	使能目标	能力聚类
13	工效学/人体工程学	IN13.1 了解人类工程学领域的各种绩效技术干预措施； I-N13.2 开发和实施人类工程学领域的各种绩效技术干预措施	工效学
14	安全工程和安全管理	I-N14.1 了解安全工程和安全管理领域的各种绩效技术干预措施； I-N14.2 开发和实施安全工程及安全管理领域的各种绩效技术干预措施	生产管理
15	绿色工作场所	I-N15.1 了解绿色工作场所相关领域的各种绩效技术干预措施； I-N15.2 开发和实施绿色工作场所相关领域的各种绩效技术干预措施	
16	全面质量管理	I-N16.1 了解全面质量管理领域的各种绩效技术干预措施； I-N16.2 开发和实施全面质量管理领域的各种绩效技术干预措施	
17	预防性维护	I-N17.1 了解预防性维护相关的各种绩效技术干预措施； I-N17.2 开发和实施预防性维护相关的各种绩效技术干预措施	
18	反馈	I-N18.1 了解预反馈领域的各种绩效技术干预措施； I-N18.2 开发和实施反馈领域的各种绩效技术干预措施	反馈系统
19	教练和指导	I-N19.1 了解与教练和指导相关的各种绩效技术干预措施； I-N19.2 开发和实施与教练和指导相关的各种绩效技术干预措施	教练和指导
20	多元智能	I-N20.1 了解多元智能相关的各种绩效技术干预措施； I-N20.2 开发和实施多元智能相关的各种绩效技术干预措施	多元智能
21	专业实践社区	I-N21.1 了解专业实践社区的相关知识； I-N21.2 开发和实施专业实践社区作为绩效技术干预措施	专业实践社区
22	员工选拔、配置、留用、晋升和退休	I-N22.1 了解员工选拔、配置、留用、晋升和退休相关的各种绩效技术干预措施； I-N22.2 开发和实施员工选拔、配置、留用、晋升和退休相关的各种绩效技术干预措施	人力资源管理
23	薪酬/福利	I-N23.1 了解薪酬/福利类绩效技术干预措施； I-N23.2 开发和实施薪酬/福利类绩效技术干预措施	
24	劳动力的多元化	I-N24.1 了解劳动力的多元化相关的内容； I-N24.2 开发和实施与多元化劳动力相关的各种绩效技术干预措施	
25	员工压力和保健	I-N25.1 了解员工压力和保健相关的各种绩效技术干预措施； I-N25.2 开发和实施员工压力和保健相关的各种绩效技术干预措施	
26	劳资关系	I-N26.1 了解劳资关系的相关知识； I-N26.2 开发和实施劳资关系类绩效技术干预措施	

序号	干预措施	使能目标	能力聚类
27	动机(激励和奖励)	I-N27.1 了解动机类(包含激励和奖励)绩效技术干预措施； I-N27.2 开发和实施动机类(包含激励和奖励)绩效技术干预措施	动机理论
28	绩效管理	I-N28.1 了解绩效管理的相关知识； I-N28.2 开发和实施绩效管理干预措施	绩效管理
29	关键绩效指标	I-N29.1 了解关键绩效指标的相关知识； I-N29.2 开发和实施关键绩效指标类干预措施	
30	360 度评估	I-N30.1 了解 360 度评估的相关知识； I-N30.2 开发和实施 360 度评估的绩效技术干预措施	绩效评价
31	胜任力建模和测评	I-N31.1 了解胜任力建模和测评的相关知识； I-N31.2 开发和实施胜任力建模和测评的绩效技术干预措施	胜任力建模
32	职业发展通道和继任规划	I-N32.1 了解职业发展通道和继任规划相关的各种绩效技术干预措施； I-N32.2 开发和实施职业发展通道和继任规划相关的各种绩效技术干预措施	职业生涯规划
33	管理能力和领导力发展	I-N33.1 了解管理能力和领导力发展相关的各种绩效技术干预措施； I-N33.2 开发和实施管理能力和领导力发展相关的各种绩效技术干预措施	领导能力
34	沟通网络	I-N34.1 了解沟通网络相关的各种绩效技术干预措施； I-N34.2 开发和实施沟通网络相关的各种绩效技术干预措施	组织沟通
35	信息系统	I-N35.1 了解作为绩效技术干预措施的信息系统； I-N35.2 设计信息系统； I-N35.3 开发和实施信息系统绩效技术干预措施	
36	建议和申诉系统	I-N36.1 了解作为绩效技术干预措施的建议和申诉系统； I-N36.2 设计建议和申诉系统； I-N36.3 开发和实施建议和申诉系统绩效技术干预措施	
37	社交媒体	I-N37.1 了解作为绩效干预措施的社交媒体； I-N37.2 开发和实施社交媒体绩效技术干预措施	
38	团队建设	I-N38.1 了解团队建设相关的各种绩效技术干预措施； I-N38.2 开发和实施团队建设相关的各种绩效技术干预措施	人际过程
39	过程咨询	I-N39.1 了解过程咨询相关的各种绩效技术干预措施； I-N39.2 开发和实施过程咨询相关的各种绩效技术干预措施	
40	第三方干预	I-N40.1 了解第三方绩效技术干预措施； I-N40.2 开发和实施第三方绩效技术干预措施	

续表

序号	干预措施	使能目标	能力聚类
41	问题解决	I-N41.1 了解各种问题解决类绩效技术干预措施； I-N41.2 具备问题解决能力； I-N41.3 开发和实施各种问题解决类绩效技术干预措施	组织设计
42	环境扫描与应对	I-N42.1 了解环境扫描与应对相关的各种绩效技术干预措施； I-N42.2 开发和实施环境扫描与应对相关的各种绩效技术干预措施	
43	标杆管理	I-N43.1 了解作为绩效技术干预措施的标杆管理； I-N43.2 开发和实施标杆管理类绩效技术干预措施	
44	平衡记分卡	I-N44.1 了解作为绩效技术干预措施的平衡记分卡； I-N44.2 开发和实施平衡记分卡绩效技术干预措施	绩效评价
45	国际化和本地化	I-N45.1 了解作为绩效技术干预措施的国际化和本地化策略； I-N45.2 开发和实施国际化和本地化策略相关的绩效技术干预措施	国际化和本地化
46	社会责任	I-N46.1 了解作为绩效技术干预措施的社会责任； I-N46.2 开发和实施社会责任绩效技术干预措施	社会责任
47	道德规范	I-N47.1 了解作为绩效技术干预措施的道德规范； I-N47.2 开发和实施道德规范相关的绩效技术干预措施	道德规范
48	决策制定	I-N48.1 了解作为绩效技术干预措施的决策制定； I-N48.2 开发和实施决策制定相关的绩效技术干预措施	组织设计
49	公开账簿管理	I-N49.1 了解作为绩效技术干预措施的公开账簿管理； I-N49.2 开发和实施公开账簿管理相关的绩效技术干预措施	
50	财务预测	I-N50.1 了解作为绩效技术干预措施的财务预测； I-N50.2 开发和实施财务预测相关的绩效技术干预措施	
51	资本的投入与支出	I-N51.1 了解作为绩效技术干预措施的资本的投入与支出； I-N51.2 开发和实施资本的投入与支出相关的绩效技术干预措施	财务系统
52	现金流分析与预测	I-N52.1 了解作为绩效技术干预措施的现金流分析与预测； I-N52.2 开发和实施现金流分析与预测相关的绩效技术干预措施	
53	整合的战略变革	I-N53.1 了解整合的战略变革相关的各种绩效技术干预措施； I-N53.2 开发和实施整合的战略变革相关的各种绩效技术干预措施	组织变革
54	组织设计	I-N54.1 了解组织设计相关的各种绩效技术干预措施； I-N54.2 开发和实施组织设计相关的绩效技术干预措施	组织设计
55	组织文化及其变革	I-N55.1 了解组织文化及其变革相关的各种绩效技术干预措施； I-N55.2 开发和实施组织文化及其变革相关的绩效技术干预措施	组织变革

续表

序号	干预措施	使能目标	能力聚类
56	自我设计组织	I-N56.1 了解自我设计组织相关的各种绩效技术干预措施； I-N56.2 开发和实施自我设计组织相关的绩效技术干预措施	组织设计
57	组织学习	I-N57.1 了解组织学习相关的各种绩效技术干预措施； I-N57.2 开发和实施组织学习相关的绩效技术干预措施	组织学习和知识管理
58	知识管理	I-N58.1 了解知识管理相关的各种绩效技术干预措施； I-N58.2 开发和实施知识管理相关的绩效技术干预措施	
59	变革型组织	I-N59.1 了解变革型组织相关的各种绩效技术干预措施； I-N59.2 开发和实施变革型组织相关的绩效技术干预措施	组织变革
60	合并与兼并	I-N60.1 了解合并与兼并相关的各种绩效技术干预措施； I-N60.2 开发和实施合并与兼并相关的绩效技术干预措施	组织再造
61	战略联盟	I-N61.1 了解战略联盟相关的各种绩效技术干预措施； I-N61.2 开发和实施战略联盟相关的绩效技术干预措施	
62	战略网络	I-N62.1 了解战略网络相关的各种绩效技术干预措施； I-N62.2 开发和实施战略网络相关的绩效技术干预措施	
63	组织规模削减	I-N63.1 了解组织规模削减相关的各种绩效技术干预措施； I-N63.2 开发和实施组织规模削减相关的绩效技术干预措施	组织再造
64	组织（业务）流程再造	I-N64.1 了解组织（业务）流程再造相关的各种绩效技术干预措施； I-N64.2 开发和实施组织（业务）流程再造相关的绩效技术干预措施	

从上述分析可以看出，"干预措施"对应的使能目标的能力聚类涉及学习管理系统、行动学习、混合学习、课堂学习、E-Learning、绩效支持工具、电子绩效支持系统、文档和标准、专家系统、工作设计、工效学、生产管理、反馈系统、教练和指导、多元智能、专业实践社区、人力资源管理、动机理论、绩效管理、绩效评价、胜任力建模、职业生涯规划、领导能力、组织沟通、人际过程、组织设计、绩效评价、国际化和本地化、社会责任、道德规范、组织设计、财务系统、组织变革、组织学习、知识管理和组织（流程）再造等。由于学习管理系统、课堂学习、E-Learning 作为独立的干预措施加以实施的情况越来越少，整体呈现混合学习趋势，因此我们可以将这些干预措施归类为整合的学习管理系统；虽然行动学习作为一种独特的方法有别于传统的培训和学习，但我们可以将其纳入整合的学习管理系统；根据 ASTD 的胜任力模型研究成果，我们可以通过实施和整合人才需求、员工发展、员工保留和各种发展程序，确保与组织的目标相对接进行整合的人才管理，把人力资源管理、职业生涯规划、多元智能、专业实践社区以及教练和指导合并为整合的人才管理；我们还能把绩效支持工具、电子绩效支持系统、文档和标准以及专家系统合并为绩效支持系统；至于绩效评价，我们则可以将其纳入"流程能力"使能目标聚类中的评价能力；等等。

第三节　绩效技术知识体系的构成

绩效技术要被视作一个生成知识的领域，需要具备以下三点：①了解要解决的问题的性质，即组织和个人的绩效改进问题；②拥有与解决绩效问题相关的科学原理，如系统论、心理学及自身积累的研究成果；③有应用这些科学原理来解决问题的操作程序，如培训系统设计模型等。① 方圆媛试图扩展刘美凤提出的教育技术知识，根据知识的不同用途，将绩效技术人才应有的知识分为原理性知识、操作性知识和理论基础三类②，但在具体划分时存在一些问题。例如，其对于理论基础和原理性知识的划分并没有详细说明，把各类绩效系统模型看作"分析（绩效评估）"所需的操作性知识，把数据的收集与分析等基础知识以及绩效改进相关领域的知识看成"理论基础"，等等，混淆了理论基础与实践领域。刘美凤对知识体系的划分——其既应当包括"怎么做"的操作性的理论知识，又应当包括操作性知识的理论依据（"为什么要这样做"的原理性的理论知识）——构成了本书绩效技术知识体系构建的基础。

一、绩效技术的操作性知识

（一）操作性知识的组织框架

操作层面的知识属于教育技术知识Ⅱ的范畴。③ 由于绩效技术在操作层面严格执行系统化的过程和明确界定的程序，因此拉姆勒从流程和操作层面入手，对绩效技术的知识体系进行研究，提出了绩效技术内容组织框架。要实现改善个人绩效的目标，必须通过"个人技能方面的改变""对个人在工作/绩效环境方面提供的支持""工作/绩效环境方面的改变"三个主要变量来实现这一目标。拉姆勒把绩效技术的一般流程（包括需求分析、干预措施的选择、干预措施的设计和传递、干预措施的实施及干预措施的评价）看作"变革过程"，并提出将上述三个变量与"变革过程"结合起来，就可以识别出与实现目标相关的技术或技术范畴。在此基础上，通过工作/任务分析、行为分析等方法识别出各技术领域的次级组成部分，最终得到"变革过程""可能的技术范畴""关联的研究领域"三个组成部分（图8-6）。拉姆勒第一次从变革过程的视角对绩效技术的相关领域进行了分析，该框架可以作为本领域的一个概念地图和操作性知识的组织框架，也可以被看作从流程视角对绩效技术知识进行总结的"先驱"。④

---

① 张祖忻：《绩效技术概论》，6页，上海，上海外语教育出版社，2005。
② 方圆媛：《美国高校绩效技术课程设置研究》，硕士学位论文，北京师范大学，2010。
③ 刘美凤：《教育技术学学科定位问题研究》，135页，北京，教育科学出版社，2006。
④ G. A. Rummler，"Technology Domains and NSPI: A Proposed Framework for Organizing the Professional Content of NSPI," *Performance & Instruction Journal*，1983(8)，pp. 32-36.

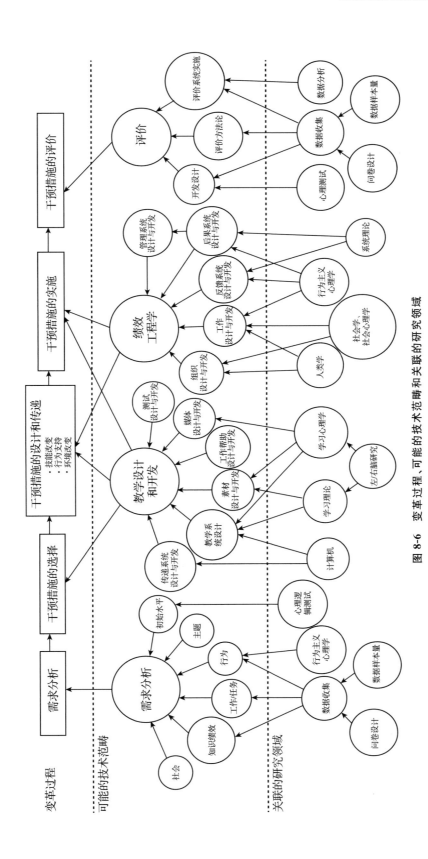

图 8-6　变革过程、可能的技术范畴和关联的研究领域

（二）本书对绩效技术操作性知识的组织

本部分研究受拉姆勒对绩效技术操作性知识及其相关领域探讨的启发，用前文所确定的绩效技术流程模型（图6-4）替换拉姆勒的"一般的变革过程"，形成绩效技术操作性知识的组织框架（图8-7）。这样就可以确定如下绩效技术的操作性知识。

①进行绩效分析（含需求评估和原因分析）的知识。

②选择干预措施的知识。

③设计和开发干预措施的知识。

④实施和维护干预措施的知识。

⑤评价干预措施的知识。

⑥对绩效技术进行项目管理的知识。

⑦对绩效技术进行变革管理的知识。

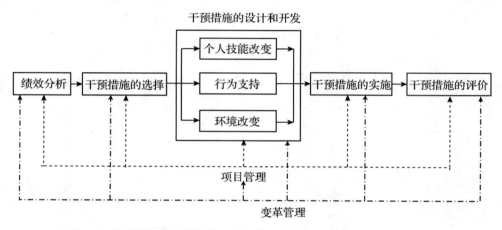

图8-7　本书界定的绩效技术流程与拉姆勒的"一般的变革过程"的组合

1. 进行绩效分析的知识

绩效分析包括需求评估和原因分析。需求评估评定组织中的绩效问题或机会，以明确绩效差距；原因分析则对造成绩效差距的原因进行探究。范•提姆等人把绩效分析进一步分为组织分析、环境分析、差距分析和原因分析四个步骤。[①] 在具体开展绩效分析时，首先，分析者需要明确绩效改进的动因——是组织内部出现了绩效问题，还是市场引发了新的机遇，以确定绩效改进方案的范围。其次，分析者需要确定利益相关者并获得他们的参与，包括客户和与绩效改进有关的关键人物，如从作为支持者的高层人士到能提供关键信息的一线员工，并使他们参与绩效改进。只有争取到组织内部大多数人的参与，绩效分析才能收集到最翔实的数据。再次，分析者需要利用文献调研、访谈、问卷等各种手段，获取组织的最优绩效要求和当前的绩效状况，并进行量化，找出绩效差距，明确改进目标。最后，分析者需要利用或开发合适的绩效模型，以之作为识别影响

---

① D. M. van Tiem，J. L. Moseley & J. C. Dessinger，*Fundamentals of Performance Improvement*：*Optimizing Results Through People，Process，and Organizations*，San Francisco，Pfeiffer，2012，p. 124.

组织绩效的多种因素或变量的框架，判断导致绩效不佳的原因。[1]

进行绩效分析的时候，一般会采用相应的模型作为辅助。吉尔伯特的行为工程模型、哈里斯的前端分析模型及马杰和派普的绩效分析流程图都是绩效分析阶段最常采用的模型。哈里斯的模型以及马杰和派普的模型采用了流程图的形式，引导绩效技术专业人员一步步开展分析工作，它们所包含的是进行绩效分析的操作性知识；而吉尔伯特的行为工程模型则和拉姆勒的九变量模型一样，是被用以指导绩效分析的模型，即指明要分析什么和为什么要分析它们，属于原理性知识。

2. 选择干预措施的知识

干预措施的选择是绩效分析不可或缺的一部分。[2] 只有了解了干预措施的种类及其特点，才能针对绩效问题找出最合适、最经济、最及时的解决方案。[3] 绩效技术领域的专家普遍认为，对于绩效技术的专业技能领域和干预措施的掌握以及对这些干预措施的整合是区别绩效技术专业人员和其他组织绩效改进领域的专业人员的重要因素。[4] 干预措施的选择的基本工作包括"原因-干预匹配""选择合适的干预措施""交流干预方案要求"三个方面。[5]

罗杰·安德森（Roger M. Addison）等人提出的原因-干预措施匹配模型——"绩效地图"[6] 和范·提姆等人提出的"干预措施选择流程"[7] 属于该部分的操作性知识。由于个人和组织的绩效问题非常复杂，一件事情发生了，其原因不一定能被追溯到，一个结果可能由数个原因导致，一个原因也可能导致数个结果。绩效分析者如果过分地热衷于寻找事情发生的原因，可能会忽略事情的复杂性、动态性和无逻辑性。[8] 因此，绩效技术的系统方法不应该仅限于一般系统论，而应该进一步扩展到复杂系统论和混沌理论等范畴。

选择干预措施的知识本身是操作性知识，但为了完成干预措施的选择，绩效分析者还需要了解干预措施的种类及其特点等方面的知识，严格来说，这些知识不应该归于操作性知识，而应该归于对选择干预措施起支持作用的知识。

3. 设计与开发干预措施的知识

设计与开发干预措施阶段包括筛选出可行的干预措施，根据"最佳成本效益比"的判断原则，组合成干预方案，并组织或监控开发相关的干预措施，最终综合形成整体干预方案。这些过程所涉及的知识基本上都是操作性知识。但是，关于各种干预措施自身的

① 刘美凤、方圆媛：《绩效改进》，20 页，北京，北京大学出版社，2011。

② ［美］达琳·M. 范·提姆、詹姆斯·L. 莫斯利、琼·C. 迪辛格：《绩效改进基础：人员、流程和组织的优化》，易虹、姚苏阳译，181 页，北京，中信出版社，2013。

③ 张祖忻：《绩效技术概论》，113 页，上海，上海外语教育出版社，2005。

④ C. S. Hutchison，F. Stein & J. R. Carleton，"Potential Strategies and Tactics for Organizational Performance Improvement，" *Performance & Improvement*，1996(3)，pp. 6-9；H. D. Stolovitch & E. J. Keeps，*Handbook of Human Performance Technology：Improving Individual and Organizational Performance Worldwide*，San Francisco，Jossey-Bass，1999，pp. 651-697.

⑤ 刘美凤、方圆媛：《绩效改进》，265 页，北京，北京大学出版社，2011。

⑥ J. A. Pershing，*Handbook of Human Performance Technology：Principles，Practices，and Potential*，San Francisco，Pfeiffer，2006，pp. 35-54.

⑦ D. M. van Tiem，J. L. Moseley & J. C. Dessinger，*Fundamentals of Performance Improvement：Optimizing Results Through People，Process，and Organizations*，San Francisco，Pfeiffer，2012，pp. 200-211.

⑧ 陈向明：《质的研究方法与社会科学研究》，78 页，北京，教育科学出版社，2000。

相关知识，则是包含在选择干预措施阶段中的原理性知识。

4. 实施和维护干预措施的知识

许多学者把干预措施的实施看成变革管理的过程，因此，按照变革管理的过程（包括前期准备、变革实施与效果评估），实施和维护干预措施也主要涉及操作性知识；而变革相关的理论，如勒温的变革理论等则属于原理性知识。

5. 评价干预措施的知识

在这一阶段遵循干预措施评价的过程（包括早期、中期、结论和后续四个阶段）是主要的操作性知识。另外，具体的评价方法，如柯氏四级及由此发展而来的菲利普斯五级投资回报率评价法、360 度评估和平衡计分卡等都属于干预措施评价阶段的操作性知识；而有关形成性评价、总结性评价、确证性评价和元评价相关的知识则属于原理性知识。

6. 对绩效技术进行项目管理的知识

对绩效改进项目进行管理，包括资源和任务分配、关键里程碑的制定等，构成了这一阶段的操作性知识。虽然绩效改进的项目管理与一般的项目管理不存在本质上的差别，但项目管理的操作性知识仍然是绩效技术知识体系的重要构成部分。

7. 对绩效技术进行变革管理的知识

绩效技术的目的是变革。无论开发并推出新的服务和产品，还是重整和挽救滞销的产品或服务，变革随时都会发生，变革是绩效改进工作的核心。因此，变革管理贯穿绩效改进工作的始终，包括变革实施的影响因素——变革自身的因素（干预方案自身的一些特点）、变革利益相关者的因素和组织系统的因素，也包括变革管理的理论、模型、方法与策略[1]及变革管理的过程[2]。其中，变革管理的过程及反映变革管理过程的流程模型，如科特的八步变革模型[3]、勒温的三步骤模型[4]、对勒温模型进行扩展的吉尔吉斯的变革的一般步骤[5]，以及罗斯韦尔等总结的强制的方法、说服的方法和标准的再教育方法[6]等，构成了变革管理的操作性知识；而变革管理的理论（系统思维和开放系统理论、混沌和复杂性理论、变革理论、传播/沟通理论、动机理论等）及影响变革管理的因素[7]，则是指导变革管理过程的原理性知识。

二、绩效技术的原理性知识

原理性知识被界定为"为什么要这样做"的知识，是操作性知识的理论依据。教育技

① 梁林梅：《教育技术学视野中的绩效技术研究》，83～94 页，武汉，华中师范大学出版社，2009。

② 刘美凤、方圆媛：《绩效改进》，187～194 页，北京，北京大学出版社，2011。

③ ［美］约翰·科特：《变革》，罗立彬、翟润梅、李猛译，22～23 页，北京，机械工业出版社，2005。

④ ［美］达琳·M. 范·提姆、詹姆斯·L. 莫斯利、琼·C. 迪辛格：《绩效改进基础：人员、流程和组织的优化》，易虹、姚苏阳译，62～81 页，北京，中信出版社，2013。

⑤ 梁林梅：《教育技术学视野中的绩效技术研究》，88～89 页，武汉，华中师范大学出版社，2009。

⑥ W. J. Rothwell, C. K. Hohne & S. B. King, *Human Performance Improvement*：*Building Practitioner Competence*, Burlington, Butterworth-Heinemann, 2007, pp. 126-134.

⑦ 刘美凤、方圆媛：《绩效改进》，219～253 页，北京，北京大学出版社，2011。

术学领域主要把教育技术知识Ⅰ看作原理性知识。基于行动研究的系统方法和形成性研究方法的应用模型、实施程序或操作步骤等①（教育技术知识Ⅲ）却没有引起重视。系统理论的作用表现为两个方面：一方面，它提供了一套认识世界的方法，使我们看到企业组织与社会环境的相互作用，透视企业组织内部各层次的脉络与构成，剖析出影响各层次、各要素功能的因素，找到一系列的因果关系；另一方面，它为解决绩效问题提供了一种系统方法，即分析、设计、开发、实施和评价的过程。② 其中，作为"一套认识世界的方法"的系统方法/系统理论，主要是原理性知识；而基于此形成的"应用模型、实施程序或操作步骤等"知识主要是操作性知识，但是，应用模型所包含的起指导作用的知识，如绩效系统模型，则应被归于原理性知识。

因此，绩效技术的原理性知识包含绩效技术的理论基础、绩效技术的基本假设和基本原则、所依据或转化和应用的相关科学知识和经验（包含干预措施和专业技能领域相关的知识）、绩效技术领域经过研究和积累而形成的应用模型（如吉尔伯特的行为工程模型、拉姆勒的九变量模型等），以及与绩效技术相关的道德规范。

（一）绩效技术的理论基础

对于每一个实践领域的发展来说，界定知识基础都是至关重要的，对于绩效技术领域来说也同样处于核心地位。③ 绩效技术从许多其他应用领域和学术学科汲取营养，从而形成自己独特的知识体系和方法，具有典型的跨学科特性。④ 对于支撑绩效技术实践的理论基础，学界尚未形成一致的看法。对于绝大多数系统及其子系统来说，成功的绩效改进战略往往需要多方面的综合干预，而最好的绩效改进理论往往来自多个核心学科。绩效技术建基于其上的一系列理论，也被其他的学科共享。任何一个学术或实践领域总会存在一些对立的观点，对不同观点的重要性和差异性也会存在激烈的争论，指出差异固然重要，但是找到共识更为重要。⑤ 安妮·马雷利（Anne F. Marrelli）指出，任何科学和专业的核心都是对关键概念、原理和理论的共同理解，并通过模型和方法把它们应用到实践中。⑥

罗森伯格等人通过《人力绩效技术手册》强化了绩效技术起源于程序教学和教学系统设计的观点，并得到了大多数学者的支持。卡尔·宾德（Carl Binder）则将其引申到更基础的行为主义心理学。他指出，从技术上说，行为主义心理学是行为分析的普遍衍生物，是由斯金纳发明的研究行为的自然科学方法发展来的，该方法加快了程序教学和教学系

① 刘美凤：《教育技术学学科定位问题研究》，140 页，北京，教育科学出版社，2006。
② 张祖忻：《绩效技术概论》，9～10 页，上海，上海外语教育出版社，2005。
③ D. M. Brethower, "Specifying a human performance technology Knowledgebase," *Performance Improvement Quarterly*, 1995(2), pp. 17-39.
④ J. A. Pershing, Ji-Eun Lee & J. Cheng, "Current Status, Future Trends, and Issues in Human Performance Technology, Part 2: Models, Influential Disciplines, and Research and Development," *Performance Improvement*, 2008(2), pp. 7-15.
⑤ R. A. Swanson & E. F. Holton Ⅲ, *Fundations of Human Resource Development (Second Edition)*, San Francisco, CA, Berrett-Loehler Publishers, Inc., 2009, p. 16.
⑥ A. F. Marrelli, "A Universal Performance Model for Human Performance Technology: The Time Has Come," *Performance Improvement*, 2011(9), pp. 6-12.

统设计的到来，而程序教学和教学系统设计又发展为绩效技术。① 绩效技术领域大部分早期的关键开拓者都有着深厚的教学系统设计根源②，程序教学则是绩效技术领域的第一个主要应用③。

对理论基础和实践领域的探索一直贯穿绩效技术的发展过程中。富山和穆勒等人认为，绩效技术是一个应用领域而不是一门学科，因为它的理论往往是通过对来自相关领域和基础学科的模型进行综合而发展起来的。④ 许多学者也试图鉴别出与绩效技术相关的领域和学科，其中，理查德·斯旺森提出了著名的"三脚凳理论"，将其作为绩效技术的理论基础；盖雅斯基用"绩效技术之树"对绩效技术的理论基础和实践领域进行了可视化⑤；其他国内外学者也对绩效技术的理论基础和应用领域进行了探讨。

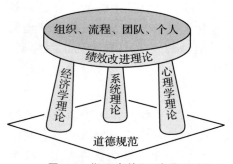

图 8-8　斯旺森的"三脚凳理论"

1. 斯旺森的"三脚凳理论"

斯旺森是著名的人力资源开发专家和绩效分析专家，是绩效技术的先驱之一。⑥ 他把经济学理论、心理学理论和系统理论相结合，形成了指导绩效技术实践的理论基础。这三种理论可以被形象地比喻为一个"三脚凳"（图 8-8）。这个凳子的三条"腿"为在复杂多变的条件下进行绩效改进提供了很大的稳定性。⑦ 具体包括如下内容。

首先是经济学理论。斯旺森把经济学理论看作组织的第一推动力和持续推动力。由于绩效改进大多发生在作为经济实体存在的组织中，经济学理论对于理解绩效改进就显得至关重要。任何组织，无论营利性的还是非营利性的，都必须合理使用资源，都必须关注人力资本的影响，因此稀缺资源理论、可持续资源理论和人力资本理论可以很好地被应用于绩效改进实践，而管理理论和方法则被看作经济学理论的扩展。

---

① C. Binder，"Promoting HPT Innovation：A Return to Our Natural Science Roots，"*Performance Improvement Quarterly*，1995(2)，pp. 95-113.

② E. Biech，*ASTD Handbook for Workplace Learning Professionals*，Alexandria，ASTD Press，2008，pp. 33-46.

③ R. M. Addison ＆ D. T. Tosti，"Two Views of ISPI and the Future of Performance Improvement，"*Performance Improvement Quarterly*，2012（1），pp. 23-26；Harold D. Stolovitch ＆ Erica J. Keeps，*Handbook of Human Performance Technology：A Comprehensive Guide for Analyzing and Solving Performance Problems in Organizations*，San Francisco，Jossey-Bass，1992，pp. 701-714.

④ H. D. Stolovitch ＆ E. J. Keeps，*Handbook of Human Performance Technology：Improving Individual and Organizational Performance Worldwide*，San Francisco，Jossey-Bass，1999，pp. 895-915.

⑤ D. M. Gayeski，"Changing Roles and Professional Challenges for Human Performance Technology"，*Performance Improvement Quarterly*，1995，8(2)，pp. 6-16.

⑥ L. Gillespie，"Book Review of Performance Improvement Pathfinders：Models for Organizational Learning Systems，"*Performance Improvement*，1998(3)，pp. 40-41，44.

⑦ R. A. Swanson，"Human Resource Development：Performance Is the Key，"*Human Resource Development Quarterly*，1995(2)，pp. 207-213.

其次是心理学理论。心理学理论把人看作不同文化和行为与生产率之间的中介。因为绩效改进是在组织中进行的,组织是由人创建、经营和更新的,所以组织绩效改进的工作必然受制于人的心理活动。因此,必须把心理学作为重要的理论基础。斯旺森把包括学习理论、人类动机理论、信息处理理论、群体动力理论以及以心理学为基础的组织行为与决策理论,都统括在心理学旗帜下,并把建构主义和情境认知等看作心理学理论派生出来的有实用价值的分支。[1]

再次是系统理论。绩效改进发生在由系统和子系统构成的组织中,而这些系统和子系统又存在于一个不断变化的更大的环境系统中,因此,系统理论理所当然就成为绩效改进的一个核心理论基础。系统理论能够帮助识别组织的目的、构成要素及其相互关系,从而可以发挥强化或抑制系统及其子系统的作用。其主要贡献还在于让我们重视以下问题:对一个涉及广泛的大系统的割裂会对绩效产生不利影响,如不能清晰地确定组织所需要的产出、没有系统地界定绩效改进的流程等。一般系统理论、混沌理论和未来理论三个典型的系统论观点被应用于绩效技术领域是很合适的。斯旺森把各种工程技术的理论和方法看作系统理论具有实用价值的派生物,对于我们应该从哪些层面识别绩效技术的理论基础很有启发意义。

最后是道德规范。随着经济全球化和自由市场经济的快速发展,这些理论基础必须被置于一条道德规范的"地毯"上,道德规范在此发挥着过滤器的作用。[2] 因此,三大基础理论是整个绩效改进的核心理论,而道德规范则起着非常重要的调控作用。[3] 但道德规范应该是绩效技术自身知识体系的一部分,而不应该作为其理论基础。

2. 盖雅斯基的"绩效技术之树"

盖雅斯基通过著名的"绩效技术之树"(图 8-9)探讨了绩效技术的理论基础。[4] 她指出,这棵"树"的"根"是绩效技术的理论基础,包括传播学、系统理论和应用心理学。同斯旺森一样,盖雅斯基也把系统理论和心理学作为绩效技术的理论基础。不同的是,她只把心理学限定在应用心理学上。"绩效技术之树"对绩效技术知识体系的另一个重要贡献是明确区分了理论基础(根)和实践领域(枝叶),更有利于清晰地梳理绩效技术知识体系。

3. 国内外其他学者对绩效技术理论基础的探讨

罗森伯格等人在《人力绩效技术手册》中清晰地识别出了几个主要的影响因素——系统方法、学习心理学、教学系统设计、分析系统、认知工程、信息技术、经济学和人类

---

① [美]理查德·A.斯旺森:《绩效分析与改进(第 2 版)》,孙仪、杨生斌译,18~20 页,北京,中国人民大学出版社,2010。

② R. A. Swanson, "The foundations of Performance Improvement and Implications for Practice," in R. Torraco, *The Theory and Practice of Performance Improvement*, San Francisco, Berrett-Koehler, 1999, pp. 1-25.

③ [美]理查德·A.斯旺森:《绩效分析与改进(第 2 版)》,孙仪、杨生斌译,16 页,北京,中国人民大学出版社,2010。

④ D. M. Gayeski, "Frontiers for Human Performance Technology in Contemporary Organizations," in H. D. Stolovitch & E. J. Keeps ed., *Handbook of Human Performance Technology* (*Second Edition*): *Improving Individual and Organizational Performance Worldwide*, San Francisco, Jossey-Bass/Pfeiffer, 1999, pp. 936-949.

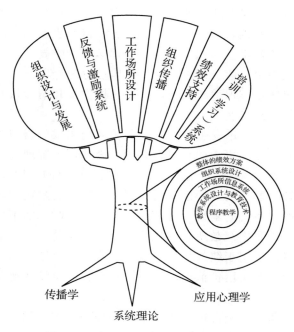

整体的绩效方案
组织系统设计
工作场所信息系统
教学系统设计与教育技术
程序教学

传播学　　　　　　应用心理学
系统理论

图 8-9　绩效技术之树

工效学、心理测量、反馈系统、组织发展与变革以及干预系统。① 国内学者对于绩效技术理论基础的探讨主要受罗森伯格等人的影响。张祖忻讨论了系统理论的两个方面的主要作用。在此基础上，他着重强调了学习心理学（尤其是绩效技术所深深扎根于其中的行为主义学习理论）和经济学（特别是关于人力和智力资本方面的经济学理论），把它们看作绩效技术的理论基础。他还指出，组织发展与变革、认知工程、工效学和心理测量学等方面的研究也为绩效技术提供了理论与方法。从历史的角度来看，绩效技术主要起源于程序教学和之后的教学系统设计。此后，认知科学、信息技术、组织发展、变革理论与实践等又将绩效技术的研究推向深入。② 詹姆斯·珀欣（James A. Pershing）等人进行调查后发现，对绩效技术领域最有影响的是系统理论、信息技术和认知科学。③

　　吉雷和梅楚尼奇把绩效技术看作人力资源开发的一个主要的专业实践领域，并从人力资源开发包含组织学习和变革的角度出发，认为应该在斯旺森的"三脚凳理论"的基础上增加学习理论、变革理论和组织理论，以构成人力资源开发的完整基础。④ 学习理论普遍被当作心理学的一部分；对于组织理论的忽略，是绩效技术理论基础探讨中表现出来的缺陷之一。把组织视为"开放系统"，只是一种视角。理查德·斯科特（W. Richard

　　① H. D. Stolovitch & E. J. Keeps，*Handbook of Human Performance Technology：Improving Individual and Organizational Performance Worldwide*，San Francisco，Jossey-Bass，1999，pp. 24-46.

　　② 张祖忻：《绩效技术概论》，48～52 页，上海，上海外语教育出版社，2005。

　　③ J. A. Pershing，Ji-Eun Lee & J. Cheng，"Current Status，Future Trends，and Issues in Human Performance Technology，Part 2：Models，Influential Disciplines，and Research and Development，" *Performance Improvement*，2008(2)，pp. 7-15.

　　④ ［美］杰里·W. 吉雷、安·梅楚尼奇：《组织学习、绩效与变革——战略人力资源开发导论》，康青译，76 页，北京，中国人民大学出版社，2005。

Scott)等人从理性、自然和开放系统三个视角对组织理论进行了阐释，对于不仅关注个人、团队/流程，更关注组织乃至更大的社区或整个社会的绩效，具有更广泛的意义。①

刘美凤和方圆媛把系统理论与方法看作绩效技术的第一个重要理论基础。绩效技术把组织当作一个系统、一个整体，通过对组织进行整体把握，探讨组织与外部环境的关系，探索组织内部影响绩效的各种因素及其关系，从中发现规律和解决问题的程序与方法；从分析到设计和开发，再到实施和评价，绩效技术本身也是一个系统的，各个环节相互联系、相互影响、相互作用的过程。因此，遵循系统方法是绩效改进的首要原则，绩效技术专业人才首先需要掌握系统理论与方法。由于追求最佳成本-效用结果是绩效技术最重要的原则之一，合理的薪酬制度也是保证员工动机的重要动因，因此经济学是绩效技术的第二个重要理论基础。所有绩效改进项目的开展都离不开对科学有效的管理，因此管理学是绩效技术的第三个重要理论基础。由于组织最重要的资源和最重要的客户都是人，无论"客户至上"原则，还是最大限度地发挥组织中人的潜力，对组织绩效的改进来说都是至关重要的，因此心理学，特别是应用心理学，成为绩效技术的第四个重要理论基础。② 梁林梅把管理理论看作绩效技术的重要理论基础，认为系统理论和方法奠定了绩效技术的方法论根基，是绩效技术的核心和灵魂；而心理学，特别是学习心理学和工业心理学，也是绩效技术的重要理论基础。③

刘美凤等人还指出，从绩效问题原因与干预措施的匹配来看，引发绩效问题的原因和干预措施相关的领域知识都是绩效技术专业人员需要了解甚至掌握的。由于导致组织绩效问题的原因大约有80%在于组织环境，因此组织发展、组织的设计与开发、组织文化、组织的激励机制、组织的物理环境、人体工学、信息技术等，对设计与开发适合改进绩效的组织环境干预方案必不可少。另外，员工知识技能的缺乏是造成组织绩效问题的重要原因。因此，学习心理学、教育技术、教学系统设计理论对系统设计培训、开发工作帮助、设计绩效支持系统等有很好的借鉴作用。员工动机问题也是造成绩效问题的重要原因，因此，动机理论和归因理论等是设计激发员工动机的干预措施所需要的。④ 梁林梅进一步探讨了技术进步(尤其是当代信息技术的迅猛发展)是绩效技术发展与变革的杠杆和强大动力，并把教育技术看成孕育绩效技术的摇篮。⑤

虽然作为一个快速发展的多学科应用领域，绩效技术从几乎与人的绩效相关的所有学科领域汲取养分，我们不可能确切地划分出哪些学科领域应该成为绩效技术的理论基础，但是区分出关键的理论基础，如系统理论、心理学理论、经济学理论、管理理论等，是构建绩效技术知识体系和课程体系的基础。

(二)绩效技术的基本假设和基本原则

绩效技术领域的先驱经过几十年的探索和积累，初步总结出绩效技术的基本假设和

---

① ［美］W. 理查德·斯科特、杰拉尔德·F. 戴维斯：《组织理论：理性、自然与开放系统的视角》，高俊山译，30～37页，北京，中国人民大学出版社，2011。

② 刘美凤、方圆媛：《绩效改进》，315～316页，北京，北京大学出版社，2011。

③ 梁林梅：《教育技术学视野中的绩效技术研究》，38～42页，武汉，华中师范大学出版社，2009。

④ 刘美凤、方圆媛：《绩效改进》，316页，北京，北京大学出版社，2011。

⑤ 梁林梅：《教育技术学视野中的绩效技术研究》，38～42页，武汉，华中师范大学出版社，2009。

基本原则，并在领域内达成共识。这些基本假设和原则成为理解绩效技术的基础，也是将本领域的专业人员凝聚在一起的共同信念和价值观，在一定程度上反映了绩效技术区别于其他专业领域的根本特征，为实践人员提供了解决问题的基本原则和指南。[1]

1. 吉尔伯特的"悠闲法则"

吉尔伯特在其著作《人的能力：获取有价值的绩效》中提出了著名的悠闲法则（表8-6）。基于这些悠闲法则，吉尔伯特创立了绩效技术领域的许多概念框架，如有价值的绩效（worthy performance）、绩效改进潜力（potential for improving performance，PIP）、行为工程模型和绩效矩阵（performance matrix）等。[2] 悠闲法则成为理解吉尔伯特绩效技术思想的基础。

表 8-6　吉尔伯特的悠闲法则汇总

悠闲法则	别名	内涵	影响
第一悠闲法则	价值法则（worthy theorem）	人的能力是有价值的绩效的函数；而有价值的绩效又是有价值的成就与有代价的行为的比率的函数	是创生人的能力系统的关键，其他悠闲法则都是从它派生出来的
第二悠闲法则	测量法则（measurement theorem）	一般来说，人的能力与绩效改进潜力成反比；绩效改进潜力则是模范绩效* 与典型绩效** 的比率。有意思的是，这个比率必须被表述为可识别的成就，因为不存在"能力的一般质量"	绩效改进潜力；有价值的绩效的三种主要需求——质量、数量（或产量）和成本
第三悠闲法则	管理法则（management theorem）	对于任何给定的成果，绩效方面的缺陷的直接原因总是表现为行为储备方面的缺陷或者支持行为储备的环境方面的缺陷，或者两者兼具，但是我们将发现最终的原因是管理系统方面的缺陷	行为工程模型
第四悠闲法则	层级法则（hierarchy theorem）	我们可以从不同的层次审视人的成果，我们在每个层次上赋予这些成果的价值源于它们的更高层次	审视人的成果的6个一般层次；绩效工程模型（performance engineering model，PEM）

* 模范绩效（Exemplary Performance，W_{ex}）是历史上最好的绩效事例。

** 典型绩效（Typical Performance，W_t）是当前的实际绩效。

首先是第一悠闲法则——价值法则。吉尔伯特的第一悠闲法则包含了有价值的绩效这一概念，是创生人的能力系统的关键，其他悠闲法则都是从它派生出来的。第一悠闲

---

① 梁林梅：《教育技术学视野中的绩效技术研究》，53页，武汉，华中师范大学出版社，2009。

② T. F. Gilbert，*Human Competence：Engineering Worthy Performance*，San Francisco，Pfeiffer，2007，pp. 18-19.

法则揭示了以下几个方面的内容。①

①要实现人的能力，就要在提高人所获成果的价值的同时减少（实现这些价值时）付出的努力。能力的真正价值源自成就，而非行为。

②取得绩效需要付出努力、广博的知识和强烈的动机。如果没有至少与这些付出相当（相等）的成就，那么取得的绩效就是没有价值的。反过来说，劳动、知识和动机应该被明智、适当地使用。

③如果取得巨大成就所需人的行为的花费同样巨大，这样的成就是不值得的。

④投资于减少（达成）绩效所需行为上的金钱、能量或时间，能够获得丰厚的回报。我们可以看到，这些努力能够在使分母（行为）变小的同时使分子（成就）变大，因此可以获得更多回报；我们也可以看到，在行为需求方面的增加通常会降低成就的单位价值。

⑤对人的行为（努力、知识或动机）进行奖赏的系统是鼓励无能的系统。只对人的成就而不是对他们绩效的净价值进行奖赏的系统是不完善的系统，这样的系统不能成功认识到人的能力。如果这样的系统被管理者用于工作场所或者被教师用于学校环境，将导致其他人的努力被浪费。

⑥人力资本只有在我们直接对人的能力进行测量和做出反应时，才能通过有价值的绩效最好地获得。人的能力基于公开的绩效，而非隐藏的行为。

其次是第二悠闲法则——测量法则。吉尔伯特的第二悠闲法则与如何测量绩效有关，这条法则表明个人或团队的绩效改进潜力越小，其潜在竞争力越大。绩效改进潜力是一个概念工具，提供了对改进绩效的潜在机会进行比较的基础。一般情况下，绩效改进潜力越小，改进绩效的可能性越小。当然，绩效改进潜力的大小并不能指明这一潜力的经济价值如何。重要的是，绩效改进潜力作为一个概念化的测量单位，为个人或团队指明了获得机会的方向。

再次是第三悠闲法则——管理法则。如果只有第一悠闲法则和第二悠闲法则，就会出现"世界上最棒的建桥团队以最高的效率和最好的质量把大桥架到错误的河上"的问题，因此吉尔伯特又提出了第三悠闲法则。

吉尔伯特指出，人的行为储备（P）是个人特征的一部分，这些储备将被带到工作中，而整体行为（B）的另外一个基本组成部分是环境支持（E）。因此，在某个成果（A）上花费的整体行为（B）的成本就是行为储备（P）和环境支持（E）之和（$B=P+E$）。也就是说，整体行为（B）至少在两个方面对成果（A）产生影响，如果我们将有价值的绩效用"W"表示，那么第三悠闲法则可以表述为：

$$W=\frac{A}{B}=\frac{A}{P+E}$$

这样一来，对于任何事件，我们都会发现问题出在个人的行为储备或环境支持的缺陷上。而从管理者的视角来看，这两个方面的缺陷最终都是由管理导致的。因此，吉尔伯特的第三悠闲法则又称为管理法则。吉尔伯特的第三悠闲法则为我们识别出一条普遍的途径，指出为了发现能力和非能力的原因我们必须观察哪些地方，这把我们推上了构

① T. F. Gilbert, *Human Competence: Engineering Worthy Performance*, San Francisco, Pfeiffer, 2007, pp. 18-19.

建行为工程模型之路。但是，行为工程模型不是用来寻找对行为的科学解释的，只是有顺序地指导一个工程师必须问的问题。[①]

吉尔伯特的行为工程模型是绩效技术领域最有影响、最常使用的模型之一。[②] 表8-7中的 S^D，R 和 S_r 是组成"行为"的三个方面：①信息到达并告知做什么（S^D）；②个体以某种方式做出反应（R）；③对刺激做出反应的行为变成强化刺激（S_r）。

上述"行为"的三个方面与个人行为储备（P）和环境支持（E）进行组合，便产生了吉尔伯特的行为工程模型；而①数据、②资源、③激励、④知识、⑤能力和⑥动机则表示了诊断行为缺陷的顺序。

表 8-7　吉尔伯特的行为工程模型

	S^D 信息	R 工具	S_r 动机
环境支持（E）	数据： 关于适当绩效的相关及经常性反馈； 对期望绩效的描述； 对适当绩效清晰而相关的指导	资源： 科学设计的，满足人类工效学要求的各类工具与资源	激励： 适当的经济激励； 非经济激励； 职业发展机遇
个人行为储备（P）	知识： 满足榜样绩效要求、系统设计的培训； 特定工作任务提出的知识要求	能力： 灵活性； 假肢； 身体条件； 适应性； 选择	动机： 工作动机评估； 选择与工作性质相适合的人员

最后是第四悠闲法则——层级法则。行为工程模型明确了个人行为储备（P）和支持环境（E）与信息（S^D）、工具（R）、动机（S_r）3个"行为"组成部分相结合，从不同的方面对行为进行分析，以找到产生绩效缺陷的原因。但是，在讨论价值和成果时需要有一个系统来整理我们所持观点的层级，因为从不同的层次审视绩效，反映出"内部价值体系"的不一致。基于此，吉尔伯特提出第四悠闲法则，即"一个成果在一个层次上可能对能力是有贡献的，而在另一个层次上可能没有贡献；如果在某个层次上的价值与处于更高层次的价值不一致，那么其能力将不起作用"[③]。因此，吉尔伯特的第四悠闲法则也被称为层级法则。

吉尔伯特提出了审视人的成果的6个层面：哲学层面、文化层面、政策层面、战略层

---

① T. F. Gilbert, *Human Competence：Engineering Worthy Performance*, San Francisco, Pfeiffer, 2007, pp. 78-79.

② J. A. Pershing, Ji-Eun Lee & J. Cheng, "Current Status, Future Trends, and Issues in Human Performance Technology, Part 2：Models, Influential Disciplines, and Research and Development," *Performance Improvement*, 2008(2), pp. 7-15.

③ T. F. Gilbert, *Human Competence：Engineering Worthy Performance*, San Francisco, Pfeiffer, 2007, p. 113.

面、战术层面和逻辑层面。一般情况下，只需要从政策层面、战略层面和战术层面3个层面上对绩效问题进行分析，因为这3个层面是最具体的。因此，吉尔伯特把6个层面的绩效矩阵进行了简化，便于我们在分析或建构绩效系统时跟踪"必须做出的决策"及其"顺序"。吉尔伯特把这个简化了的绩效矩阵称为绩效工程模型(表8-8)。[①]

表 8-8　绩效工程模型

层面	阶段		
	成果模式	测量	方法
政策 (组织机构系统)	组织模式	利益分析	项目和政策
战略 (工作系统)	工作模式	工作评估	工作策略
战术 (任务系统)	任务模式	任务分析	战术手段

针对绩效工程模型中的各个阶段，吉尔伯特给出了在每个分析层面上要做的3件事情。

第一阶段：确定成果；确定重要的需求及其测量单位；确立范例标准。

第二阶段：进行测量；分析绩效改进潜力；鉴别能为改进提供最大机会的关键绩效改进潜力。

第三阶段：使用行为工程模型来分析为了更有效地追求成果可以采取的方法——环境方法；与人相关的程序；管理行动。

吉尔伯特在解释绩效工程模型时再三强调，绩效工程模型表示的是决策(分析人员的成果)的顺序，而不是分析行为的顺序。

2. 罗纳德·雅各布斯确定的11种人力绩效技术的重要原则

罗纳德·雅各布斯(Ronald L. Jacobs)确定了11种人力绩效技术的重要原则，这些原则是绩效和因果分析、利益相关者的评价、设计和开发技巧、实施战略和评估程序等因素的基础。[②]

①人类绩效和人的行为是不同的，而关于这些差异的知识对于实现该领域的目标是很重要的。

②关于人类绩效的任何描述至少同样是对于组织绩效的描述。

③改进绩效的成本应该被看作人力资本的投资，并以增加的绩效潜力为回报。

④在界定有价值的绩效时，必须同时考虑组织目标和个人目标。

⑤人力绩效技术领域包括管理职能、开发职能和各个系统组成部分。

---

① T. F. Gilbert, *Human Competence: Engineering Worthy Performance*, San Francisco, Pfeiffer, 2007, pp. 136-138.

② R. R. Jacobs, *Human Performance Technology: A Systems-Based Field for the Training and Development Profession*, ERIC Clearinghouse on Adult, Career, and Vocational Education, Columbus, Ohio, 1987, p. 47.

⑥知道如何策划人类绩效和影响人类绩效的条件，与解释行为为什么发生一样重要。

⑦为了诊断问题，绩效技术专业人员需要对当前的系统进行分析，然后对它和理想的系统之间的差异进行考察；为了避免可能出现的问题，相关专业人员应该对所计划的系统进行分析，并对它进行修正，以使之接近理想的系统。

⑧模范绩效为确定工作绩效标准提供了最合理的参考。

⑨人类绩效问题可能具有不同的根本原因。这些原因一般被分为起源于个人、起源于个人所处环境中的某个（些）事物或者二者兼而有之。

⑩一个子系统的绩效会以某种可预见的方式影响另一个子系统的绩效，这就需要在组织的不止一个层面上分析问题的根本原因。

⑪很多不同的解决方案都可以被用来改进人类绩效。任何一个方案的选择都取决于绩效问题的原因和本质。用来评价一个方案的标准必须包括该方案在绩效系统中具有显著不同的潜力。

3. 斯皮策关于人的绩效的"古老原则"和绩效技术的七项原则

早在绩效技术作为一个研究与实践领域出现之前，人们（主要是历史上那些伟大的领袖人物）基于长期社会实践的积累和沉淀就已经总结出古老的绩效法则。这些法则也被称为绩效技术的"信条"。在这些"古老原则"的基础上，斯皮策提出，所有的绩效系统都是由期望、能力、知识和技能、工作/任务设计、激励、反馈以及工具和资源七要素构成的，并针对这一绩效系统提出了七项原则。[①]

①在设计和开发任何干预措施之前，人们必须不带任何偏见地进行目标分析。

②不存在任何优选的或万能的、适用于一切对象或情境的干预措施。

③通常，人们都真心希望把工作做好，但常常会受到各种环境因素的限制。

④工作环境的变化与发展常常是非系统化的。为了有目的地改进和优化人类绩效，人们需要重新对工作环境进行系统设计。

⑤所有绩效必须在它所在的整个系统情境中被考察。

⑥单独的培训很少能够成功地实现长期的、可证实的绩效改进。

⑦任何事情都是可以被改善的。

斯皮策把最后一条原则称为斯皮策法则，并且认为"它应该是绩效技术的基础"。正是这条原则激励着绩效技术专业人员，使他们不仅仅满足于当前的绩效系统，而是致力于寻求系统内长期的、持续的绩效改进。

（三）绩效技术所依据或转化和应用的相关科学知识和经验

罗森伯格等人把系统理论、学习心理学、教学系统设计、分析系统、认知工程、信息技术、工效学和人因工程、心理测量、反馈系统、组织发展与变革和干预系统视为对绩效技术做出重要贡献的学科。[②] 桑德斯和拉格尔斯更全面地总结了绩效技术依据或转化和应用的相关科学知识和经验（表 2-2）。[③] ASTD 2013 年的胜任力研究提出的 10 个专业

---

① D. R. Spitzer, "Confessions of a Performance Technologist," *Educational Technology*，1990(3)，pp. 12-15.

② H. D. Stolovitch & E. J. Keeps, *Handbook of Human Performance Technology：Improving Individual and Organizational Performance Worldwide*，San Francisco，Jossey-Bass，1999，pp. 24-46.

③ E. S. Sanders & J. L. Ruggles, "HPI Soup," *Training & Development*，2000(6)，pp. 26-36.

技能领域——绩效改进、教学设计、培训服务、学习技术、评估学习的影响、管理学习计划、综合人才管理、教练、知识管理和变革管理，揭示了绩效技术所依据或转化和应用的相关学科领域，也是绩效技术的重要组成部分。

（四）绩效技术领域经过研究和积累而形成的应用模型

绩效技术领域经过研究和积累而形成的应用模型也是绩效技术知识的重要组成部分。弗兰克·维尔姆斯（Frank S. Wilmoth）等人把对本领域有重要影响的近 20 个绩效技术模型分为诊断性模型、过程性模型和整体性模型三类[①]；贝纳德斯对 40 多种绩效改进模式进行了研究，并根据它们的关注点和范围将其划分为个人层面、组织层面和战略/社会层面三个主要的类别[②]。绩效技术模型的分类研究揭示了不同层次（个人、流程、组织乃至社会）和具有不同用途的模型的特性，也揭示了绩效技术知识体系应该包含的内容。吉尔伯特的行为工程模型、马杰的绩效问题分析模型、哈里斯的前端分析模型、考夫曼的组织元素模型、兰登的工作语言模型、ISPI 的一般模型、拉姆勒的三层次绩效框架和托斯蒂的组织对齐模型等，都是本领域影响广泛、最常使用的模型。约翰·韦德曼（John Wedman）和史蒂芬·格雷姆（Steven W. Graham）提出的绩效金字塔（Performance Pyramid）、斯托洛维奇和肯普斯的绩效系统概念模型，以及尼科尔斯的可持续发展的组织模型[③]，也是理解绩效系统的重要模型。方圆媛和刘美凤从影响绩效的因素、绩效改进流程和干预措施匹配三个方面对绩效技术模型进行了较详尽的分类和比较。[④]

（五）道德规范

一个领域对其所认可的道德规范的信奉是该领域确立的标志之一。IBSTPI 提出，绩效技术的社会使命和价值包含以下内容，并规定了一系列不道德行为。绩效技术的社会使命和价值：①仅在支持个人和组织高尚的、对社会负责的和实现人生抱负的目的时使用绩效技术；②为工作情境中的个人和组织服务；③从最广泛的视角来看待干预措施的有效性和影响；④支持那些认识到了其社会影响的组织的目的；⑤在社会问题上采取道德的、符合伦理的立场，并依据这些立场来做专业决定；⑥通过提供有客观数据、效果和建议的支持性干预意见，帮助客户做出明智的决策；⑦在工作的所有方面都采用最高的道德标准，诚实、正直，离开不道德的客户；⑧保护客户信息和沟通的隐私，坦诚、机密；⑨与所有参与绩效改进的人保持伙伴关系；⑩有道德地、诚实地、正直地对待同行；⑪与其他专业人员共享知识和技能；⑫不把他人的观点据为己有；⑬根据定义，绩效技术富有智慧的实践应包括对客户进行有关技术的教育，实现技术向客户的迁移；⑭为专业的发展奉献时间和精力；⑮使专业人员的技能和知识能为同事与客户所用；⑯给予同事支持和专业帮助，以及从同事那里得到支持和专业帮助。不道德行为包括以下内

---

① F. S. Wilmoth, C. Prigmore, M. Bray, "HPT Models: An Overview of the Major Models in the Field," *Performance Improvement*, 2002(8), pp. 16-24.

② M. Bernardez, "Should We Have a 'Universal Model' for HPT? A Practical Alternative that Works," *Performance Improvement*, 2011(9), pp. 41-48.

③ F. Nickols, "Manage Your Own Performance: No One Else Can," *Performance Improvement*, 2011(2), pp. 31-35.

④ 方圆媛、刘美凤：《绩效技术模型分类与比较》，载《现代远程教育研究》，2009(6)。

容：①违反专业、学术或商业道德；②承诺解决方案起作用，而事实可能相反；③对投资回报、专业行为或潜在成就做虚假声明；④伪造数据；⑤窃取他人工作；⑥为个人或政治利益而利用客户的信息。[1]

　　由于某些原因，这些与绩效技术有关的道德准则最终并没有形成正式版本。2001 年在 ISPI 年会上被引入的道德规范规定了专业人员的工作目标，包括：①为了帮助组织或个人实现预期目标，提供其所需要的知识、技能、能力和态度；②帮助生成将产生新的和合法的知识，满足个人、组织和社会所需的绩效准则；③通过系统化研究方法获取知识，避免对客户、客户的客户或社会造成危害；④产生客户需要的结果。ISPI 道德规范的制定基于以下几条基本原则——增加价值、经过验证的实践协作、持续改进、诚信和坚守保密原则。只有将这些道德准则渗透到知识体系中，才能确保"符合道德规范的实践"。因此，道德规范成为绩效技术知识体系中不可或缺的一部分。

---

① ［美］R. A. 瑞泽、J. V. 邓普西：《教学设计和技术的趋势与问题（第二版）》，王为杰等译，382～402 页，上海，华东师范大学出版社，2008。

第九章　我国绩效技术专业
人才培养方案的设计

　　培养方案是培养单位进行研究生培养的主要依据，一般应包括：培养目标、研究方向、学习年限、课程设置、考核方式、学位论文工作、培养方式与方法及各培养单位根据实际情况确定的其他内容(如教学实践、科研实践、学术活动等)。本章从培养方案的关键部分——培养目标和培养规格、课程体系和教学实施计划(含实践环节)以及学业评价、毕业论文与授予学位等方面，从整体上设计我国绩效技术专业人才的培养方案。

第一节　我国绩效技术专业人才目标与规格的确定

　　绩效技术作为一个研究和实践领域，其自身知识的构成和社会需求决定了专业人才培养的目标。一个国家的文教政策必然会影响到教育的制度和教育的内容，这是文化对教育产生影响的其中一个方面。[①] 如果不能敏锐地捕捉国际研究生教育领域的发展趋势和我国的研究生教育改革趋势，就不能制订出符合要求的研究生培养方案。因此，在前述社会需求分析和领域知识构建的基础上，结合国际上和我国研究生教育的发展状况，准确地把握我国绩效技术专业人才的培养目标和培养规格，是有效研制人才培养方案的开端。

一、国内外研究生教育发展概况

　　19 世纪上半叶，威廉·冯·洪堡(Wilhelm von Humboldt)关于科研与教学统一的思想在德国大学扎根。经过英、法等欧洲国家的借鉴与发展和美国的继承与创新，现代国际社会主流的研究生教育模式以及学位授予制度初步形成。虽然因国情等原因，研究生的培养目标和相关的学位制度在各国呈现出不同的特点，但研究生教育是培养国家高层次人才的这一基本认识在各国都是相同的。[②] 在我国，研究生教育也是培养高层次人才的主要途径，是国家创新体系的重要组成部分。伯顿·克拉克教授指出，每个民族都有一个塑造科学和高等教育之间的关系的逐渐形成的拱形结构。这些结构反映着不同的民族传统、背景和发展的道路，彼此间存在差异。但是，也不是一切特征都是某一个国家或民族独有的。某些倾向和趋势构成了许多共同的特征，某些主要特征则跨越了国家的疆界。[③] 世界各国在研究生教育上也都体现出一定的共性。

---

　　① 顾明远：《中国教育的文化基础》，31 页，太原，山西教育出版社，2004。
　　② 廖文婕：《我国专业学位研究生培养模式的系统结构研究》，11 页，厦门，厦门大学出版社，2013。
　　③ ［美］伯顿·克拉克：《探究的场所：现代大学的科研和研究生教育》，王承绪译，6 页，杭州，浙江教育出版社，2001。

(一)"训练未来的科研工作者"是传统研究生(尤其是博士生)教育的主要目标

1809 年,德国柏林大学在创立时,根据洪堡的思想,把科学研究作为主要职能,以扩增人类的知识和培养科研工作者为己任,在高等教育发展史上首次创设了具有现代意义的哲学博士学位。这标志着现代研究生教育的开端,结束了中世纪以来巴黎大学、牛津大学和剑桥大学等仿照手工业者行会培养教师资格的历史,使研究生的培养目标由培养传统的知识传承者转向培养科学研究者。① 自此,"训练未来的科研工作者"成为传统研究生教育的整个目标。

德国作为现代科学的发源地,崇尚科学和理智,其人才培养始终受到传统的理性主义观念的影响,博士生培养目标主要是培养纯理论研究者。② 日本大学基准协会③(1949)将硕士研究生专业的目标界定为:硕士研究生专业被赋予明确的学术性质和研究方向,因为硕士研究生必须提高学术成就和科研能力;1955 年,该协会修订了其"研究生院设置基准",把硕士生专业的设置目的改为培养硕士生在某一学科的发展中进行理论研究和应用研究的能力;随后,文部省在 20 世纪 70 年代早期制定研究生教育法令时,进一步拓宽了硕士研究生专业的目的——硕士生专业必须开发在一门学科进行科研的能力,或者灌输专业实践所必需的高深知识。因此,日本硕士生专业的两个职能被确定了:训练未来的科研工作者和培养专业人员。对于博士研究生专业的培养目标,日本大学基准协会将其界定为:博士研究生专业必须进一步培养学者,使他们能生产新的知识和指导科研活动;后经文部省修订为"博士专业必须继续开发独立科研活动所必需的科研能力和提高学术成就","训练未来的科研工作者"这一五年制博士生专业目的基本上没有争议。另外,除工程硕士专业在发展为专业学位时取得了较大的成功,并逐步向其他领域扩充,在其他学科和专业,旧的传统仍居优势:硕士专业和博士专业的培养目的依然是训练未来的科研工作者。④

(二)"培养实践领域的专业人员"成为新兴专业学位教育的主要目标

并不是每个学生都能够并且应该被培养成为科研工作者。张继蓉和李素琴的研究指出,美国在第二次世界大战后硕士教育发展最明显的特点是专业学位教育成为硕士教育的支柱。1922 年,哈佛大学率先设立了一种面向职业领域的新型博士学位——教育博士专业学位,并于 1936 年设立了以提高中小学教师实际教学能力为目标的教育硕士专业学位。之后,硕士专业学位得到迅猛发展,农学、艺术、商业、城市规划、工程、林业、音乐、医药、公共卫生和社会工作等学科都设立了硕士专业学位。20 世纪 80 年代以来,美国的硕士学位名称超过 660 种,硕士生培养计划所涉及的学科领域达 2000 个。在美国所有的硕士学位中,具有专业应用方向的硕士学位占 85%,纯学术性的只占 15%,其中

---

① 张继蓉、李素琴:《研究生培养目标的历史嬗变与现阶段我国研究生培养目标的定位》,载《学位与研究生教育》,2006(11)。

② 胡玲琳:《我国高校研究生培养模式研究——从单一走向双元模式》,75 页,上海,复旦大学出版社,2010。

③ 参考文献中译为"日本大学鉴定协会",今据日文名称更改。

④ [美]伯顿·克拉克:《研究生教育的科学研究基础》,王承绪译,371~404 页,杭州,浙江教育出版社,2001。

仅科学和工程学位就占到全美学位授予的 1/4。[①]

我国在 20 世纪 90 年代初开始开展工商管理硕士专业学位研究生教育试点工作，目前，针对行业产业需求相关学校已设置的专业学位类别基本覆盖了我国主要产业。近年，国家下发了一系列针对专业学位研究生教育的政策文件，从制度层面提出我国研究生教育的发展规划。2010 年 9 月 18 日，《关于印发〈硕士、博士专业学位研究生教育发展总体方案〉、〈硕士、博士专业学位设置与授权审核办法〉的通知》（学位〔2010〕49 号）指出，专业学位人才培养与学术型学位人才培养是高层次人才培养的两个重要方面，具有同等重要的地位和作用。该文件还指出，专业学位是随着现代科技与社会的快速发展，针对社会特定职业领域的需要，培养具有较强的专业能力和职业素养、能够创造性地从事实际工作的高层次应用型专门人才而设置的一种学位类型；专业学位具有相对独立的教育模式，具有特定的职业指向性，是职业性与学术性的高度统一；专业学位是现代高等教育学位体系的重要组成部分。2020 年 9 月 25 日，《国务院学位委员会 教育部关于印发〈专业学位研究生教育发展方案（2020—2025）〉的通知》（学位〔2020〕20 号）进一步指出，发展专业学位研究生教育是经济社会进入高质量发展阶段的必然选择，是主动服务创新型国家建设的重要路径。该文件还指出，专业学位研究生教育发展目标是到 2025 年，以国家重大战略、关键领域和社会重大需求为重点，增设一批硕士、博士专业学位类别，将硕士专业学位研究生招生规模扩大到硕士研究生招生总规模的三分之二左右，大幅增加博士专业学位研究生招生数量，进一步创新专业学位研究生培养模式，产教融合培养机制更加健全，专业学位与职业资格衔接更加紧密，发展机制和环境更加优化，教育质量水平显著提升，建成灵活规范、产教融合、优质高效、符合规律的专业学位研究生教育体系。[②]

（三）博士层次的专业学位受到越来越多的关注

从世界发达国家学位制度的历史演进来看，大多数国家在博士阶段都设置了两种学位：一类是研究型或者学术型博士学位，旨在培养从事科学研究的人才，为学术水平的提高以及人类知识体系的完善做出具有原创性的贡献；另一类是专业型博士学位，旨在通过高水平的专业训练，使学生在扎实地掌握专业知识的基础上，接受理论指导、掌握恰当方法、解决并反思实践工作中的问题，从而最终具备从事某种专门职业工作的能力。[③]

20 世纪 90 年代以来，专业博士学位获得了越来越多的关注。从历史上看，12 世纪中期在巴黎的大学中首次授予的博士学位就是专业型的，或者说是具有职业倾向的。[④] 在

---

① 张继蓉、李素琴：《研究生培养目标的历史嬗变与现阶段我国研究生培养目标的定位》，载《学位与研究生教育》，2006(11)。

② 国务院学位委员会、教育部：《国务院学位委员会 教育部关于印发〈专业学位研究生教育发展方案（2020—2025）〉的通知》，http：//www. moe. gov. cn/srcsite/A22/moe _826/202009/t20200930_492590. html，2021-10-07。

③ 马健生、滕珺：《论我国教育博士（Ed. D.）专业学位设置的迫切性和可行性》，载《学位与研究生教育》，2007(8)。

④ K. A. Noble，*Changing Doctoral Degrees：An International Perspective*，Buckingham，Society for Research into Higher Education and Open University Press，1994，pp. 1-11.

19 世纪初德国柏林大学首次授予哲学博士学位之前，专业博士学位在欧洲被广泛授予，在法律和医学等专业领域有着卓越的发展①，都是为了满足专业实践者的社会需要而设置的。专业博士在美国有着悠久的历史，在澳大利亚和新西兰以及英国也经历了快速发展阶段②，已经被确立为哲学博士的替代方案③。专业博士学位因顺应了寻求经济增长和共同发展的需求，使专业实践人员在工商业领域所能够担负越来越多的责任。④

与通过学术研究对广泛的知识领域做出贡献的哲学博士不同，专业博士通过研究对管理实践做出贡献。下面的研究过程和输出可能会发展成为典型的专业博士学位的特征。

①对基于工作问题的背景进行分析。

②掌握适合基于实践研究主题的应用研究方法。

③能揭示对实践产生影响的能力。

④针对工作场所实践中的变革开发相应战略的能力。

⑤关于实践和为了实践的知识所做出的原创性贡献。

我国也设立了 6 种博士专业学位——临床医学博士、口腔医学博士、兽医博士、工程博士、中医博士和教育博士，并提出了"稳步发展博士层次专业学位教育，本着'成熟一个、发展一个'精神，深入论证，有序推进"⑤的目标。

二、我国绩效技术专业领域研究生培养层次

（一）绩效技术专业人才培养的层次

从我国近年教育技术学专业的发展和教育技术学专业本科毕业生的就业状况⑥以及美国教育技术学专业毕业生的出路来看⑦，在大学里开设相应的专业或者提供硕士、博士层次的课程，是促进绩效技术领域专业化发展的重要因素。我国有学者认为，不同于"美国教育技术人才培养以硕士学位研究生为主，少量涉及本科生与博士生"，"中国教育技术人才培养以本科生为主，辐射到硕士生与博士生层面。所以，绩效技术课程面向的学习对象以本科生为主"。因此，我国必须立足本国国情，建立"本科—硕士—博士"三阶层课

---

① T. Bourner, R. Bowden & S. Laing, "Professional Doctorates in England," *Studies in Higher Education*, 2001(1), pp. 65-83.

② S. Lester, "Conceptualizing the Practitioner Doctorate," *Studies in Higher Education*, 2004(6), pp. 757-769; K. A. Noble, *Changing Doctoral Degrees: An International Perspective*, Buckingham, Society for Research into Higher Education and Open University Press, 1994, pp. 73-79; D. Scott, A. Brown, Ingrid Lunt et al., *Professional Doctorates: Integrating Professional and Academic Knowledge*, Buckingham, Society for Research into Higher Education & Open University Press, 2004, pp. 22-37.

③ S. Lester, "Conceptualizing the Practitioner Doctorate," *Studies in Higher Education*, 2004(6), pp. 757-769.

④ 王成军：《官产学三重螺旋研究：知识与选择》，59 页，北京，社会科学文献出版社，2005。

⑤ 国务院学位委员会：《关于印发〈硕士、博士专业学位研究生教育发展总体方案〉、〈硕士、博士专业学位设置与授权审核办法〉的通知》，http://mvesc.cufe.edu.cn/info/1021/1119.htm，2022-09-14。

⑥ 徐红彩：《教育技术学专业本科生就业：现状、问题与建议——对 2005 届毕业生就业问题的调查研究》，载《电化教育研究》，2006(11)。

⑦ 刘美凤：《教育技术学学科定位问题研究》，203 页，北京，教育科学出版社，2006。

程目标体系。① 也存在一些高校在本科阶段(高年级)为学生开设绩效技术相关课程,如上海外国语大学和南京大学。2006—2010 年教育部高等学校教育技术学专业教学指导委员会编制的《高等学校教育技术学专业指导性专业规范》,也把绩效技术作为教学系统设计知识体系的重要组成部分。② 但是,由于绩效技术有着广泛的理论和实践基础,促进绩效技术专业发展的学术机构很少在本科层次提供培训③,将绩效技术专业人才的培养集中在研究生层次基本上成为共识。本书中的"研究生"包含"硕士研究生"和"博士研究生",在需要区分时会明确标明是"硕士"还是"博士"。

有研究者指出,绩效技术专业人才的培养主要在硕士层次——培养实践应用型人才④,但前述麦迪斯科尔等人对绩效技术课程情况所做的调查(图 2-1)表明,即使假设所有提供博士学位和专业博士学位的学校也同时提供硕士学位,博士学位(含专业博士)学位与硕士学位的比率也是很大的[39/(39+30)≈56.52%],远远超过我国教育技术学专业博士学位授予点和硕士学位授予点的比率(8/83≈9.64%),说明对高于硕士层次的博士学位(含专业博士学位)的需求很大。⑤

我国绩效技术研究的主要领域是教育技术学专业,尚没有相应的专业博士学位,而面向现代教育技术的专业硕士学位的培养目标则定位在培养具有现代教育观念和现代教育技术工作能力,具有较高水平的各学科和现代教育技术的骨干教师上。

绩效技术本身的跨学科特性及其应用性和实践性,决定了绩效技术专业人才应该具有较长的培养周期和专业训练时间。在设计培养方案的过程中,需要依据培养对象自身的知识体系、当前和未来一段时间的发展需要,结合我国专业和学位建设的现状和发展趋势,对其当前发展重点和未来发展趋势进行设计。

我国确立了专业学位的发展目标和方向:"积极发展硕士专业学位研究生教育,稳步发展博士专业学位研究生教育,重视发展非全日制研究生教育"⑥,"实现我国研究生教育从以培养学术型人才为主转变为学术型人才和应用型人才培养并重,专业学位教育体系基本完善"⑦,并确立了"在适于按专业学位类型培养、我们也具备培养条件、社会有大量需求的学科领域,我们要积极进行研究、论证,不断增加专业学位类型。对于国外有成熟做法的专业学位或职业文凭,我们要积极吸收和借鉴;对于国外没有的、我们有需要

①　尹睿、叶萌、郑晓纯:《中美绩效技术课程的比较研究》,载《电化教育研究》,2009(11)。

②　2006—2010 年教育部高等学校教育技术学专业教学指导委员会:《高等学校教育技术学专业指导性专业规范》,53～54 页,北京,高等教育出版社,2013。

③　K. P. Kuchinke,"HRD University Education:An International Research Agenda,"*Human Resource Development International*,2001(2),pp. 253-261.

④　方圆媛:《美国高校绩效技术课程设置研究》,硕士学位论文,北京师范大学,2010。

⑤　K. Medsker,P. Hunter,D. Stepich et al.,"HPT in Academic Curricula:Survey Results,"*Performance Improvement Quarterly*,1995(4),pp. 6-21;徐福荫:《改革开放推动我国教育技术迅猛发展》,载《教育研究》,2009(5)。

⑥　教育部、国家发展改革委、财政部:《教育部 国家发展改革委 财政部关于深化研究生教育改革的意见》,http://www. moe. gov. cn/srcsite/A22/s7065/201304/t20130419_154118.html,2022-09-14。

⑦　国务院学位委员会:《关于印发〈硕士、博士专业学位研究生教育发展总体方案〉、〈硕士、博士专业学位设置与授权审核办法〉的通知》,http://mvesc.cufe.edu.cn/info/1021/1119.htm,2022-09-14。

又有能力培养的专业学位类型，我们可以根据自己的国情来独创"①的开放政策。石中英教授将其总结为"需要原则""能力原则""国际经验原则"三个原则，并增加了对"职业（专业）成熟度"的考察，看看某一职业领域是否在知识基础、技能水平、伦理规范、人才素质、组织水平等方面都已经达到或接近公认的专业化标准。②

美国在绩效技术专业人才培养方面基本上已经有了"成熟的做法"，这些做法已被详细地论证。本书也较详细地论证了"社会经济发展有（大量）需求"这一条件。对于"培养单位具备培养条件"这一条，一则，经过近20年的探索，出现了不少相关的硕士论文（主要在教育技术学科领域内），也有学校开始探索设置相应的"研究方向"，理论和实践两个方面都做了较充分的积累；二则，正如刘美凤教授指出的"专业人才培养与有组织的知识体系"之间的"悖论"一样，"有组织的知识体系"的研究需要由"专业人才"来进行。

研究生教育是实现国家目标的基础。这体现在两个方面。第一，我国的大学有责任培养未来的研究人员和教师——为明天的变化和产品打下基础及教育下一代的教师和研究人员。第二，研究生教育直接为国家更广泛的科技、经济和文化发展目标做出贡献。③在美国高校绩效技术课程设置对我国的启示中，首要的一条就是"逐步加大对绩效技术的教学与研究力度"④，其他新兴领域（如组织理论领域）的研究者针对领域的研究人员越来越倾向于实践，并不断"流失"到更具实践性和应用性的领域时，也提出了"谁来培养未来的教师和研究人员"的担忧。而未来教师和研究人员的角色，主要由以研究和知识生产为"主业"的哲学博士来承担。因此，绩效技术作为一个新兴的研究和实践的专业领域，其专业的设置必然要考虑学术型学位和专业学位并存的方案。

基于此，根据我国的研究生学位体系，与研究生教育的层次相结合，理论上可以产生以下四类学位：①学术型硕士学位；②专业硕士学位；③学术型博士学位（哲学博士学位）；④专业博士学位。

相应地，根据《中华人民共和国高等教育法》《中华人民共和国学位条例》《硕士、博士专业学位研究生教育发展总体方案》的要求，结合绩效技术专业领域的具体状况，可以确定以上四类学位对应的培养目标。

（二）绩效技术硕士层次研究生的培养目标

1. 硕士层次绩效技术专业人才培养目标的共同要求

"硕士研究生教育应当使学生掌握本学科坚实的基础理论、系统的专业知识，掌握相应的技能、方法和相关知识，具有从事本专业实际工作和科学研究工作的能力。"《中华人民共和国高等教育法》的这一要求为制定硕士层次研究生培养目标（包括学术型学位和专业学位）提供了基本的组织框架。结合绩效技术领域自身的特点，硕士研究生的培养目标应对培养对象提出本学科的基础理论和理论基础，专业知识，相应的技能、方法和相关知识，以及实际工作和科学研究工作四个方面的要求。

① 吴启迪：《抓住机遇深化改革提高质量积极促进专业学位教育较快发展》，载《学位与研究生教育》，2006(5)。
② 石中英：《论专业学位教育的专业性》，载《学位与研究生教育》，2007(1)。
③ ［美］科学、工程与公共政策委员会：《重塑科学家与工程师的研究生教育》，徐远超、刘惠琴主译，5页，北京，科学技术文献出版社，1999。
④ 方圆媛：《美国高校绩效技术课程设置研究》，硕士学位论文，北京师范大学，2010。

①基础理论和理论基础方面。

由于绩效技术从所有与组织/个人绩效相关的领域吸取养分，具有广泛的理论基础（群）。正如绩效技术知识体系所揭示的，其中每一个相关的学科领域，如经济学、心理学等，其自身就是一个庞大的知识群。全面掌握这些理论基础对于硕士研究生来说是不可能的，但作为绩效技术立足点和出发点的系统理论与系统方法，则是理解和认识绩效技术的本质不可或缺的。鉴于此，本书认为，绩效技术专业的硕士研究生应该较全面、深入地掌握系统理论与方法，掌握作为理论基础的经济学、心理学和管理学的基本理论和观点，以及这些理论基础学科与绩效技术之间的关系。而绩效技术专业领域自身的发展演化、绩效技术的基本原则和基本假设以及绩效系统的构成等方面，则是绩效技术的基础理论部分。

②专业知识方面。

绩效技术遵循从需求评估、原因分析到干预措施（集）选择、干预措施的设计和开发、干预措施的实施和评价的流程，是每个绩效技术专业研究生必须具备的基本专业知识。

③相应的技能、方法和相关知识方面。

与该部分要求相对应的主要是与具体干预措施相关的知识、技能和方法。对于硕士研究生来说，熟练掌握基本的绩效分析（包括需求评估和原因分析）方法和流程都是必要的；而对于具体的干预措施类别，要求熟练掌握 1~3 类干预措施的构成及每一种具体干预措施的相关知识、适用范围、优缺点等，熟练掌握至少一种干预措施的设计和开发。

④实际工作和科学研究工作方面。

在实际工作方面，绩效技术专业硕士研究生要能够在较广泛领域（如工商企业、政府机构和非营利组织等）的各类组织中开展绩效技术的相关工作（具体工作内容因学术型和专业学位的不同而有所差别），识别、分析和解决各种环境中的组织和个人绩效问题，进行绩效分析，选择和设计相应的干预措施，如培训（课程）设计（与开发）等。在科学研究工作方面，绩效技术专业硕士研究生需要掌握一般的研究方法（论），具有较高的调查研究、数据分析和演绎推理能力，并能够结合具体的绩效问题，开展相应的绩效改进方法和策略的研究工作。另外，无论在实际工作方面还是在科学研究方面，绩效技术的职业道德都是从事这些工作时的基本规范。

2. 学术型硕士研究生的重点培养目标

学术型硕士研究生的重点培养目标是掌握良好的绩效技术理论基础、基础理论和专业知识，以及与各类干预措施相关的广泛的专业知识，掌握基本的数据收集和分析的方法，以及统计学和计算机应用技术；较全面地掌握各种研究方法；具备绩效分析、干预措施选择与设计、开发、实施和评价的能力；具备一定的项目管理和组织变革管理的知识和能力；为进一步攻读绩效技术哲学博士/专业博士奠定基础，毕业后也可以在工商企业、政府与非政府组织、教育领域等从事绩效改进和教学设计方面的实际业务工作。

3. 专业硕士研究生的重点培养目标

与培养以学术研究为导向的学术型硕士不同，专业硕士学位研究生的培养更注重培养从事某种特定干预措施的设计与开发工作的高级应用型人才，在具备绩效技术基本知识和系统观、整体观的基础上，精通某个特定的专业技能领域或某种具体干预措施，熟练掌握相应专业技能领域的或与干预措施相关的知识、技能和方法；具备一定的沟通能力和人际交往能力；具备在相应专业技能领域或针对具体干预措施开展应用研究的能力。

为在工商企业、政府部门和非营利组织中从事教学设计、培训开发、绩效咨询等工作做好准备。

专业硕士研究生是为实践领域培养绩效技术高级人才最主要的着力点。由于绩效技术有着广泛的专业技能领域和干预措施类别，所以，专业硕士学位可以按照不同的专业技能领域与干预措施类别划分为不同的研究方向，详见培养方案设计部分。

(三)绩效技术博士层次研究生的培养目标

1. 博士层次绩效技术专业人才培养目标的共同要求

《中华人民共和国学位高等教育法》指出，博士研究生教育应当使学生掌握本学科坚实宽广的基础理论、系统深入的专业知识、相应的技能和方法，具有独立从事本学科创造性科学研究工作和实际工作的能力。

与硕士研究生的培养要求相比，博士研究生的培养对于本学科的基础理论要求更宽广，对于专业知识要求更深入，还要能够独立从事研究工作和实际工作，并有创造性。由此可见，博士研究生教育作为高等教育体系中最高层次的教育，其核心是培养科学研究工作能力和实际工作能力，强调独立性，但其基础仍然是基础理论、专业知识、相应的技能和方法的学习。[①] 此外，还应包含科学研究工作和实际工作方面的要求。

首先，基础理论和理论基础方面的要求如下。

绩效技术有着广泛的理论基础和为之发展做出贡献的众多学科，而且这些学科还在随着研究和实践的发展不断增多，已涉及经济、管理、心理、教育(含教育技术)、人力资源(管理和开发)、系统科学、信息技术、认知科学乃至人体工程学等多个领域。与硕士研究生相比，绩效技术专业的博士研究生应该深入、系统地掌握经济学、心理学、系统科学、组织理论等更广泛领域的理论基础(群)。对于绩效技术领域自身的发展演化、绩效技术的基本原则和基本假设以及绩效系统的构成等方面，绩效技术专业的博士研究生不仅要熟练掌握，还要能够进一步发现知识，集成和应用知识，以及交流、传播和创新知识。

对绩效技术的理论基础而言，哲学博士和专业博士的要求应该有所侧重。对于哲学博士来说，广泛涉猎绩效技术领域的基础知识、切实熟悉相关的分支学科就显得非常重要。相对于硕士研究生来说，博士研究生应该从更宽广的视角去审视组织的绩效问题，这突出了组织理论作为绩效技术理论基础的重要性。如果在研究生学业中过分专业化，学生将很难认识和进入新的研究领域。对于专业博士来说，除了掌握最基本的理论基础(如经济学、心理学、系统科学和组织理论等)，还应更系统、更深入地掌握主攻研究方向(详见培养方案)涉及的各个领域的基础知识与理论基础。

其次，专业知识方面的要求如下。

和硕士研究生一样，绩效技术专业的博士研究生必须掌握从需求评估、原因分析到干预措施(集)选择、干预措施的设计和开发、干预措施的实施和评价的整个流程。由于博士研究生未来更多是"作为绩效改进的领导者"，因此需要增加项目管理和变革管理方面的专业知识。

---

① 刘秀娜：《我国护理学博士研究生教育培养目标的探索性研究》，博士学位论文，第三军医大学，2012。

再次，相应的技能、方法和相关知识方面的要求如下。

与该部分要求相对应的主要是与具体干预措施相关的技能、方法和相关知识。所有的博士研究生都需要熟练掌握绩效分析（包括需求评估和原因分析）的方法和流程；也需要熟悉与几乎所有的具体干预措施，相关的知识、适用范围、优缺点等。专业博士需要熟练掌握本研究方向所包含的所有具体干预措施类别的设计和开发、实施及评价。

最后，科学研究工作和实际工作方面的要求如下。

在科学研究工作方面，无论哲学博士还是专业博士，都需要系统、深入地掌握科学的研究方法，规范地进行科学研究。此外，还需要对某个专业技能领域现有的知识和技能进行综合了解，并做必要的职业准备。对博士研究生进行科学研究方面的培养，其核心在于知识创新和通过科学研究取得创造性研究成果。

在实际工作方面，相对于硕士研究生，所有绩效技术博士研究生都应该能够在各种组织领域（包括企业、政府机构和非营利组织等）独立开展整个绩效技术流程涉及的各方面工作。从识别需求、原因分析到整合性干预措施（集）的选择（作为"通才"的要求），从具体干预措施的设计和开发到干预措施的实施、评价和管理（作为"专才"的要求），都囊括在博士研究生的实际工作中。另外，除了在上述工商企业等组织内从事绩效技术相关工作，在高校相关专业从事研究和教学工作也是绩效技术博士研究生的就业途径之一。

2. 哲学博士研究生的重点培养目标

绩效技术专业领域哲学博士的主要目标是培养绩效技术及其相关领域的专业的研究人员及教师，要求博士研究生致力于研究绩效技术各个基础学科的新发展和新进展，并为丰富和完善绩效技术领域（学科）的知识基础做出贡献。哲学博士研究生的培养目标主要体现在如下方面：首先，使培养对象掌握专业基础及相邻学科系统、专业的知识，并对这些知识做出创新；其次，使培养对象具备独立进行基础研究和理论研究的能力，为成为未来的教师和研究人员做准备。

3. 专业博士研究生的重点培养目标

专业博士研究生的培养强调专业理论与专业技能的应用，要求博士研究生充分掌握绩效技术及其相关领域的各种知识，接受绩效改进项目（教学类和非教学类）的设计、开发、实施、评价和管理等各方面的应用培训，并在实践情境中创造性地应用这些知识解决专业领域内的问题。专业博士要求以培养绩效技术领域的高层次实践人员和绩效改进的领导者为目标。

（四）我国绩效技术研究生培养的重点目标

从我国绩效技术的发展现状和社会需求来看，对上述四类研究生的培养应该有所区分。硕士教育的主要任务是帮助学生为攻读博士或进入某些专业领域做准备。除此之外，还为那些毕业后打算在企业、政府部门或非营利机构就业的学生提供了一条出路，因为这些组织要求其专业人员具有比本科生更强的技术/学科背景，掌握更多的实际本领，并对于非学术性的工作环境有更多的了解和经验。[1] 实践领域对于在某一主题或某一专业领域有着深入研究和较高实践能力的高层次人才有着很高的需求；而绩效技术作为一个研究和实践领域，其自身的发展（尤其是我国本土的研究）需要高层次的研究人员来推进。

---

① 黄长著：《国外专业人才培养战略与实施》，241页，北京，社会科学文献出版社，2006。

科学研究是没有止境的智慧苦行，它需要一代一代的学者寂寞而辛苦的劳作和不竭的传承。[1] 因此，在硕士层次上，与传统的学术学位硕士研究生相比，类似于教育硕士的专业硕士学位更是绩效技术研究方向应该关注的；而在博士层次上，我们首先应该关注哲学博士的培养，以进一步发展绩效技术领域，随着研究的不断深入和与实践的结合，再逐步发展专业博士，以满足对更高层次实践人员的需求。所有这些培养目标的实现，都需要有相应的课程体系作为后盾。

第二节 绩效技术课程体系的构建

一、绩效技术课程体系应然状态的理论构建

（一）绩效技术课程体系的构建模式

课程体系需要根据绩效技术的知识逻辑体系来构建。根据前述绩效技术知识体系，从逻辑上可以划分出：①围绕着绩效技术流程所涉及的核心任务而形成的"核心专业课程"；②由各种干预措施的主要分类构成的"方向主题课程"；③作为前两者基础的"专业基础课程"。李爽提出了"分散主题模块式"专业课程设计模式，以培养反思型专业研究人才为主，课程所依据的主题源于特定的实践领域、学科范畴或研究领域，通常居于领域综合、实践热点等特征。[2] 结合绩效技术本身的特点，受到 2013 年 ASTD 胜任力模型的启发，本书借鉴该研究成果，从"专业""主题""基础"出发，构建绩效技术课程体系（图 9-1）。

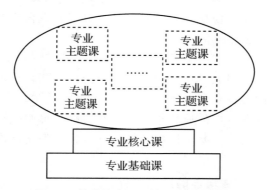

图 9-1 绩效技术课程体系的构建模式

1. 绩效技术流程的各个阶段构成了绩效技术课程的专业体系

与绩效技术进流程各个阶段相对应的绩效分析（含需求评估和原因分析）、干预措施选择、干预措施的设计与开发、干预措施的实施与干预措施的评价等，构成了绩效技术的核心专业体系，充分体现了专业知识的操作性。贯穿于整个项目的"项目管理"也成为核心专业课程体系的一部分；贯穿于整个绩效技术流程的"变革管理"，由于其本身的复杂性，往往被看成一个重要的专业技能领域，可被并入"组织变革"这一主题中，单独进

---

① 方文：《社会心理学的演化：一种学科制度视角》，载《中国社会科学》，2001(6)。
② 李爽：《基于能力的远程教育专业课程计划开发研究》，博士学位论文，北京师范大学，2006。

行讨论。与绩效技术流程相关的核心专业体系，包括：①进行绩效分析；②选择干预措施；③设计和开发干预措施；④实施和维护干预措施；⑤评价干预措施；⑥对绩效技术进行项目管理。

2. 专业技能领域构成了绩效技术课程体系的分散主题

绩效技术专业人员与其他组织的绩效改进专业人员的不同，首先在于他们各自的技术领域和专业技能的战略与战术的范围不同[①]，即干预措施不同。无论 ASTD 还是 ISPI，都从专业实践社区（Communities of Practice，COP）的视角给出了绩效技术领域的范畴。例如，ASTD 公开了学习与发展、学习技术、职业生涯发展、员工发展、政府治理、人力资本、营销支持、高级领导者和执行层培养、人力资源开发国际化等多个专业实践社区；ASTD 最新的胜任力研究也从工作场所学习和绩效的视角对专业技能领域进行了划分（表 5-16）。但是，ASTD 把人力绩效改进视为一个单独的专业技能领域，这与其作为"培训与发展领域最大的组织"的角色是分不开的，它主要从"学习"和"绩效"入手，把"评价学习的影响"（主要是"测量与评价"）作为独立的专业技能领域；对于"学习技术"，虽然它在 2013 年的 ASTD 胜任力研究中作为独立的专业技能领域出现，显示出技术对于学习的广泛影响，但是发展尚不成熟，往往与其他专业技能领域发生重叠，或者是作为其他专业技能领域得以实现的基础。ISPI 也界定了 7 个专业实践社区，并对每个专业社区所关注的内容范畴进行了分类[②]，利雅·罗伊（Ria Roy）和珀欣对其进行了汇总[③]。从表 9-1 中可以看出，该分类基于一种有组织的知识和实践体系。[④]"HPT 科学-基础"相当于绩效技术的理论基础和基础理论；"动机奖励和反馈"被看作"导致绩效问题的原因之一"；"分析、评价和测量"更多与绩效技术流程相关；"教学系统""流程改进""组织设计或对接""组织绩效管理"则更多与相应的干预措施相关。

表 9-1　ISPI 任务小组界定的专业实践社区

推荐的社区	内容或应用示例
HPT 科学-基础	行为分析、教育研究、学习理论、系统理论、动机、认知科学
动机、奖励和反馈	正向反馈、奖励和动机、教练、绩效管理、督导、绩效考评
分析、评价和测量	人因分析、平衡计分卡和仪表盘、需求评估、统计过程控制、绩效测量、评价、投入产出比、标杆
教学系统	教学系统设计、知识管理、工作辅助、绩效支持系统、E-Learning、专家系统
流程改进	统计过程改进、组织（业务）流程再造、六西格玛、运营研究、精益管理

---

① C. S. Hutchison, F. Stein & J. R. Carleton, "Potential Strategies and Tactics for Organizational Performance Improvement," *Performance & Improvement*, 1996(3), pp. 6-9.

② R. Svenson, "Human Performance Technology: Professional Communities," *Performance Improvement*, 2005(1), pp. 6-8.

③ R. Roy & J. A. Pershing, "Examing the Boudaries of HPT through the Lens of Communities of Practice," *Performance Improvement Quarterly*, 2012(2), pp. 79-105.

④ R. Svenson, "Human Performance Technology: Professional Communities," *Performance Improvement*, 2005(1), pp. 6-8.

续表

推荐的社区	内容或应用示例
组织设计或对接	文化变革、协作和团队建设、组织设计、公司价值观和实践、战略规划
组织绩效管理	变革管理、管理和领导力实践、行政系统、项目管理、继任管理

在胡奇森等人和范·提姆等人的干预措施分类研究的基础上，本书对绩效技术的干预措施进行了总括和合并，并对选出的 64 种（含小类）干预措施在当前和未来 5～10 年的重要性以及当前掌握情况进行了调查。[①] 结果显示，在未来 5～10 年，所有 64 项干预措施的重要性均值都在 3.00 以上，而当前掌握情况的均值则都在 4.00 以下，显示出强大的需求。根据已有的研究成果，本研究对使能目标进行能力聚类后，得到表 9-2 所示的干预措施列表，划分为 6 个领域，构成绩效技术专业的分支研究方向。其中，"教学系统"和"绩效支持"关注个人层次，"流程改进"属于流程层次，而"整合的人才管理""知识管理""组织战略"则集中在组织层面，基本上涵盖了干预措施的整个范畴。

表 9-2　作为探究主题的干预措施

研究方向	干预措施
教学系统	教学系统设计
	E-Learning
	整合的学习管理系统
	培训项目传递与管理
绩效支持	电子绩效支持系统
	专家系统
	工作辅助
	信息系统
流程改进	生产（质量/安全）管理
	组织（业务）流程再造
	统计过程控制/统计过程改进
	六西格玛/精益管理
整合的人才管理	职业规划
	人才管理
	工作设计/再设计
	绩效管理/绩效考核
	教练与督导
	反馈系统

[①]　C. S. Hutchison, F. Stein & J. R. Carleton, "Potential Strategies and Tactics for Organizational Performance Improvement," *Performance & Improvement*, 1996(3), pp. 6-9.

研究方向	干预措施
知识管理	知识管理
	组织学习与学习型组织
组织战略	组织变革
	组织沟通
	战略规划
	国际化和本地化
	兼并、收购与合资

3. 绩效技术课程的基础体系

由于"为什么要这样做"的原理性知识是操作性知识的理论依据，因此，该部分原理性知识自然构成了绩效技术课程的基础体系。正如在绩效技术知识体系研究一章所揭示的，系统理论、学习理论、经济学和管理学作为绩效技术的理论基础，得到了多数学者的支持。绩效技术作为一门在多学科不断重组和融合的基础上诞生的新兴学科或领域，其母学科的知识有必要融入该新兴学科或领域的体系中，体现学科的融合性。[1] 因此，这四门学科构成了基础体系不可或缺的一部分。另外，吉雷和梅楚尼奇提出，应该在斯旺森的"三脚凳理论"的基础上增加学习理论、变革理论和组织理论，以构成人力资源开发的完整基础。[2] 与之类似，对斯科特等人从理性、自然和开放系统三个视角得出的组织理论[3]所做的研究表明，为了更深入地理解组织和组织绩效，特别是在更高的层次（博士研究生）对绩效技术进行研究，组织理论提供了更广阔的视野，在一定程度上可以作为绩效技术的理论基础。

虽然斯旺森把包括学习理论、人类动机理论、信息处理理论、群体动力理论以及以心理学为基础的组织行为与决策理论，都统括在心理学旗帜下，并将它们作为绩效技术的理论基础，但是本书认为，组织行为学、动机理论、人力资源管理和开发、组织发展与变革、认知工程、心理测量和信息技术等是绩效技术所依据或转化和应用的相关科学知识和经验，它们构成了绩效技术课程基础体系的另一个重要部分。罗森伯格等人通过《人力绩效技术手册》，强化了绩效技术"起源于教学系统设计"[4]的观点，并且绩效技术领域大部分早期的关键开拓者都有着深厚的 ISD 根源[5]，这都导致了对"教学系统设计"作为

---

① 欧阳忠明：《跨溪建屋：学科互涉视阈下人力资源开发学科构建研究》，博士学位论文，华东师范大学，2011。

② ［美］杰里·W. 吉雷、安·梅楚尼奇：《组织学习、绩效与变革——战略人力资源开发导论》，康青译，76～82 页，北京，中国人民大学出版社，2005。

③ ［美］W. 理查德·斯科特、杰拉尔德·F. 戴维斯：《组织理论：理性、自然与开放系统的视角》，高俊山译，30～37 页，北京，中国人民大学出版社，2011。

④ H. D. Stolovitch & E. J. Keeps, *Handbook of Human Performance Technology*：*Improving Individual and Organizational Performance Worldwide*，San Francisco，Jossey-Bass，1999，pp. 24-46.

⑤ E. Biech, *ASTD Handbook for Workplace Learning Professionals*，Alexandria，ASTD Press，2008，p. 37.

绩效技术"理论基础"的误解。本书认为，是作为"教学系统设计"和"绩效技术"共同理论基础的系统理论和心理学理论（尤其是学习理论）导致了这种误解，而这一点也恰恰提供了"教学系统设计"不是绩效技术理论基础的证明。因此，教学系统设计应当被作为绩效技术所依据或转化和应用的相关科学知识和经验之一。同时，正因为二者有着共同的理论基础，且"教学系统设计"是教育技术学领域的核心，绩效技术专业人才的培养才大多在教育技术学专业的范围内进行。[①] 而绩效技术领域内的专家学者总结、提炼的有关绩效技术的基本假设和基本原则，以及绩效技术领域经过研究、积累而形成的各种应用模型等，构成了绩效技术基础体系的又一重要部分。

自 2008 年 AECT 在教育技术官方定义中正式提出"符合伦理道德的实践"以来，道德规范越来越受到重视。任何领域能确立的标志之一就是对其所认可的道德规范的信奉[②]，因此，道德规范成为绩效技术基础体系的重要组成部分。鉴于对绩效技术道德规范的制定主要以 ISPI 的道德规范（code of ethics）为主（ASTD 也采用同样的标准和道德规范提供认证），内容简洁，可以并入绩效技术基础课程中，而不必单设课程。

（二）绩效技术课程体系的应然状态

总的来看，以绩效技术专业人才的胜任力列表和绩效技术的知识体系为基础，我国的绩效技术课程体系可以构建成如表 9-3 所示的三层结构。与"干预措施的选择"需要掌握相当数量的与干预措施相关的知识不同，"干预措施的设计与开发"和"干预措施的实施与维护"往往与某些具体的干预措施（专业技能领域）相关。如果不对具体的干预措施（专业技能领域）进行更加深入的学习与反思，就无法达成"设计与开发"和"实施与维护"的目的。因此，本书在课程体系中将二者从"专业核心课"中删除。"专业主题课"则成为原理性知识和操作性知识相结合的地方，一方面反映了干预措施（专业技能领域）是绩效技术的实践领域，另一方面反映了这些领域本身积累的相关知识和方法成为指导操作的原理性知识。

表 9-3　应然状态下的绩效技术课程体系

知识类别	课程类别		课程名称
原理性知识＋操作性知识	专业主题课（研究方向课）	教学系统	教学系统设计
			E-Learning
			整合的学习管理系统
			培训项目传递与管理
		绩效支持	电子绩效支持系统
			专家系统
			工作辅助
			信息系统

---

① 方圆媛：《美国高校绩效技术课程设置研究》，硕士学位论文，北京师范大学，2010。

② ［美］R. A. 瑞泽、J. V. 邓普西：《教学设计和技术的趋势与问题（第二版）》，王为杰等译，382～402 页，上海，华东师范大学出版社，2008。

续表

知识类别	课程类别		课程名称
原理性知识＋操作性知识	专业主题课（研究方向课）	流程改进	生产（质量/安全）管理
			组织（业务）流程再造
			统计过程控制/统计过程改进
			六西格玛/精益管理
		整合的人才管理	职业规划
			人才管理
			工作设计/再设计
			绩效管理/绩效考核
			教练与督导
			反馈系统
		知识管理	知识管理
			组织学习与学习型组织
		战略规划	组织变革
			组织沟通
			战略规划
			国际化和本地化
			兼并、收购与合资
操作性知识	专业核心课		项目管理
			绩效测量与评价
			干预措施的选择
			绩效分析
原理性知识	专业基础课	基本原理	绩效技术
		相关学科	人力资源管理和开发
			组织发展与变革
			组织行为学
			认知工程
			信息技术
			心理测量
			成人学习理论
			动机理论
			教学系统设计

续表

知识类别	课程类别		课程名称
原理性 知识	专业基础课	理论基础	组织理论
			管理学理论
			经济学理论
			学习理论
			系统理论

二、绩效技术课程体系的检验

本研究针对上述应然状态下的绩效技术课程体系，通过专家意见征询，对其合理性进行了检验，并根据检验结果进行了必要的修正。

2014年6月23日、24日，"绩效改进顾问人才培养"研讨会在北京师范大学教育技术学院举办，笔者对与会的5位专家(高校2名、实践领域3名)就该课程体系(应然状态)的合理性进行了意见征询，并对相关反馈进行了汇总。

(一)对于"专业基础课"的理论基础的修改

专家建议对"专业基础课"的内容进行如下修改。

首先，把"系统理论"改为更明确的"系统理论与系统方法"，突出系统方法的重要性；其次，虽然"教学系统设计"可以作为一个独立的专业技能领域出现，但是绩效技术由程序教学和教学系统设计发展而来的观点在领域内已得到了一致认同，因此建议将"教学系统设计"移动到理论基础部分；再次，"管理学理论"和"经济学理论"更改为"管理学基础"和"经济学基础"，一则体现出这两门学科的基础地位，二则可以囊括更广泛的管理学和经济学的方法与模型等；最后，与心理学相关的课程相对较"乱"，可以将现有的"学习理论""成人学习理论""认知工程""动机理论"合并为"心理学基础"，并增加"工业与组织心理学"的课程。

另外，专家建议把"绩效技术"更改为"绩效技术基础"，以区分"专业核心课"涉及的内容。而对于"组织理论"是否有必要开设相应的课程，部分专家持保留意见。

(二)针对"专业核心课"和"专业主题课"的调整与补充

对于"专业核心课"，专家建议如下。①把"人力资源管理和开发""组织发展与变革""组织行为学""信息技术"并入"专业核心课"。相对于"专业基础课"来讲，这些课程有助于更深入地理解绩效技术。②把"绩效分析"更改为更有包容性的"绩效咨询与绩效分析"，并把"干预措施的选择"也归并到该课程中。

对于"专业主题课"，大部分专家建议：①删除组织战略层面的"兼并、收购与合资"等；②不把"人才管理"作为具体课程加以体现，把"职业规划"更改为"职业生涯发展"，并增加"领导力发展"和"继任管理"等相关课程；③对于"流程改进"部分，建议删除"生产(质量/安全)管理"，把"统计过程控制/统计过程改进"作为"全面质量管理"的一部分；④部分专家主张按照范·提姆等人的观点，增加"财务系统"类别，相应地增加"财务规划""成本管理""财务报表分析"，以及作为"财务系统"类别课程基础的"会计学基础"等课程。另外，还有专家建议增加"科学管理"相关的内容，并考虑是否增加诸如"人员招聘"和"薪酬体系"等"传统人力资源领域"相关的内容。

(三)应该明确规定专业实践课和研究类课程

绩效技术课程体系在专业核心课和专业主题课中应将部分课程明确规定为专业实践课。高校专家进一步强调了作为研究生层次的课程体系,研究类课程必不可少,主张增加质性研究和量化研究的方法,以及作为研究方法基础的统计与分析。

根据专家意见修改的绩效技术课程体系如表 9-4 所示。

表 9-4　根据专家意见修改的绩效技术课程体系

知识类别	课程类别		课程名称
原理性知识＋操作性知识	专业主题课(研究方向课)	教学系统	E-Learning
			整合的学习管理系统
			培训项目传递与管理 *
		绩效支持	电子绩效支持系统 *
			专家系统
			工作辅助
			信息系统
		流程改进	组织/业务流程再造 *
			全面质量管理
			六西格玛/精益管理
		人才管理	职业生涯发展
			领导力发展
			继任管理
			工作设计/再设计
			绩效管理/绩效考核 *
			教练与督导
			反馈系统
		财务系统	财务规划
			成本管理
			财务报表分析 *
		知识管理 *	知识管理 *
			组织学习与学习型组织
		战略规划	组织变革
			组织沟通
			战略规划 *
			国际化和本地化

知识类别	课程类别	课程名称
操作性知识	专业核心课	项目管理*
		绩效测量与评价
		人力资源管理和开发
		组织发展与变革
		信息技术
		心理测量
		组织行为学
		绩效咨询与绩效分析*
研究方法	研究方法类课程	统计学基础
		质性研究基础
		高级质性评价
		组织中的定量研究
原理性知识	专业基础课	绩效技术基础
		组织理论
		教学系统设计
		会计学基础
		管理学基础
		经济学基础
		心理学基础
		工业与组织心理学
		系统理论与系统方法*

* 建议设置为专业实践课。

第三节　我国绩效技术专业人才多层次培养方案的设计

　　根据前述的人才培养目标和规格，以及应然状态的绩效技术课程体系，我国的绩效技术专业人才培养应该是多层次和多样性的。结合前述 4 种培养类型和规格，我国最应优先发展的是在硕士层次上培养的应用型实践人才，以满足社会不断增长的对实践人才的需求；其次优先发展的是在博士层次上培养的学术型研究人才，以满足绩效技术领域自身发展的需求。因此，培养方案的设计重点应放在专业硕士和哲学博士上。在此基础上，我们可以对专业硕士的培养方案进行修改，适当降低实践层面的要求并提高部分理论基础课和研究方法课的要求，以此来培养学术型硕士；也可以通过修改哲学博士培养方案中对研究方法类的要求，进一步探索专业博士的培养。

一、绩效技术专业硕士培养方案的设计

《中华人民共和国学位条例》和《专业学位研究生教育发展方案（2020—2025）》等文件对研究生教育提出了基本的要求，并在教学、实践和学位论文等方面进行了规范。

（一）专业硕士学位研究生培养的目标和规格

对于攻读应用型学位的研究生，以培养着眼于解决实际问题的高层次应用型人才为主要目标，应以提高实际操作能力和技能为主，并大量采用实验教学和案例教学的方法进行训练。因此，绩效技术专业硕士层次的专业学位的培养目标定位在培养独立承担绩效技术相关工作的高级应用型人才上，基本要求如下。

①热爱祖国、热爱人民，拥护党的路线、方针和政策，树立和践行社会主义核心价值观，遵纪守法，具有较强的社会责任感和事业心，具备良好的道德品质，恪守科研诚信与伦理，严守学术规范，具备国际化视野、创新意识团队精神，愿为中国特色社会主义事业贡献力量。

②熟练掌握绩效技术的基础理论和与之密切相关的经济学、管理学和心理学等领域的基础理论。

③掌握绩效技术的系统思想和方法，熟练掌握绩效技术分析问题和解决问题的整体流程，掌握某类或某几类特定干预措施领域的相关知识，并能持续跟踪这些相关领域的最新发展情况。

④熟练掌握相应研究方向至少一种干预措施的工作原理，并具有设计、开发、实施和评价的能力。

⑤具备基本的研究方法知识，包括质性（定性）研究和量化（定量）研究的基本方法，具备较高的数理统计分析能力和信息素养。

⑥具有较强的适应能力和良好的职业道德，具有较好的团队合作能力，能维持和谐的人际关系，具备一定的项目管理能力。

⑦熟练掌握一门外语，能熟练、快速地阅读专业文献，并具有较好的听、说、读、写技能。

按照上述要求完成规定学业（含实践），完成相应论文，经考核（答辩）合格，按照方向授予相应的专业硕士学位。

（二）专业硕士学位的入学条件和学习年限

1. 专业硕士学位的入学条件

一方面，国际绩效技术领域的研究和实践证明，并非所有人都适合从事绩效技术工作。实质上，这是任何高层次的专业人才培养都必须面对的问题。例如，著名的绩效咨询专家罗塞特教授认为，绩效技术需要较广的知识面，学生学习的时间有限，可以选择已掌握相关技能的学生，如具有组织行为学、工业心理学背景的本科毕业生，或者具有经济学、管理学、人力资源管理和开发等专业背景的本科毕业生入学。[①] 佛罗里达州立大学的"绩效改进和人力资源开发"方向的硕士学位要求申请者持有商业、人力资源、心理学、社会学、艺术、音乐和教师教育学士学位。[②] 另外，绩效技术本身的实践性特征也需要学习者具有一定的实践

---

① A. Rossett，"Performance Technology and Academic Programs in Instructional Design and Technology：Must We Change?" *Educational Technology*，1990(8)，pp. 48-51.

② 方圆媛：《美国高校绩效技术课程设置研究》，硕士学位论文，北京师范大学，2010。

经验，特别是一定的管理（组织管理或项目管理）或人力资源管理等方面的实践经验。

另一方面，开展以招收应届本科毕业生为主的全日制硕士专业学位研究生教育，对于完善专业学位研究生教育制度、增强专业学位研究生的培养能力、满足社会多样化的人才需求、加快培养高层次应用型专门人才，具有重要意义。[①] 但从绩效技术自身的特性来看，还是要对入学条件进行限定，这样做有利于本领域的"声誉"。

因此，专业硕士学位的入学条件不需要特别规定，但最好是具有人力资源（管理/开发）、组织行为学、管理学等背景和相关工作经验者。

2. 专业硕士学位的学习年限

我国的硕士研究生一般采用集中的学校教育，即使是教育专业硕士学位，也要求有 1 年的时间集中授课。鉴于绩效技术的应用性和实践性，相关院校允许并鼓励学生在职修习，建议实行弹性学制，将学习年限适当延长，从 2～3 年延长为 4 年或更长。学分修满、成绩合格、答辩通过或代表作品（或档案袋）通过审核并合格的学生，可以在 2 年以上的任意时间申请毕业。

3. 专业硕士学位的课程设置和学分要求

课程训练是研究生培养的一个重要环节。绩效技术专业硕士学位的课程设置要充分反映职业领域对专门人才的知识与能力要求，以实际应用为导向，以满足职业需求为目标，以综合素养和应用知识与能力的提高为核心，将行业组织、培养单位和个人职业发展要求有机结合起来。根据国外典型高校绩效技术专业硕士学位的课程设置和学分要求，以及我国各专业学位（如 MBA、农村推广）的现状，相关专业硕士学位的课程要求专业硕士研究生学位的学分不少于 45 学分，其中包含公共基础课（政治一门、外语一门）的 6 学分，专业主题课和专业限选课根据研究方向而进行不同设置。根据绩效技术干预措施的分类和重要性，绩效技术专业硕士的培养被划分为 6 个方向：教学系统、绩效支持、人才管理、知识管理、战略规划、财务系统（见表 9-5）。

表 9-5 绩效技术专业硕士研究生的课程设置和学分要求

课程类别	科目	备注	学分要求
公共基础课	政治		3 学分
	外语		3 学分
专业基础课	系统理论与教学设计		2 学分
	心理学基础		2 学分
	管理学基础	3 选 1	2 学分
	经济学基础		2 学分
	绩效技术基础		2 学分
	统计学基础		2 学分
	人力资源管理和开发		2 学分
	组织发展与变革	3 选 2	2 学分
	组织行为学		2 学分

---

① 黄宝印：《我国专业学位研究生教育发展的新时代》，载《学位与研究生教育》，2010(10)。

续表

课程类别		科目	备注	学分要求
专业核心课		绩效咨询与绩效分析		2学分
		项目管理	3选2	2学分
		企业信息技术系统		2学分
		绩效测量与评价		2学分
		质性研究基础	2选1	2学分
		组织中的定量研究		2学分
		绩效技术实践*		2学分
教学系统	专业主题课	整合的学习管理系统		3学分
		E-Learning		3学分
	专业限选课	电子绩效支持系统	2选1	3学分
		知识管理		3学分
绩效支持	专业主题课	电子绩效支持系统		3学分
		工作辅助		3学分
	专业限选课	专家系统	2选1	3学分
		知识管理		3学分
人才管理	专业主题课	绩效管理/绩效考核		3学分
		职业生涯发展		3学分
	专业限选课	领导力发展	2选1	3学分
		知识管理		3学分
知识管理	专业主题课	知识管理		3学分
		组织学习与学习型组织		3学分
	专业限选课	电子绩效支持系统	2选1	3学分
		知识管理		3学分
战略规划	专业主题课	组织变革		3学分
		组织沟通		3学分
	专业限选课	战略规划	2选1	3学分
		继任管理		3学分
财务系统	专业主题课	成本管理		3学分
		财务报表分析		3学分
	专业限选课	财务规划	2选1	3学分
		会计学		3学分
主题选修课		从两门专业主题课和两门专业限选课外的其他专业主题课中任选两门		6学分
专业主题实践课*		从两门专业主题课中选择一门，自己寻找合作组织进行干预措施的设计与开发		2学分

＊为专业实践课

其中，针对每个研究方向，这一课程设置都规定了两门必修的专业主题课，并推荐了两门专业限选课，要求从中选修一门，也可以跟导师协商，选择其他主题。此外，这一课程设置还规定了两门专业实践课，共 4 学分。

(三)专业硕士学位的培养方式、考核方式及学位授予

虽然高校正在逐步落实绩效技术专业，但日常的经验和在职活动的绩效仍然是学习和发展绩效技术技能最有效的途径。[①] 人们通过"在做中学"，尝试行动以获得理解[②]，因为学习的整合只有通过有意义的行动才能发生。如果新手从业人员在高校培训计划结束时能够展示出基本的绩效技术技能，那么他们在把自己展示给未来的雇主之前，还需要在这些绩效技术技能方面得到有指导的实践和反馈。来自绩效技术社区成员的指导是无价的。绩效技术作为一个领域，只有通过高校和实践人员之间的合作，才能有效地培养更好的从业人员，而培养更富技能的实践人员也将会提高本领域的信誉(可信性)。要求那些希望成为绩效技术从业人员的硕士学位学生在经验丰富的绩效技术指导者的监督下作为助手工作几个月，以展示他们在这些基本技能方面的胜任力，对这些学生来说是有利的。作为这种"在做中学"培养方式产生的结果，高校科研培养高水准的学生并树立他们在商界的声誉；有经验的实践人员则可以从几个月的助手那里获益(正如在法律、会计和医学领域所发生的那样)，并且有机会判断哪些是潜在的雇员；对学生来说，他们有机会实践和发展胜任力，获得经验，以亲自动手的方式探索该领域，更有信心地进入职场。正如吉里和艾格兰德所说的，指导项目比起单纯的在职培训来说更关注职业定向，更适合绩效技术专业人才的发展。学生主要通过亲自参加需要把在课程中所学的原理应用到工作相关的情境中的实践项目，展示出对于这些课程的掌握。[③]

1. 培养方式

学位公共课和专业基础课的培养方式以教学为主；专业必修课采用案例教学和基于项目的学习的方式；专业选修课(原理性)一般以教学为主，结合一定的实际案例展开；专业选修课(专题)以实践为主。通过校企合作，建立实训基地，要求每个学生有不少于 3 个月的合作实习。

绩效技术方向硕士研究生的培养，除了一部分定位于为博士培养做准备，其余大部分是面向就业的。教学方法强调以学生为本、以能力培养为本、以职业导向为本，重视运用团队学习、案例分析、现场研究、模拟训练等方法，注重培养学生研究实践问题的意识和解决实际问题的能力。除了实践课之外，其他课程均可选择通过网络自我学习、参与研讨、提交作业等方式完成。

① H. D. Stolovitch & E. J. Keeps, *Handbook of Human Performance Technology：Improving Individual and Organizational Performance Worldwide*, San Francisco, Jossey-Bass, 1999, pp. 651-697.

② H. D. Stolovitch & E. J. Keeps, *Handbook of Human Performance Technology：A Comprehensive Guide for Analyzing and Solving Performance Problems in Organizations*, San Francisco, Jossey-Bass, 1992, pp. 651-697.

③ K. Medsker & J. Fry, "Toward A Performance Technology Curriculum," *Performance & Instruction*, 1992(2), pp. 53-56.

2.考核方式

对于学位公共课不做特殊要求；专业基础课和专业选修课（原理性）类以教学为主的课程，可以采取传统的闭卷考试方式，也可以采取自我研究汇报和小组研究汇报等方式；而对于专业必修课和专业选修课（专题）中进行实践的课程，需要结合实践合作单位给出的评价，非实践课程则采取自我研究汇报和小组研究汇报等方式。除了闭卷考试，所有成果都被存放在学生的档案袋中。

3.学位授予

对于学位授予不做特殊要求。按照要求完成硕士论文或提供的档案袋通过专家评审的硕士研究生，可被授予相应学位。

二、绩效技术哲学博士培养方案的设计

（一）哲学博士学位研究生培养的目标和规格

攻读博士学位的绩效技术专业研究生应该深入、系统地掌握经济学、心理学、系统科学、组织理论等更广泛领域的理论基础（群）。除了熟练掌握绩效技术领域自身和相关学科的知识之外，更重要的是能够通过规范的科学研究进一步发现知识、集成和应用知识，以及交流、传播和创新知识。

绩效技术专业的博士学位应区分哲学博士和专业博士。哲学博士的目标定位在培养独立承担绩效技术基础研究和理论研究工作的研究型高级人才以及绩效技术领域知识的创造者和领域的开拓者上；专业博士的目标定位在培养绩效技术及其相关领域的高层次实践领域专家和应用研究人员上。对博士研究生的基本要求如下。

①热爱祖国、热爱人民，拥护党的路线、方针和政策，树立和践行社会主义核心价值观，遵纪守法，具有较强的社会责任感和事业心，具备良好的道德品质，恪守科研诚信与伦理，严守学术规范，具备国际化视野、创新意识团队精神，愿为中国特色社会主义事业贡献力量。

②熟练掌握绩效技术的基础理论和与之密切相关的经济学、管理学和心理学等领域的基础理论，及时跟踪国内外绩效技术的学科前沿和发展动态。

③掌握绩效技术的系统思想和方法，熟练掌握绩效技术分析问题和解决问题的整体流程，了解所有干预措施领域的相关专门知识，并能持续跟踪这些相关领域的最新发展情况；掌握广泛的组织理论基础，从更广阔的视角审视组织绩效问题。

④熟练掌握各种干预措施的工作原理、适用范畴等，熟悉与各种干预措施相关的工具，并具有选择、设计、开发、实施和评价的能力（哲学博士要求具有对这些任务进行指导的能力，但不一定能够设计、开发、实施）。

⑤具备较高的研究能力。哲学博士针对绩效技术自身或其相关领域展开质性（定性）研究，进一步发现、集成和应用以及交流、传播和创新绩效技术知识；专业博士要求具备较强的量化（定量）研究能力，针对某一特定领域进行实践研究和应用研究。

⑥具有较强的适应能力和良好的职业道德，具有较好的团队合作能力，能维持和谐的人际关系，具备较高的项目管理能力和引领组织变革的能力。

⑦熟练掌握一门外语，能熟练、快速地阅读专业文献，并具有在绩效技术领域参与国际事务（研讨会）等的能力。

按照上述要求完成规定学业(含实践),完成相应论文,经考核(答辩)合格,按照方向授予相应的博士学位。

(二)哲学博士学位的入学条件和学习年限

1. 哲学博士学位的入学条件

攻读哲学博士学位的研究生按照国家统一要求入学,不做额外规定,但倾向于具有商学、人力资源、心理学、教育学、管理学、经济学等相关背景的硕士学位获得者,还包括 MBA 或 EMBA 等。

2. 博士学位的学习年限

根据我国博士研究生培养的状况和绩效技术的复杂性及多学科性,规定绩效技术博士研究生的学制为 4 年。最长学习年限不超过 6 年。硕博连读的学制为 6 年,最长不超过 8 年。

(三)哲学博士学位的课程设置和学分要求

我国的教育学博士培养已形成较为成熟和完善的课程体系,一般包括公共课和专业课两部分。其中,公共课主要包括马克思主义理论和外语;专业课包括三类:一是拓宽加深专业基础的基础理论课和实验课;二是进入学科前沿或结合研究课题需要的理论专著和文献专题的研读与讨论课;三是适应学科交叉、拓宽知识面需要的跨门类、跨学科的课程。

国外典型高校绩效技术专业的课程设置一般要求其博士研究生取得 90 分以上的学分。也有研究者指出,我国的博士研究生教育(特别是学术型博士)应该摆脱导师个别指导和学生自由探索等方式,通过课程和教学保障博士生的培养质量,以此提高应对环境变化引发的各种挑战的独特价值。[①] 但是,就我国绩效技术的发展状况来看,部分国内高校还不具备广泛开设博士层次课程的条件,一则博士研究生数量较少,二则能够从事这方面专业教学的教授数量也不足。另外,国外典型高校绩效技术专业博士研究生培养的课程设置所要求的 90 分以上的学分,往往包含了前期属于硕士阶段的课程要求,类似于我国的"硕博连读"培养方式。

具体到绩效技术专业,由于其理论基础和为之做出重要贡献的学科领域广泛,除了公共必修课,还需要开设多门学科基础课程来夯实博士所需具备的知识储备。其中包括针对绩效技术领域自身前沿问题展开讨论的课程;此外,绩效技术专业可根据为绩效技术做出重要贡献的教育技术、人力资源、组织变革和财务系统 4 个学科领域,分别开设相关专题研讨课程;而对作为博士研究生培养必不可少的研究方法学习,则设置不少于 6 学分的相关课程。对于"学科基础课程",本专业的博士研究生如果已经修习过相关课程并能提供有效证明,则可以申请免修。绩效技术专业哲学博士研究生的课程设置和学分要求如表 9-6 所示。

---

① 包水梅:《我国高校学术型博士研究生课程建设研究》,博士学位论文,厦门大学,2014。

表 9-6　绩效技术专业哲学博士研究生的课程设置和学分要求

课程类别	科目	备注	学分要求
公共必修课 （4 学分）	博士生外语	必修 （共 4 学分）	2 学分
	社会主义经济理论与实践		2 学分
学科基础课 （24 学分）	社会科学研究方法	任选 2 门 （共 4 学分）	3 学分
	高级质性评价		3 学分
	组织理论		3 学分
	管理思想史		3 学分
	工业与组织心理学		2 学分
	复杂科学与系统理论		3 学分
	绩效技术前沿问题研讨		3 学分
	公司财务	必修 （共 20 学分）	2 学分
	宏观经济学		2 学分
	战略人力资源		2 学分
	心理测量		2 学分
教育技术	企业 E-Learning 和学习管理系统	须从每个 专业领域 各选 1 门 （共 8 学分）	2 学分
	工作辅助和电子绩效支持系统		2 学分
	知识管理		2 学分
人力资源	绩效考核与薪酬制度		2 学分
	职业生涯发展		2 学分
	领导力发展和继任管理		2 学分
组织变革	组织发展与变革		2 学分
	战略规划		2 学分
	组织学习与学习型组织		2 学分
财务系统	成本管理与财务规划		2 学分
	财务报表分析		2 学分
	会计学		2 学分
学术活动 （3 学分）	学术交流与学术报告	必修 （3 学分）	2 学分
	文献综述与选题报告		1 学分
选修课	国际发展前沿问题	至少选 1 门 （1 学分）	1 学分
	第二外国语		1 学分
实践	自己寻找合作机构就某一问题完成需求评估和绩效分析，提供合理可行的干预措施(集)选择报告		2 学分

(四)哲学博士学位的培养方式和考核方式

课程训练是研究生培养的一个重要环节。没有课程基础，会导致研究生缺乏学科理论系统知识。[①] 然而，我国博士生教育中存在"在多数情况下，在相同的或者密切联系的领域缺乏大量学生"的现象，尤其是绩效技术这样的新兴领域。伯顿·克拉克援引托尼·比彻(Tony Becher)的话，解释了英国的博士研究生培养采取专门化的、有选择性的和小规模的制度，是造成"导师制"传统模式长期存在的一个重要原因："没有足够数量的博士生可以设置适当的讲授课程"[②]。由此可见，19 世纪的教训仍然有效：学术研究组是必要的，导师和徒弟的关系仍然是被需要的，特别是在传授暗含的知识、态度和方法的时候。[③] 小的学术单位具有导师亲密指导各个学生的机会。这种源于工匠行会的"学徒模式"使得学生通过依附于"工匠师傅"(导师)，看着他工作，了解他们的学科是怎么回事，而不是通过标准化的程序接受训练。

我国博士生的教育模式经历了模仿，借鉴德日模式、美国模式、苏联模式，以及近年来又向美国模式倾斜几个阶段。[④] 其中，而美国博士生课程具有规范的课程设置、系统的课程结构安排、大量且严格的课程修读要求、个性化的课程修读计划等特征，与导师个别指导、学生自由探索等方式相比，课程和教学在保障学术型博士生培养质量、应对环境变化引发的各种挑战时具有独特的价值。[⑤] 但是，必须认识到我国的博士生培养模式既不同于欧洲的学徒式，也不同于美国重视课程的模式，而是在实行导师制的同时重视导师指导小组的作用。[⑥] 有鉴于此，对于绩效技术专业哲学博士的培养，有必要设置必需的专业基础课程，使得博士研究生具备宽广的学科视野和扎实的学科基础，形成系统的专业理论知识储备，为从事科学研究提供必要的准备。[⑦]

除了正式的课程学习(根据需要考试或考察)，对博士研究生的评价也要以导师(团队)的内部评价为主。按照要求修完课程学分并通过中期考核、完成博士论文写作并通过专家评审的博士研究生，可被授予哲学博士学位。

三、绩效技术专业博士培养方案的设计

虽然根据我国绩效技术的发展需要，培养一部分有志于绩效技术研究的，能独立从事科学研究工作的高级研究型人才是当务之急，但是，正如刘美凤教授指出的，"教育技术的根本目的不是产生理论，而是改善教育、教学的实践"[⑧]。鉴于绩效技术的应用性和

① 李雪飞、程永波：《交叉学科研究生培养的三种模式及其评析考》，载《学位与研究生教育》，2011(8)。

② [美]伯顿·克拉克：《探究的场所：现代大学的科研和研究生教育》，王承绪译，92 页，杭州，浙江教育出版社，2001。

③ [美]伯顿·克拉克：《探究的场所：现代大学的科研和研究生教育》，王承绪译，16 页，杭州，浙江教育出版社，2001。

④ 李盛兵：《中国研究生教育模式之嬗变》，载《现代教育管理》，1995(5)。

⑤ 包水梅：《我国高校学术型博士研究生课程建设研究》，博士学位论文，厦门大学，2014。

⑥ 王战军：《学位与研究生教育评价理论与方法》，90 页，北京，高等教育出版社，2012。

⑦ 刘建树、丁辛、陆嵘等：《行业背景工科博士研究生培养中导师作用的发挥——基于纺织学科获选全国优秀博士学位论文的分析》，载《学位与研究生教育》，2011(3)。

⑧ 刘美凤：《教育技术学学科定位问题研究》，117 页，北京，教育科学出版社，2006。

跨学科特征，以及国际高等教育界对专业博士和专业研究或专业实践博士(Doctor of Professional Studies or Professional Practice，DProf)等的研究成果，随着组织自身及其所在环境越来越复杂，本书认为，与培养专业的研究人员不同，绩效技术未来的培养重点应该是研究型专业人员(researching professional)或专业研究或专业实践博士。

世界范围内专业博士生教育的兴起被认为与迈克尔·吉本斯(Michael Gibbons)等人在《知识生产的新模式》中提出的"知识生产模式2"(以下简称模式2)密切相关。[1] "模式2的知识"具有5个特征。第一，模式2的知识是在应用的背景中产生的。第二，模式2的知识是跨学科的，即需要调动一系列理论观点和实践方法来解决问题。但与交叉学科或多学科不同，这些理论观点和实践方法不一定源于已经存在的学科，也不一定总为新学科的诞生做出贡献。第三，知识生产的场所更加多样，知识生产的类型具有不断增加的异质性。第四，模式2的知识是高度反思的。第五，由于多种原因，模式2的知识在质量控制方面出现了不同于传统的、基于学科的同行评议系统新形式。[2]

专业博士更清晰地置身于模式2的知识或舍恩提出的"使用的知识"[3](knowledge-in-use)中，更加紧密地与工作场所联系在一起。专业博士的研究问题往往来自实践的应用情境，并且致力于增加应用性知识。它的重点在于产生代表着高水平专业学术的实践行动，促使高校向更进一步地进入实习领地并调整他们工作的方式，从而使知识以具有实际应用性的方式被创造出来[4]，专门面向解决复杂的专业问题、组织问题和社会问题。[5] 这种由实践人员在他们的实践背景下创出来并使用的知识，更接近舍恩的知识建构理念(constructionist notion of knowledge)——研究和实践共存于一个环状或螺旋状关系中：实践产生了新知，知识反过来促进实践的变革等。[6] 专业性应用知识因其能够提高社会经济系统的效率并改善其运行效果而获得合法性。[7] 实践性是其最大的特点，也决定了其培养方案的方方面面。[8] 李·舒尔曼(Lee S. Shulman)和克里斯·戈尔德(Chris M. Golde)等人在对教育博士的培养进行批判性思考时，主张抛弃已有的教育模式，仿照医学博士的培养，

① D. Fink，"The Professional Doctorate：Its Relativity to the PhD and Relevance for the Knowledge Economy，"*International Journal of Doctoral Studies*，2006(1)，pp. 35-44.

② [英]迈克尔·吉本斯、卡米耶·利摩日、黑尔佳·诺沃提尼等：《知识生产的新模式：当代社会科学与研究的动力学》，陈洪捷、沈文钦等译，3～9页，北京，北京大学出版社，2011。

③ [美]唐纳德·A. 舍恩：《培养反映的实践者：专业领域中关于教与学的一项全新设计》，郝彩虹、张玉荣、雷日梅等译，19～35页，北京，教育科学出版社，2008。

④ D. Scott，A. Brown，I. Lunt et al.，*Professional Doctorates：Integrating Professional and Academic Knowledge*，Buckingham，Society for Research into Higher Education & Open University Press，2004，pp. 9-21.

⑤ S. Lester，"Conceptualizing the Practitioner Doctorate，" *Studies in Higher Education*，2004(6)，pp. 757-769.

⑥ A. Lee，B. Green & M. Brennan，"Organisational Knowledge, Professional Practice and the Professional Doctorate at Work，" in John Garrick & Carl Rhodes，*Research and Knowledge at Work：Perspectives，Case-Studies and Innovative Strategies*，London，Routledge，2000，pp. 137-136.

⑦ D. Fink，"The Professional Doctorate：Its Relativity to the PhD and Relevance for the Knowledge Economy，" *International Journal of Doctoral Studies*，2006(1)，pp. 35-44.

⑧ 马健生、滕珺：《关于教育博士(Ed. D.)培养方案的构想》，载《教师教育研究》，2007，19(6)。

为教育实践者设计一种新的专业学位教育项目——专业实践博士，主要采用临床教学法和案例研究法，聘请具有丰富实践经验的教师，以培养高素质的专业领导型（教育）实践者。①

（一）专业博士学位的培养目标

专业博士学位的性质决定了其培养目标以实践为基本取向，博士研究生必须具有丰富的理论底蕴、广阔的实践视野、独立的研究能力和扎实的专业技能。因此，本书根据《中华人民共和国学位条例》和《中华人民共和国学位条例暂行办法》的要求，结合绩效技术专业人才的胜任力研究结果，提出专业博士［建议为教育博士（Ed. D.)］培养要强调专业理论与专业技能的应用，要求博士研究生充分掌握绩效技术及其相关领域的各种知识，并在实践情境中创造性地应用这些知识解决专业领域内的问题。

（二）专业博士学位的培养对象和入学条件

相对于专业硕士学位，对于绩效技术方向的专业博士来说，其目标群体主要面向：①企业、政府部门、非营利组织等的中高层管理人员；②在各种组织中从事人力资源开发与管理工作的人员；③在各种组织中从事绩效咨询或管理咨询工作的人员；④各级各类学校（含中小学、高校等）的教育管理人员。

专业博士学位申请者需要具备硕士学位或与之相当的学位，如教育硕士、MBA等，具有在某个领域3年以上的工作经历，最好具备一定的管理经验。另外，需要提供欲从事的研究设想或主要解决的实践问题。专业博士学位采用弹性学制，实行学分制。修学年限不低于3年，原则上不超过6年。

（三）专业博士学位的课程设置和学分要求

专业博士学位的候选人员多来自实践领域，因此需要补充绩效技术的相关理论基础。此外，根据胡奇森等人的要求，绩效技术专业人员应该做到以下几点。

①精通10个以上战略领域的15～25个甚至更多的干预措施。应该能够为客户设计任何限制条件的解决方案，并经得起其他专家的详细检查和评价。

②具备跨越15个或更多个战略领域的45～75个甚至更多干预措施的工作知识，能够设计和实施这些战略领域内的多种战术。

③知道一半以上干预措施的原则或原理，并能重新组织成这些方面的专业技能。

④与所有这些战略领域的专家保持联系。②

相关培养计划需要为绩效技术专业博士开设更多的专业领域课程（表9-7）。另外，由于其研究取向是应用研究，因此研究方法更倾向于量化研究。

---

① L. S. Shulman，C. M. Golde，A. C. Bueschel et al. ，"Reclaiming Education's Doctorates：A Critique and a Proposal," *Educational Researcher*，2006(3)，pp. 25-32.

② C. S. Hutchison，F. Stein & J. R. Carleton，"Potential Strategies and Tactics for Organizational Performance Improvement," *Performance & Improvement*，1996(3)，pp. 6-9.

表 9-7　绩效技术专业专业博士研究生课程设置和学分要求

课程类别	科目	备注	学分要求
公共必修课 （4 学分）	博士生外语	必修 （共 4 学分）	2 学分
	社会主义经济理论与实践		2 学分
学科基础课 （22 学分）	统计学基础	必修 （共 18 学分）	3 学分
	量化研究方法		3 学分
	系统理论与教学设计		2 学分
	绩效技术基础		2 学分
	绩效咨询与绩效分析		2 学分
	成人学习理论		2 学分
	项目管理		2 学分
	变革理论		2 学分
	公司财务	任选两门 （共 4 学分）	2 学分
	宏观经济学		2 学分
	战略人力资源		2 学分
	心理测量		2 学分
教育技术	企业 E-Learning 和学习管理系统	须选择一个专业领域的所有三门课程，并从其他专业领域各选一门 （共 12 学分）	2 学分
	工作辅助和电子绩效支持系统		2 学分
	知识管理		2 学分
人力资源	绩效考核与薪酬制度		2 学分
	职业生涯发展		2 学分
	领导力发展和继任管理		2 学分
组织变革	组织发展与变革		2 学分
	战略规划		2 学分
	组织学习与学习型组织		2 学分
财务系统	成本管理与财务规划		2 学分
	财务报表分析		2 学分
	会计学		2 学分
实践反思 （4 学分）	自己寻找合作机构就某一问题完成需求评估和绩效分析，提供合理可行的干预措施（集）选择报告，并实施干预措施，及对实施结果进行评价和再修改		3 学分
	以学术报告的方式对上述实践进行反思		1 学分

第四节　我国教育技术学领域中绩效技术专业人才培养的建议

我国绩效技术领域专业人才的培养主要在教育技术学领域中进行，但是，在教育技术学领域内从事绩效技术研究的专家却处于"被边缘化"的现状。这一现象正反映了学科演进的四个过程。[①] 首先是学科衍生（subject parturition），即从更为精深和较完整的旧学科中孕育产生新学科。其次是学科专业从属（subject program affiliation）。刚出现的学科往往是小专业，处在学科等级中的低层。在学科产生与地位不断提高的过程中，新产生的学科还没什么声望，因此长期被排斥在学术学科之外。再次是学科确立（subject dignification）。经过一段时间的成长，这些学科在某种程度上转变成可信度较高的学科，并由此获得了进入学术界的准入证，也就是指先前受排斥的专业被纳入法定的学科领域，标志着其正式获取学科的尊严和地位。最后是学科扩散（subject dispersion），指学科扩展了其专业范围或领域。例如，经济学持续不断地向教育经济学、政治经济学、生态经济学等更多学科领域扩展。又如，生物化学产生于交叉的学科领域。更多学科的发展也同样需要通过跨越学术学科的内部界限，在向其他领域扩张的过程中体现出来。

伯顿·克拉克教授通过观察美国学术专业的演变，确定了两种形式的增长：一种是"实质的增长"，另一种是"能动的增长"。所谓"实质的增长"，指的是新学科的纳入所导致的学术群体的增长。它在很大程度上是由专家驱动的，源于由机构特性和学科内容赋予学术的内在主动性。所谓"能动的增长"，指的是高等教育消费者不断增长的需求所导致的学术群体的增长，是一种伴随学生数量增长而出现的增长。"能动的增长"与"实质的增长"之间有着相辅相成的关系：前者以后者为基础、保障与发展原动力。例如，机构规模的扩大与人员数量的剧增，需要以提高训练与教育的质量为基础和保障。后者以前者为依托和实现途径。例如，一个由于不断纳入新成员、新内容而变得日益庞大且分化的教学计划与科研课题库，将更加依赖一个复杂且分化的院校结构所提供的支持性的架构和合理化的发展空间。没有一定规模的"能动的增长"，"实质的增长"虽然不会停止，但其增长也是有限度的。反过来，"实质的增长"的动力虽然主要源于自身适应社会发展需求的内在主动性，但是一定程度的机构规模的扩大为"实质的增长"提出了相应的增长需求，并提供了准备性基础。[②]

学术专业的"实质的增长"过程就是学科演进的过程，也是学科演进的基础。"实质的增长"的动力根源，恰恰存在于文明进步中社会劳动分工的客观规律中——新事物在抗争传统规章羁绊的过程中，为努力寻找合理化和合法化的生存空间，通过成长壮大而成为将人类文明持续不断地推向进步的力量。由社会劳动分工的规律所决定的学科结构的分化，实质上成为高等教育系统发展的最活跃的动力学因素。

鉴于此，教育技术学专业中的绩效技术研究是知识引领的。这些知识在很大程度上是通过研究产生的，受到研究人员的强烈追捧。因此，绩效技术研究相关的组织成为人

---

① B. R. Clark, "Substantive Growth and Innovative Organization: New Categories for Higher Education Research," *Higher Education*, 1996(4), pp. 417-430.

② 张丽：《伯顿·克拉克的高等教育思想研究》，118~119 页，武汉，华中师范大学出版社，2008。

才的聚集地，并鼓励高学历和研究生课程的发展。①

由此可见，我国教育技术学学科视域中的绩效技术专业人才培养，必须处理好"实质的增长"和"能动的增长"之间的关系。本书认为，应以教育技术学为切入点，大力发展博士教育，尤其是哲学博士教育，深入绩效技术的基础研究和应用研究，进一步推动绩效技术领域"实质的增长"；而面向实践的技能型人才，主要是硕士研究生和专业博士，应通过在高校（教育技术学及相关专业）接受绩效技术相关教育，显示出胜任的绩效技术技能，进一步"唤醒"社会发展对绩效技术专业人才的需求，从而产生"能动的增长"；这是我国绩效技术得以健康、快速发展的必由之路。

基于前述对绩效技术专业人员胜任力的构建，以及在此基础上设计的应然状态的绩效技术人才培养方案，本书为在教育技术学领域中培养绩效技术人才提出如下建议：①在教育技术学领域推广绩效技术的理念，促进教育技术学（或者是其中的一个分支）向绩效技术范式转移；②提供绩效技术取向的哲学博士学位课程，加大绩效技术自身的基础研究，不断推进学科的发展；③发挥教育技术学学科的优势，提供重视分析、设计和开发某一特定教学类专业技能领域的硕士学位（含专业硕士学位）；④探索提供博士层次专业学位或高级别专业认证的可行性。

一、教育技术学视域中绩效技术取向哲学博士培养构想

在教育技术学视域中培养绩效技术取向的哲学博士，是推动绩效技术"实质的增长"的主要途径。本书希望对绩效技术取向哲学博士的培养可以通过如下的理论基础课程、绩效技术核心课程、研究方法课程和高级博士研讨课来实现，并据此设计了表 9-8 所示的课程修学要求。

（一）理论基础课程

如前所述，绩效技术涉及的领域很宽泛，而高层次绩效技术专业人才应该具有扎实、丰厚的理论基础，这就需要为之提供宽泛的理论基础课程。因此，开设包括经济学、管理学和心理学等理论基础方面的课程，是拓宽哲学博士绩效技术视野的必由之路；系统理论和系统方法有助于专业人才养成绩效技术的系统化、整体性思维；而组织理论可以提供更广阔的组织视角。

（二）绩效技术核心课程

在教育技术学域下培养绩效技术专业人才，教育技术前沿研究和高级教学设计是其核心内容。而绩效技术自身的跨学科特性使得囿于教育技术学领域难以培养真正的绩效技术专业人才。通过本书前述对专业博士课程的分析可知，绩效咨询与绩效分析、测量与评价、项目管理以及组织变革等课程，是绩效技术专业人才培养的专业核心课程，通过这些课程培养的绩效技术人才具备与绩效改进流程各阶段相对应的能力。

（三）研究方法课程

虽然"哲学博士更倾向于'定性研究'"这一观点得到了广泛认同，但绩效技术"基于数据"的特性使得"定量研究"也成为博士研究生必须掌握的研究方法。因此，在研究方法类课程设计中，需要兼顾定性研究与定量研究。

---

① B. R. Clark，"Substantive Growth and Innovative Organization：New Categories for Higher Education Research," *Higher Education*，1996(4)，pp. 417-430.

（四）高级博士研讨课

与其他学科领域相比，教育技术学的优势在于"教育"和"技术"两个方面。因此，在实际发展状况下，有针对性地开展（基于 E-Learning 的）"整合的学习管理系统""电子绩效支持系统""知识管理和组织学习"方面的主题研讨课，相对于传统的人力资源管理职能，如人员选拔和职业生涯发展等，更能凸显教育技术学领域的优势。

表 9-8 绩效技术取向的教育技术学哲学博士课程修学要求

课程类别		课程名称	备注
主题研讨课	教学系统领域	整合的学习管理系统	从三个领域中选择其一深入研究；具备与其他两个领域相关的系统知识
	绩效支持领域	电子绩效支持系统	
	知识管理领域	知识管理和组织学习	
研究方法类课程		质性研究基础	从三门研究方法课中选择两门
		高级质性评价	
		组织中的定量研究	
专业核心课		教育技术前沿研究	必修课
		高级教学设计	
		绩效技术经典研读	
		绩效咨询与绩效分析	
		测量与评价	
		组织发展与变革	
		项目管理	
专业基础课		管理学经典研读	从三个领域中选择其一深入研读；具备与其他两个领域相关的系统知识
		经济学经典研读	
		心理学经典研读	
		组织理论	必修课
		系统理论与系统方法	

二、教育技术学领域中具备绩效技术视野的硕士研究生培养构想

从应用型人才培养的角度来看，培养"具有绩效技术视野的教育技术专业人才"是在教育技术学领域中培养绩效技术专业人才的重要方向。已有教育技术学专业人才培养方案中的课程已趋饱和，很难继续"增设课程"，因此必须对现有教育技术学专业课程进行调整，使之包含"具有绩效技术视野"所必需的课程。表 9-9 设计了一种试图培养具有绩效技术视野的硕士层次教育技术专业人才的课程修学方案。

（一）围绕绩效技术流程的核心专业课程

从需求分析到干预措施的选择、设计、开发，乃至实施、测量、评价与管理，遵循这一系统化的过程是确保"具有绩效技术视野"的基本要求。

（二）拓展必要的理论基础课程

虽然我们不可能要求硕士研究生像博士研究生那样对经济学、管理学、心理学等理论基础学科进行深入的研讨，但具备经济学、管理学和心理学方面的基础是使其充分认识绩效技术本质的必要保障。

（三）特定专业技能领域的主题课程

教育技术学专业课程体系中的教学设计及其相关课程，是教学类干预措施设计、开发、实施、管理和评价的"主抓手"。绩效技术广泛的干预措施和专业技能领域，使得绩效技术专业人才（尤其是干预措施专家）的多样性成为可能。例如，致力于"整合的学习管理系统""整合的人才管理系统""电子绩效支持系统"等专业技能领域的深入发展和应用研究，既能发挥本专业（教育技术学专业）优势，又与企事业单位的需求相契合，是教育技术真正走向社会的基础。另外，逐步提供"薪酬/激励"和"财务系统"等非教学类干预措施的学习机会，是在教育技术学领域中培养绩效技术专业人才的发展方向。由于财务和薪酬等属于高度专门化的领域，不应成为教育技术学领域的特色，因此应从"教育"和"技术"两个教育技术学的优势出发，培养相应的 E-Learning 专家和电子绩效支持系统开发人员等。

绩效技术取向的教育技术学硕士研究生的课程修学要求见表 9-9。

表 9-9　绩效技术取向的教育技术学硕士研究生的课程修学要求

课程类别		课程名称	备注
方向主题课	教学系统领域	整合的学习管理系统	从三个领域中选择其一作为研究主题；具备与其他两个领域相关的系统知识
	绩效支持领域	电子绩效支持系统	
	知识管理领域	知识管理和组织学习	
研究方法类课程		统计学基础	研究方法课，两门必修
		质性研究基础	
专业核心课		教育技术前沿研讨	必修课
		教学设计与系统方法	
		绩效技术基础	
		绩效咨询与绩效分析	
		测量与评价	
专业基础课		管理学基础	从三个领域中选择其一深入研读；具备与其他两个领域相关的系统知识
		经济学基础	
		心理学基础	
		组织行为学	2 选 1，加深对组织及其行为的理解
		组织发展与变革	

　　有研究者在构建人力资源开发学科时提出"跨溪建屋"，用多元学科的观点来研究和整合知识体系，在多元化背景下进行综合性沟通，应用不同的学科知识和研究方法来解决相关的特殊问题。[①] 而教育技术学也正是绩效技术多元学科中的一个，认识到这一点是至关重要的。

---

　　① 欧阳忠明：《跨溪建屋：学科互涉视阈下人力资源开发学科构建研究》，博士学位论文，华东师范大学，2011。

结　语

　　通过深入调查国际上绩效技术专业人才的角色及其胜任力研究，结合我国的实际情况进行专家访谈和问卷调查，从"基本能力""流程能力""干预措施"三个方面构建我国绩效技术专业人才的胜任力列表，并从操作性知识和原理性知识两个方面充分梳理绩效技术的知识体系，以此为基础构建我国绩效技术专业人才培养课程体系，并设计绩效技术专业人才培养方案，是本书的主要目标。

　　本书通过广泛总结国际绩效技术专业人才角色和胜任力的已有研究（包括与之密切相关的教学系统设计和人力资源开发领域），为构建我国绩效技术专业人才胜任力模型奠定文献基础；在此基础上，又针对我国绩效技术角色和胜任力开展大量专家访谈和问卷调查，从"基本能力""流程能力""干预措施"三个方面构建我国绩效技术专业人员的胜任力列表。通过深入研究，总结出绩效改进所涉及的绩效分析（含需求评估和原因分析）、干预措施选择、干预措施的设计与开发、干预措施实施与维护和干预措施测量与评价五个阶段，是每一个绩效改进项目都必不可少的内容，也是每一个绩效技术专业人才都需要具备的基本胜任力。而与整个流程相关的项目管理和变革管理，则是更高一级的胜任力，需要更多的实践经验。这些与绩效技术流程各阶段相关的基本胜任力表现出"地域无关性"，而"基本能力"和"干预措施"两个方面的胜任力，则与本国的发展状况和实践领域有着密切的相关性。

　　本书通过大量文献研究，分析了绩效技术的操作性知识和原理性知识，整理出了绩效技术的理论基础、基本假设和基本原则、绩效技术依据并利用或转化的学科知识，以及绩效技术自身的基本知识、发展历史、方法与工具、过程模型和主要的干预措施类型等相关内容，形成绩效技术的知识逻辑体系。

　　本书根据绩效技术领域自身的跨学科性，基于胜任力模型，构建我国绩效技术研究方向的课程体系，为专业人才培养奠定基础。传统模式通常把课程分为专业基础课、专业核心课、专业拓展课和专业实践课，实践类课程往往被安排在最后。此外，绩效技术涉及大量的干预措施类别和专业技能领域，应该讲授哪些干预措施，需要提供什么样的教学经验，这些问题一直困扰着国际绩效技术专业人才的培养。而"分散主题"以模块化的方式组织课程内容，各课程间相对独立，便于开展，有助于培养反思型专业人才。

　　由于绩效技术从多个学科领域吸收养分，并应用于广泛的实践领域，因此对于人才的需求层次越来越高。结合国际高等教育界对"专业博士学位"的研究和对实践领域进行的专家访谈，相对于普遍得出的"以培养硕士层次的高级应用型人才为主"的观点，本书提出，博士层次的研究生（特别是"研究型专业人才"）的培养，应作为一段时期内的培养重点，这对于绩效技术领域自身的发展和地位的确立有着重要的影响。硕士层次难以培养真正意义上的绩效技术专业人员，应以培养具有绩效技术视野的教学设计人员和具有绩效技术整体观的某一专业技能领域干预措施专业人员为主。

　　由于绩效技术本身具有复杂性，且其在国内的发展现状和研究者个人能力等多方面存在局限，本书在下列方面还有不足。

　　缺乏从事绩效技术及其相关领域的实践经验，使本书在确定访谈对象和问卷调查对象时存在一定的片面性。例如，问卷调查的对象主要是培训经理，难以涵盖更广泛的相关人群。虽然专家访谈在某种程度上对此进行了弥补，但由于精力等方面的局限，研究者仅选取了少数高等学校的教研人员和咨询公司的资深顾问进行访谈。因此，本书所构建的胜任力列表尚需要更大范围内接受相关专家的调查研究。

　　绩效技术的干预措施已达几百种，如何进行把握并组织进课程体系，一直以来都是本领域中的一个难题。本书在调查分析阶段试图打破以往分类的局限，但最终在课程体系构建中，还是难免落在"类别"上。所幸，打破以往的分类可以从一定的粒度水平上更准确地对课程体系进行把握。

　　人才培养是一个长期工程，因此本书所构建的课程体系和培养方案尚需经历更多的实践检验，以便进一步完善。在学科建设和人才培养的持续发展中，本书中的观点也将会不断改进。此外，人才培养和学科建设必然涉及学科制度问题，受研究水平和精力所限，本书并未对相关问题进行深入研究，因此所构建的课程体系和培养方案在实践过程中会遇到一些阻力。虽则如此，本书致力于绩效技术本身知识的发展，以期比较全面、精准地把握绩效技术知识体系，并为教育技术学学科和绩效技术领域的建设贡献绵力，是为幸甚。

主要参考资料

中文资料

[1]兹纳涅茨基．知识人的社会角色[M]．郏斌祥，译．南京：译林出版社，2000．

[2]劳耐尔，赵志群，吉利．职业能力与职业能力测评：KOMET理论基础与方案[M]．北京：清华大学出版社，2010．

[3]雅斯贝尔斯．大学之理念[M]．邱立波，译．上海：上海人民出版社，2007．

[4]西尔斯，里齐．教学技术：领域的定义和范畴[M]．乌美娜，刘雍潜，等，译．北京：中央广播电视大学出版社，1999．

[5]克拉克．研究生教育的科学研究基础[M]．王承绪，译．杭州：浙江教育出版社，2001．

[6]克拉克．探究的场所：现代大学的科研和研究生教育[M]．王承绪，译．杭州：浙江教育出版社，2001．

[7]范·提姆，莫斯利，迪辛格．绩效改进基础：人员、流程和组织的优化（第三版）[M]．易虹，姚苏阳，译．北京：中信出版社，2013．

[8]D. 罗宾逊，J. 罗宾逊．绩效咨询：人力资源和培训管理专业人士实用指南[M]．田力，译．北京：清华大学出版社，2011．

[9]斯托洛维奇，吉普斯．从培训专家到绩效顾问[M]．杨震，颜磊，谷明樾，译．南京：江苏人民出版社，2014．

[10]斯托洛维奇，吉普斯．从培训专家到绩效顾问训练手册[M]．杨震，颜磊，谷明樾，译．南京：江苏人民出版社，2014．

[11]拉姆勒，布拉奇．绩效改进：消除管理组织图中的空白地带[M]．朱美琴，彭雅瑞，等，译．北京：机械工业出版社，2005．

[12]吉雷，梅楚尼奇．组织学习、绩效与变革：战略人力资源开发导论[M]．康青，译．北京：中国人民大学出版社，2005．

[13]美国科学、工程与公共政策委员会．重塑科学家与工程师的研究生教育[M]．徐远超，等，译．北京：科学技术文献出版社，1999．

[14]斯旺森．绩效分析与改进（第2版）[M]．孙仪，杨生斌，译．北京：中国人民大学出版社，2010．

[15]斯旺森，霍尔顿．人力资源开发[M]．王晓晖，译．北京：清华大学出版社，2008．

[16]默顿．科学社会学：理论与经验研究[M]．鲁旭东，林聚任，译．北京：商务印书馆，2003．

[17]默顿．社会理论和社会结构[M]．唐少杰，齐心，等，译．南京：译林出版社，2008．

[18]加涅．教育技术学基础[M]．张杰夫，译．北京：教育科学出版社，1992．

[19]安德森．布卢姆教育目标分类学：分类学视野下的学与教及其测评[M]．蒋小平，张琴美，罗晶晶，译．北京：外语教学与研究出版社，2009．

[20]比彻姆．课程理论[M]．黄明皖，译．北京：人民教育出版社，1989．

[21]泰勒. 课程与教学的基本原理：英汉对照版[M]. 罗康，张阅，译. 北京：中国轻工业出版社，2008.

[22]瑞泽，邓普西. 教学设计和技术的趋势与问题（第二版）[M]. 王为杰，等，译. 上海：华东师范大学出版社，2008.

[23]加涅，布里格斯，韦杰. 教学设计原理[M]. 皮连生，庞维国，译. 上海：华东师范大学出版社，1999.

[24]舍恩. 反映的实践者：专业工作者如何在行动中思考[M]. 夏林清，译. 北京：教育科学出版社，2007.

[25]舍恩. 培养反映的实践者：专业领域中关于教与学的一项全新设计[M]. 郝彩虹，张玉荣，雷月梅，等，译. 北京：教育科学出版社，2008.

[26]迪克，凯瑞，凯瑞. 系统化教学设计（第六版）[M]. 庞维国，等，译. 上海：华东师范大学出版社，2007.

[27]斯科特，戴维斯. 组织理论：理性、自然与开放系统的视角[M]. 高俊山，译. 北京：中国人民大学出版社，2011.

[28]罗斯维尔，霍恩，金. 员工绩效改进：培养从业人员的胜任能力[M]. 杨静，肖映，译. 北京：北京大学出版社，2007.

[29]克莱恩. 跨越边界：知识、学科、学科互涉[M]. 蒋智芹，译. 南京：南京大学出版社，2005.

[30]竹内弘高，野中郁次郎. 知识创造的螺旋：知识管理理论与案例研究[M]. 李萌，译. 北京：知识产权出版社，2006.

[31]波兰尼. 个人知识：迈向后批判哲学[M]. 许泽民，译. 贵阳：贵州人民出版社，2000.

[32]吉本斯，利摩日，诺沃提尼，等. 知识生产的新模式：当代社会科学与研究的动力学[M]. 陈洪捷，沈文钦，等，译. 北京：北京大学出版社，2011.

[33]陈洪捷，等. 博士质量：概念、评价与趋势[M]. 北京：北京大学出版社，2010.

[34]陈俊，郑春厚. 绩效技术本土化发展现状研究[J]. 软件导刊（教育技术），2010，9（3）：12-14.

[35]陈蓉，李兴保. 谈教育技术视野中的绩效技术[J]. 电化教育研究，2005(2)：14-17.

[36]陈万思. 知识员工胜任力：理论与实践[M]. 上海：上海财经大学出版社，2007.

[37]陈向明. 质的研究方法与社会科学研究[M]. 北京：教育科学出版社，2000.

[38]樊平军. 知识视野中的中国大学专业设置研究[M]. 北京：北京师范大学出版社，2011.

[39]费孝通. 略谈中国的社会学[J]. 高等教育研究，1993(4)：3-9.

[40]冯明，尹明鑫. 胜任力模型构建方法综述[J]. 科技管理研究，2007(9)：229-230，233.

[41]方圆媛. 美国高校绩效技术课程设置研究[D]. 北京：北京师范大学，2010.

[42]高利明. 世纪之交我国教育技术的发展[J]. 中国电化教育，1996(9)：11-15.

[43]顾明远. 中国教育的文化基础[M]. 太原：山西教育出版社，2004.

[44]教育学名词审定委员会. 教育学名词[M]. 北京：高等教育出版社，2013.

[45]何克抗. 中国特色教育技术理论的建构与发展[M]. 北京：北京师范大学出版社，2012.

[46]胡玲琳．我国高校研究生培养模式研究：从单一走向双元模式[M]．上海：复旦大学出版社，2010．

[47]黄宝印．我国专业学位研究生教育发展的新时代[J]．学位与研究生教育，2010（10）：1-7．

[48]黄长．国外专业人才培养战略与实施[M]．北京：社会科学文献出版社，2006．

[49]黄健，熊燕．培训师：21世纪的职业新宠[J]．教育发展研究，2005(5)：44-47．

[50]焦建文．绩效技术在我国教育技术领域发展缓慢的原因与对策浅析[J]．云南电大学报，2008，10(4)：28-31．

[51]康翠．基于教师专业发展的学科教学设计研究：教案编制的视角[D]．北京：北京师范大学，2011．

[52]李龙．教育技术人才的专业能力结构：五论教育技术学科的理论与实践[J]．电化教育研究，2005(7)：3-8．

[53]李盛兵．中国研究生教育模式之嬗变[J]．辽宁高等教育研究，1995(5)：92-97．

[54]李盛兵．世界三种主要研究生教育模式之比较研究[J]．教育研究，1996(2)：12-17．

[55]李爽．基于能力的远程教育专业课程计划开发研究[D]．北京：北京师范大学，2006．

[56]李雪飞，程永波．交叉学科研究生培养的三种模式及其评析[J]．学位与研究生教育，2011(8)：10-15．

[57]梁林梅．教育技术实践发展中一个活跃的领域：绩效技术[J]．教育发展研究，2002(Z1)：68-72．

[58]梁林梅．教育技术与绩效技术之关系探讨[J]．电化教育研究，2005(12)：15-19．

[59]梁林梅．教育技术学视野中的绩效技术研究[M]．武汉：华中师范大学出版社，2009．

[60]梁林梅，田党瑞．我国教育技术发展的历史反思与趋势展望：第八届教育技术国际论坛述略[J]．现代远程教育研究，2009(5)：5-9，71．

[61]廖文婕．我国专业学位研究生培养模式的系统结构研究[M]．厦门：厦门大学出版社，2013．

[62]刘和海．论多元视角下的教育技术学实践[J]．现代教育技术，2011，21(11)：23-27．

[63]刘建树，丁辛，陆嵘，等．行业背景工科博士研究生培养中导师作用的发挥：基于纺织学科获选全国优秀博士学位论文的分析[J]．学位与研究生教育，2011(3)：31-35．

[64]刘美凤．教育技术学学科未来发展需要研究的课题[J]．中国电化教育，2003(9)：36-41．

[65]刘美凤．中国教育技术学学科发展面临的问题与对策[J]．中国电化教育，2003(10)：9-15．

[66]刘美凤．教育技术学学科定位问题研究[M]．北京：教育科学出版社，2006．

[67]刘美凤，方圆媛．绩效改进[M]．北京：北京大学出版社，2011．

[68]刘世清，关伟．教育绩效技术：绩效技术与教育技术融合发展的走向[J]．黑龙江高教研究，2004(4)：11-13．

[69]刘秀娜．我国护理学博士研究生教育培养目标的探索性研究[D]．重庆：第三军医大学，2012．

[70]刘永贵．印第安娜大学教学系统技术系硕士课程对我国教育技术学专业硕士研究生课程建设的启示[J]．电化教育研究，2004(3)：64-67．

[71]罗双平.从岗位胜任到绩效卓越：能力模型建立操作实务[M].北京：机械工业出版社，2005.

[72]马健生，滕珺.论我国教育博士(Ed. D.)专业学位设置的迫切性和可行性[J].学位与研究生教育，2007(8)：64-70.

[73]马健生，滕珺.关于教育博士(Ed. D.)培养方案的构想[J].教师教育研究，2007(6)：33-37.

[74]马宁，林君芬，林涛，等.绩效技术的理论渊源与研究领域[J].中国电化教育，2004(10)：5-9.

[75]马文娜，张义兵.面向企业的应用实践：美国佛罗里达州立大学教育技术专业给我们的启示[J].现代教育技术，2009，19(11)：57-59.

[76]马晓玲.美国教育技术学专业课程设置研究[D].北京：北京师范大学，2012.

[77]牛佳.高等师范院校优化人才培养方案的几点思考[J].内蒙古师范大学学报(教育科学版)，2011，24(3)：45-47.

[78]欧阳忠明.跨溪建屋：学科互涉视阈下人力资源开发学科构建研究[D].上海：华东师范大学，2011.

[79]彭剑锋.人力资源管理概论[M].上海：复旦大学出版社，2003.

[80]皮连生.教学设计(第2版)[M].北京：高等教育出版社，2009.

[81]石中英.论专业学位教育的专业性[J].学位与研究生教育，2007(1)：7-11.

[82]宋磊.专家技能的养成研究：从新手到专家[D].上海：华东师范大学，2009.

[83]宋钺.提高创造性潜能教育新技术：绩效技术[J].继续教育，1997(1)：50.

[84]王成军.官产学三重螺旋研究：知识与选择[M].北京：社会科学文献出版社，2005.

[85]王续琨.交叉科学结构论[M].大连：大连理工大学出版社，2003.

[86]王战军.学位与研究生教育评价理论与方法[M].北京：高等教育出版社，2012.

[87]乌美娜.教学设计[M].北京：高等教育出版社，1994.

[88]吴启迪.抓住机遇深化改革提高质量积极促进专业学位教育较快发展[J].学位与研究生教育，2006(5)：1-4.

[89]辛自强，林崇德.认知负荷与认知技能和图式获得的关系及其教学意义[J].华东师范大学学报(教育科学版)，2002(4)：55-60，77.

[90]宿一冰，施渊.绩效技术与电子绩效支持系统的特点及其关系探讨[J].中国现代教育装备，2005(12)：32-34.

[91]徐福荫.改革开放推动我国教育技术迅猛发展[J].教育研究，2009，30(5)：3-9.

[92]徐红彩.教育技术学专业本科生就业：现状、问题与建议：对2005届毕业生就业问题的调查研究[J].电化教育研究，2006(11)：61-64.

[93]许为民，李稳博.浅析绩效内涵的国内外发展历程及未来趋势[J].吉林师范大学学报(人文社会科学版)，2009，37(6)：83-86.

[94]杨德广.现代高等教育思想探索[M].北京：人民教育出版社，2001.

[95]杨志坚.中国本科教育培养目标研究(之一)：导论[J].辽宁教育研究，2004(5)：10-15.

[96]尹睿，梁贵媛.近十年中美绩效技术研究的历史回顾与发展比较[J].中国远程教育，2008(6)：17-22.

[97]尹睿，叶萌，郑晓纯．中美绩效技术课程的比较研究[J]．电化教育研究，2009(11)：86-90.

[98]查晓瑜．教育技术的局限性初探[J]．电化教育研究，2008(2)：14-18.

[99]张帆，王红梅．德国大学博士培养模式的主要问题及变革尝试[J]．比较教育研究，2008(11)：32-36.

[100]张钢，倪旭东．从知识分类到知识地图：一个面向组织现实的分析[J]．自然辩证法通讯，2005(1)：59-68，112.

[101]张继蓉，李素琴．研究生培养目标的历史嬗变与现阶段我国研究生培养目标的定位[J]．学位与研究生教育，2006(11)：18-21.

[102]张丽．伯顿·克拉克的高等教育思想研究[M]．武汉：华中师范大学出版社，2008.

[103]张鸣．初级临床医师胜任力模型与测量框架研究[D]．北京：北京师范大学，2008.

[104]张恰，毛广玉．教育技术学研究的新领域：企业绩效技术[J]．中国电化教育，1996(7)：19-21.

[105]张晓梅．美国高校绩效技术课程设置及应用领域研究[D]．曲阜：曲阜师范大学，2012.

[106]张祖忻．企业绩效技术是教育技术走向市场的重大突破[J]．外语电化教学，1995(3)：23-25，22.

[107]张祖忻．从教学设计到绩效技术[J]．中国电化教育，2000(7)：5-8.

[108]张祖忻．绩效技术的启示 教育技术发展的要求[J]．现代远程教育研究，2006(2)：9-14，71.

[109]张祖忻．教育国际化背景下教育技术学专业发展思路[J]．中国电化教育，2012(6)：20-23.

[110]张祖忻．绩效技术概论[M]．上海：上海外语教育出版社，2005.

[111]赵恒平，雷卫平．人才学概论[M]．武汉：武汉理工大学出版社，2009.

[112]赵志群．职业教育与培训学习新概念[M]．北京：科学出版社，2003.

[113]赵志升．绩效技术及其在教育技术中的应用[J]．教学与管理（理论版），2006(1)：29-30.

[114]仲理峰，时勘．绩效管理的几个基本问题[J]．南开管理评论，2002(3)：15-19.

[115]朱瑜，王雁飞．企业胜任力模型设计与应用研究[M]．北京：科学出版社，2011.

[116]2006—2010 年教育部高等学校教育技术学专业教学指导委员会．高等学校教育技术学专业指导性专业规范[M]．北京：高等教育出版社，2013.

[117]《中国学位与研究生教育发展战略报告》编写组．中国学位与研究生教育发展战略报告[J]．学位与研究生教育，2002(6)：1-21.

外文资料

[1]ADDISON R M, TOSTI D T. Two Views of ISPI and the Future of Performance Improvement[J]. Performance Improvement Quarterly, 2012, 25(1), 23-26.

[2]ANGLIN G J. Instructional Technology：Past，Present，and Future[M]. 2nd ed. Englewood，Colorado：Libraries Unlimited，1995.

[3]ARNESON J, ROTHWELL W J, NAUGHTON J. ASTD Competency Study：The Training & Development Profession Redefined［M］. Alexandria，VA：ASTD

Press，2013.

[4]ARNESON J，ROTHWELL W，NAUGHTON J. Training and Development Competencies Redefined to Create Competitive Advantage[J]. Training & Development，2013，67(1)：42-47.

[5]ASTD. ASTD Learning System：Module 3—Improving Human Performance[M]. Danvers，MA：ASTD Press，2006.

[6]ASTD. ASTD Learning system：Module 5—Facilitating Organizational Change[M]. Danvers，MA：ASTD Press，2006.

[7]BASSI L J，CHENEY S，VAN BUREN M. Training Industry Trends 1997[J]. Training & Development，1997，51(11)：46-59.

[8]BATTENFIELD A E，SCHEHL J. Practice Analysis for Human Performance Technologists[J]. Performance Improvement，2013，52(8)：15-20.

[9]BERNARDEZ M L. Should We Have a Universal Model for HPT? A Practical Alternative That Works[J]. Performance Improvement，2011，50(9)：41-48.

[10]BERNTHAL P，COLTERYAHN K，DAVIS P，et al. ASTD Competency Study：Mapping the Future [M]. Alexandria，VA：ASTD Press，2004.

[11]BIECH E. ASTD Handbook for Workplace Learning Professionals[M]. Alexandria，VA：ASTD Press，2008.

[12]BINDER，C. Promoting HPT innovation：A Return to Our Natural Science Roots[J]. Performance Improvement Quarterly，1995，8(2)：95-113.

[13]BOURNER T，BOWDEN R，LAING S. Professional Doctorates in England[J]. Studies in Higher Education，2001，26(1)：65-83.

[14]BRATTON，B. Professional Certification：Will It Become a Reality? [J]. Performance and Instruction，1984，23(1)：4-7.

[15]BRETHOWER D M. Specifying a Human Performance Technology Knowledgebase[J]. Performance Improvement Quarterly，2008，8(2)：17-39.

[16]BRETHOWER D M. Sense and Nonsense in HPT[J]. Performance Improvement，2004，43(3)：5-11.

[17]CLARK B R. Substantive Growth and Innovative Organization：New Categories for Higher Education Research[J]. Higher Education，1996，32(4)：417-430.

[18]CAMPBELL D J. Establishing a Competency Model for E-Learning Instructional Systems Designers in the United States[D]. Phoenix，AZ：University of Phoenix，2007.

[19]CHEVALIER R D. A Brief History of Performance Improvement[J]. Performance Improvement，2008，47(6)：5-11.

[20]CLARK B R. Substantive Growth and Innovative Organization：New Categories for Higher Education Research[J]. Higher Education，1996，32(4)：417-430.

[21]CONN C A. A Study Investigating How Human Performance Technology Competencies Are Integrated into Educational Technology Master's Degree Programs[D]. Greeley，CO：University of Northern Colorado，2003.

[22]CUMMINGS T G，WORLEY C G. Organization Development and Change[M]. 11th

ed. Boston，MA：South-Western Cengage Learning，2009.

[23]DILLS C R，ROMISZOWSKI A J. Instructional Development Paradigms[M]. Englewood Cliffs，NJ：Educational Technology，1997.

[24]DAVIS P，NAUGHTON J，ROTHWELL W. New Roles and New Competencies for the Profession[J]. Training and Development，2004，58(4)：27-36.

[25]DEAN P J. Allow Me to Introduce Thomas F. Gilbert[J]. Performance Improvement Quarterly，2008，5(3)：83-95.

[26]DEAN P J. Examining the Practice of Human Performance Technology[J]. Performance Improvement Quarterly，1995，8(2)：68-94.

[27]DEAN P J. Editorial-Performance Improvement Quarterly：A Vehicle for Contributing to the Performance Improvement Profession[J]. Performance Improvement Quarterly，1996，9(3)：3-9.

[28]DEAN P J. Editorial：Historical Roots and Future Directions[J]. Performance Improvement Quarterly，1996，9(1)：1-2.

[29]DEAN P J，RIPLEY D E. Performance Improvement Pathfinders：Models for Organizational Learning[M]. Silver Spring，MD：The International Society for Performance Improvement，1997.

[30]DESSINGER J C，MOSELEY J L，VAN TIEM D M. Performance Improvement/HPT Model：Guiding the Process[J]. Performance Improvement，2012，51(3)：10-17.

[31]DICK W，WAGER W. Preparing Performance Technologists：The Role of a University[J]. Performance Improvement Quarterly，1995，8(4)：34-42.

[32]DIERKES S V. Performance Technology—Not a One-Size-Fits-All Profession[J]. Performance Improvement，2012，51(2)：8-9.

[33]ERICSSON K A，CHARNESS N，FELTOVICH P J，et al. The Cambridge Handbook of Expertise and Expert Performance[M]. Cambridge，UK：Cambridge University Press，2006.

[34]FINK D. The Professional Doctorate：Its Relativity to the Ph. D. and Relevance for the Knowledge Economy[J]. International Journal of Doctoral Studies，2006(1)：35-44.

[35]FOX E J，KLEIN J D. What Should Instructional Designers and Technologists Know about Human Performance Technology? [J]. Performance Improvement Quarterly，2003，16(3)：87-98.

[36]FOXON M，RICHEY R C，ROBERTS R C，et al. Training Manger Competencies：The Standards[M]. 3rd ed. Syracuse，NY：ERIC Clearinghouse on Information and Technology，2003.

[37]FULLER J，FARRINGTON J. From Training to Performance Improvement：Navigating the Transition[M]. San Francisco，CA：Jossey-Bass/Pfeiffer，1999.

[38]GARRICK J，RHODES C. Research and Knowledge at Work：Perspectives，Case-Studies and Innovative Strategies [M]. London：Routledge，2000.

[39]GAYESKI D M. Changing Roles and Professional Challenges for Human Performance

Technology[J]. Performance Improvement Quarterly，1995，8(2)：6-16.

[40]GIBERSON T R. Performance Capabilities and Competencies at the Undergraduate and Graduate Levels for Performance Improvement Professionals［J］. Performance Improvement Quarterly，2010，22(4)：99-120.

[41]GILBERT T F. Human Competence：Engineering Worthy Performance[M]. San Francisco，CA：John-Wiley & Sons/Pfeiffer，2007.

[42]GILBERT T F. Mathetics：The Technology of Education[J]. Journal of Mathetics，1962(1)：7-73.

[43]GILBERT T F，GILBERT M B. Performance Engineering：Making Human Productivity a Science[J]. Performance & Instruction，1989，28(1)：3-9.

[44]GILLEY J W，EGGLAND S A，GILLEY A M，Principles Of Human Resource Development[M]. Reading，MA：Addison-Wesley，1989.

[45]GUERRA I J. Key Competencies Required of Performance Improvement Professionals [J]. Performance Improvement Quarterly，2003，16(1)：55-72.

[46]GUERRA I J. A Study to Identify Key Competencies Required of Performance Improvement Professionals[D]. Tallahassee，FL：Florida State University，2001.

[47]Hale J A. The Performance Consultant's Fieldbook：Tools and Techniques for Improving Organizations and People［M］. San Francisco，CA：John Wiley & Sons/Pfeiffer，2006.

[48]Harless J. Whither Performance Technology? ［J］ Performance & Instruction，1992，31(2)：5-8.

[49]HPT Research Group. HPT Cognitive Analysis：A Final Report to the ISPI Board[EB/OL]. (2002-03-03)[2013-04-19]. http：//www. hyperformer. com/hpt/PDFs/FinalReport02. pdf.

[50]HUTCHISON C S. A Performance Technology Process Model[J]. Performance & Instruction，1990，29(2)：18-21.

[51]HUTCHISON C S. What's a Nice P. T. Like you Doing…? ［J］. Performance & Instruction，1990，29(9)：1-6.

[52]HUTCHISON C S，STEIN F S. A Whole New World of Interventions：The Performance Technologist as Integrating Generalist. Performance Improvement Quarterly，1998，37(5)：18-25.

[53]HUTCHISON C S，STEIN F S，CARLETON J R. Potential Strategies and Tactics for Organizational Performance Improvement[J]. Performance & Instruction，1996，35(3)：6-9.

[54]IRLBECK S A. Human Performance Technology：An Examination of Definitions Through Dependent and Independent Variables[J]. Performance Improvement Quarterly，2008，15(2)：84-95.

[55]JACOBS R L. Human Performance Technology：A Systems-Based Field for the Training and Development Profession[EB/OL]. [2022-11-01]. https：//files. eric. ed. gov/fulltext/ED290936. pdf.

[56]JANUSZEWSKI A，MOLENDA M，Educational Technology：A Definition with

Commentary[M]. London: Lawrence Erlbaum Associates, 2008.

[57]KANG S P. Validation of Key Stages of the International Society for Performance Improvement Human Performance Technology Model[D]. Bloomington, IL: Indiana University, 2012.

[58]KAUFMAN R, CLARK R. Re-establishing Performance Improvement as a Legitimate Area of Inquiry, Activity, and Contribution: Rules of the Road[J]. Performance Improvement, 1999, 38(9): 13-18.

[59]KING S B. Practitioner Verification of the Human Performance Improvement Analyst Competencies and Outputs[D]. Parkville, MO: University Park, 1998.

[60]KLEIN J D, FOX E J. Performance Improvement Competencies for Instructional Technologists[J]. TechTrends, 2004, 48(2): 22-25.

[61]KUCHINKE K P. HRD University Education: An International Research Agenda[J]. Human Resource Development International, 2001, 4(2): 253-261.

[62]LANGDON D G, WHITESIDE K S. The Performance Technologists Role in Interventions: An Interview with Joe Harless. Performance Improvement, 1997, 36(10): 36-38.

[63]LANGDON D G, Whiteside K S, MCKENNA M M. Intervention Resource Guide: 50 Per-formance Improvement Tools [M]. San Francisco, CA: Jossey-Bass/Pfeiffer, 1999.

[64]LARSON M B. Instructional Design Career Environments: Survey of the Alignment of Preparation and Practice[J]. TechTrends, 2005, 49(6): 22-32.

[65]LESTER S. Conceptualizing the Practitioner Doctorate[J]. Studies in Higher Education, 2004, 29(6): 757-770.

[66]LIPPITT G, Nadler L. The Emerging Roles of The Training Director[J]. Training & Development, 1967, 21(8): 2-10.

[67]MAESO E D. Is an HPT Universal Model Necessary? [J]. Performance Improvement, 2012, 51(1): 5-7.

[68]MAGER R F. The "T" in "PT" Has Got to Go[J]. Performance & Instruction, 1992, 31(2): 57-58.

[69]MARKER A. The harvest of PT: ISPFS Past Presidents' Recommendations for the Preparation of Performance Technologists[J]. Performance Improvement Quarterly, 2008, 8(4): 22-33.

[70]MARRELLI A F. An Introduction to Competency Analysis and Modeling[J]. Performance Improvement, 1998, 37(5): 8-17.

[71]MARRELLI A F. A Universal Performance Model for Human Performance Technology: The Time Has Come[J]. Performance Improvement, 2011, 50(9): 6-12.

[72]MCCLELLAND D C. Testing for Competence rather than for Intelligence[J]. The American Psychologist, 1973, 28(1): 1-14.

[73]MCLAGAN P A, BEDRICK D. Models for Excellence: The Results of the ASTD Training and Development Competency Study[J]. Training and Development Journal,

1983，37(6)：10-20.

[74]MEDSKER K，FRY J. Toward a Performance Technology Curriculum[J]. Performance & Instruction，1992，31(2)：53-56.

[75]MEDSKER K，HUNTER P，STEPICH D，et al. HPT in Academic Curricula：Survey Results[J]. Performance Improvement Quarterly，1995，8(4)：6-21.

[76]FRED N. Manage Your Own Performance：No One Else Can[J]. Performance Improvement，2011，50(2)：31-35.

[77]FRED N. A Single Universal Model? No，Thanks! [J]. Performance Improvement，2011，50(9)：15-19.

[78]LINDSLEY O R. In Memoriam Thomas F. Gilbert (1927-1995) [J]. The Behavior Analyst，1996，19(1)：11-18.

[79]MAGER R F，PIPE P. Analyzing Performance Problems：Or，You Really Oughta Wanna：How to Figure Out Why People Aren't Doing What They Should Be，and What to Do about it [M]. Atlanta，GA：The Center for Effective Performance，1997.

[80]MCLAGAN P. Models for HRD Practice[M]. Alexandria，VA：The American Society for Training and Development，1989.

[81]MOORE W E. The Professions：Roles and Rules [M]. New York：Russell Sage Foundation，1970.

[82]NOBLE K A. Changing Doctoral Degrees：An International Perspective[M]. Buckingham：Open University Press，1994.

[83]NORDHAUG O，GRØNHAUG K. Competences as Resources in Firms[J]. The International Journal of Human Resource Management，1994，5(1)：89-106.

[84]PERSHING J A. Handbook of Human Performance Technology：Principles，Practices，and Potential[M]. 3rd ed. San Francisco，CA：Pfeiffer/Wiley，2006.

[85]PERSHING J A，LEE J-E，CHENG J L. Current Status，Future Trends，and Issues in Human Performance Technology，Part 2：Models，Influential Disciplines，and Research and Development. [J] Performance Improvement，2008，47(2)：7-15.

[86]RAUNER F. Practical Knowledge and Occupational Competence[J]. European Journal of Vocational Training，2007，40(1)：52-66.

[87]RICHEY R C，FIELDS D C，FOXON M. Instructional Design Competencies：The Standards[M]. 3rd ed. New York：ERIC Clearinghouse on Information & Technology，2001.

[88]RICHEY R C，KLEIN J D，TRACEY M W. The Instructional Design Knowledge Base：Theory，Research，and Practice[M]. New York：Routledge，2011.

[89]ROSENBERG M J. Performance Technology：Working the System[J]. Training，1990，27(2)：42-48.

[90]ROSSETT A. Performance Technology and Academic Programs in Instructional Design and Technology：Must We Change? [J]. Educational Technology，1990，30(8)：48-51.

[91]ROTHWELL W J. ASTD Models for Human Performance Improvement：Roles，

Competencies, and Outputs[M]. Alexandria, VA: American Society for Training and Development, 1996.

[92]ROTHWELL W J, HOHNE C K, KING S B. Human Performance Improvement: Building Practitioner Competence[M]. 2nd ed. Burlington, MA: Butterworth-Heinemann, 2007.

[93]ROTHWELL W J, SANDERS E S, SOPER J G. ASTD Models for Workplace Learning and Performance: Roles, Competencies, and Outputs[M]. Alexandria, VA: American Society for Training and Development, 1999.

[94]ROY R, PERSHING J A. Examining the Boundaries of HPT through the Lens of Communities of Practice[J]. Performance Improvement Quarterly, 2012, 25(2): 79-105.

[95]RUCKDESCHEL C, YARTER M, RIVECCIO M A, et al. Beyond Instructional Systems: A Performance Technology Degree[J]. Performance Improvement, 1998, 37(3): 22-26.

[96] RUMMLER G A. Technology Domains and NSPI: A Proposed Framework for Organizing the Professional Content of NSPI[J]. Performance and Instruction Journal, 1983, 22(8): 32-36.

[97]RUMMLER G A. The Past is Prologue: An Eyewitness Account of HPT[J]. Performance Improvement, 2007, 46(10): 5-9.

[98]RUMMLER G A. Serious Performance Consulting: According to Rummler [M]. San Francisco, CA: John Wiley & Sons, 2004.

[99]SANDERS E S, Ruggles J L. HPT Soup[J]. Training & Development, 2000, 27(3): 27-36.

[100]SANDERS E S, THIAGARAJAN S T. Performance Intervention Maps: 36 Strategies for Solving Your Organization's Problems[M]. Alexandria, VA: American Society for Training and Development, 2001.

[101]SCOTT D. Integrating Professional and Academic Knowledge[M]. Maidenhead: Society for Research into Higher Education and Academic Knowledge & Open University, 2004.

[102]SEELS B, RICHEY R. Instructional Technology: The Definition and Domains of the Field[M]. Washington, D. C. : Association for Educational Communications and Technology, 1994.

[103]SEEL N M. Encyclopedia of the Sciences of Learning[M]. Boston, MA: Springer US, 2012.

[104]SHULMAN L S, GOLDE C M, BUESCHEL A C, et al. Reclaiming Education's Doctorates: A Critique and a Proposal[J]. Educational Researcher, 2006, 35(3): 25-32.

[105]SNYDER D M, MOORE A, RASILE P. Maintaining Standards and Increasing Accessibility of the Certified Performance Technologist Credential[J]. Performance Improvement, 2013, 52(8): 21-26.

[106]SPECTOR J M, MERRILL M D, ELEN J, et al. Handbook of Research on Educa-

tional Communications and Technology[M]. New York：Springer New York，2014.

[107]SPITZER D R. Instructional/Performance Technology Competencies[J]. Performance & Instruction，1988，27(7)：11-13.

[108]SPITZER D R. Confessions of a Performance Technologist [J]. Educational Technology，1990，30(5)：12-15.

[109]SPITZER D R. Introduction to Special Section on Performance Technology [J]. Educational Technology，1990，35(5)：7.

[110]STOLOVITCH H D，KEEPS E J，RODRIGUE D. Skills for the Human Performance Technologist[J]. Performance Improvement Quarterly，1995，8(2)：40-67.

[111]STOLOVITCH H D，KEEPS E J. Handbook of Human Performance Technology： A Comprehensive Guide for Analyzing and Solving Performance Problems in Organizations[M]. San Francisco，CA：Jossey-Bass/Pfeiffer，1992.

[112]STOLOVITCH H D，KEEPS E J. Handbook of Human Performance Technology： Improving Individual and Organizational Performance Worldwide[M]. 2nd ed. San Francisco，CA：Jossey-Bass/Pfeiffer，1999.

[113]SVENSON R. Human Performance Technology：Professional Communities[J]. Performance Improvement，2005，44(1)：6-8.

[114]SWANSON R A. Human Resource Development：Performance Is the Key[J]. Human Resource Development Quarterly，1995，6(2)：207-213.

[115]SWANSON R A，HOLTON E F. Foundations of Human Resource Development[M]. 2nd ed. San Francisco，CA：Berrett-Kohler，2009.

[116]TORRACO，R. The Theory And Practice Of Performance Improvement[M]. San Francisco，CA：Berrett-Koehler，1999.

[117]TOSTI D T，KAUFMAN R. Who is the "Real" Father of HPT? [J]. Performance Improvement，2007，46(7)：5-8.

[118]VADIVELU R N，KLEIN J D. Cross-Cultural Analysis of HPT：An Empirical Investigation of HPT Competencies in the Workplace in the United States and South Asia[J]. Performance Improvement Quarterly，2008，20(3/4)：147-165.

[119]VAN TIEM D M. Interventions（Solutions）Usage and Expertise in Performance Technology Practice：An Empirical Investigation[J]. Performance Improvement Quarterly，2008，17(3)：23-44.

[120]VAN TIEM D M，MOSELEY J L，DESSINGER J C. Fundamentals of Performance Technology：A Guide to Improving People，Process，and Performance[M]. Washington，DC：International Society for Performance，2000.

[121]VAN TIEM D M，MOSELEY J L，DESSINGER J C. Fundamentals of Performance Improvement[M]. 3rd ed. San Francisco，CA：Wiley/Pfeiffer，2012.

[122]WALLANCE G W，RUMMLER G A. What is ISPI's Value Proposition：Looking Back and Forward[J]. Performance Improvement，2002，41(6)：8-13.

[123]WILMOTH F S，PRIGMORE C，BRAY M. HPT Models：An Overview of the Major Models in the Field[J]. Performance Improvement，2002，41(8)：16-24.

[124]WITTKUHN K D. A Framework for Performance Models[J]. Performance Improvement，2011，50(9)：26-31.

[125]CHO Y，JO S J，PARK S，et al. The Current State of Human Performance Technology：A Citation Network Analysis of Performance Improvement Quarterly，1988-2010[J]. Performance Improvement Quarterly，2011，24(1)：69-95.

附　录

附录 1　研究知情同意书及专家访谈提纲

附录 1-1：研究知情同意书

尊敬的专家您好！我们正在研究绩效技术专业人才培养方案，在此向您征求绩效技术角色和胜任力等的看法与建议。您提供的信息将对我国绩效技术专业人才的培养提供参考和依据。

（一）研究项目简介

绩效技术一直都是教育技术学专业的一个重要的研究方向，但在我国发展缓慢。近年，绩效技术引起工商企业界的关注，相关业界成立了专业组织 ISPI-China，以促进绩效技术在我国的发展和推广。然而，作为专业人才培养主要场所的高校，在绩效技术专业人才培养机制方面还不完善。本研究旨在确认当前和未来 5～10 年内我国绩效技术专业人才的社会需求、角色定位和胜任力需求，为绩效技术专业人才培养方案提供依据。

（二）参与研究的知情声明

（1）作为富有理论研究成果和实践经验的专家，您的参与对我们的研究具有重要意义。如果需要，我们愿意与您分享本研究的最终成果。

（2）课题组向您承诺，您阐述的观点仅供本研究使用，对于您声明不宜公开的资料和观点，我们将严格保密；另外，您的个人信息是否公开和是否同意对访谈内容进行录音，完全由您决定。

①您是否允许把姓名和工作背景等信息公开在我们的研究中？

☐同意；☐不同意；

②您是否同意对访谈内容进行录音，以便整理和避免遗漏重要信息？

☐同意；☐不同意；

（3）是否接受本研究的访谈完全由您决定，您有随时中止和退出访谈的权利和自由。

（4）如果本研究对您造成任何影响或有任何意见和建议，欢迎您随时与课题组联系。

联系人：×××

地址：北京市海淀区新街口外大街 19 号北京师范大学教育技术学院（邮编：100875）

电子邮件：××××××××××××××××

联系电话：×××××××××

北京师范大学教育技术学院

附录 1-2：面向高校专家的访谈提纲

序号		访谈时间	_____年_____月_____日 (_____时_____分—_____时_____分)

1. 您从事过哪些与绩效技术相关的教学和研究工作？

2. 您在从事与绩效技术相关的教学和研究工作中遇到了什么样的问题？您是如何解决的？

3. 您认为绩效技术专业人员应该主要从事哪些工作，承担哪些角色？

4. 您是否从事过企业咨询等与绩效技术相关的工作？如果有，您主要担任什么角色，承担哪些主要工作和关键任务？

5. 请结合您的经验，介绍一下完成上述主要工作和关键任务需要经过哪些主要步骤。

6. 您认为完成这些主要工作和关键任务需要具备哪些关键能力？在您从事绩效技术实践时，您认为主要是哪些因素在起作用，使您的工作比其他人更有成效？

7. 您认为目前和未来 5～10 年我国社会对绩效技术专业人才需求如何？

8. 您认为我国在绩效技术专业人才培养方面，与国外相比存在哪些明显不同？应该如何应对这些差距或不同？

9. 从人才培养的角度，您认为在教育技术学专业培养绩效技术专业人才具备哪些优势和不足？对于如何发挥优势和避免不足，您有什么建议？

10. 您认为培养绩效技术相关的硕士研究生和博士研究生之间应该有哪些不同？他们毕业时应具备哪些方面的能力？应有什么类型的(实践)经历？

11. 美国培训与发展协会把绩效技术专业人员分为管理人员、分析人员、干预措施选择人员、干预措施设计与开发人员、干预措施实施人员、变革领导者、评价人员 7 种角色。根据您的研究或实践经验，您认为这种划分方式是否有利于绩效技术专业人才的培养？您认为什么样的角色划分方式既有利于高校的人才培养，又有利于在实践中识别不同的胜任力需求？

附录 1-3：面向实践领域专家的访谈提纲

序号		访谈时间	_____年_____月_____日 (_____时_____分—_____时_____分)

1. 您主要从事哪类工作，涉及哪些行业？这些工作与绩效技术有什么关系？

2. 在您从事的与绩效技术相关的工作中，主要工作内容是什么？有哪些关键任务？

3. 请结合您的实践经验，概括地介绍一下在完成这些主要工作和关键任务时需要经过哪些主要步骤或采用哪些基本方式。

4. 根据您的亲身体会和观察（如对自己、同行和下属等），您觉得在完成这些主要工作和关键任务时，主要是哪些因素在起作用？

5. 为了胜任主要工作和完成关键任务，您需要具备哪些关键能力？

6. 您所在的组织中，从事与绩效改进相关工作的人员的学科背景、从业经历等情况如何？他们主要承担哪些主要任务？胜任状况如何（哪些方面胜任，哪些方面不胜任）？

7. 您认为在我国从事绩效技术工作，受哪些因素（如文化、公司性质、体制等）的影响？有哪些需要特别注意的地方？

8. 您在工作中是否有过需要应对这些特殊因素的经历？如果有，您能介绍一下是如何成功应对的吗？有没有特别难以应对以致工作不能顺利开展的经历？如果有，请您简单介绍一下。

9. 如果您接受刚毕业的绩效技术相关专业的硕士研究生（如与您合作或作为下属/助手、或独自承担任务），您期望他具备哪些方面的能力，有过什么类型的（实践）经历？

10. 您认为在未来 5~10 年我国绩效技术专业人才的需求如何？您对应对这种需求状况有什么建议？

11. 美国培训与发展协会把从业人员分为管理人员、分析人员、干预措施选择人员、干预措施设计与开发人员、干预措施实施人员、变革领导者、评价人员 7 种角色。您认为这种划分方式是否有利于绩效技术专业人才的培养？您认为什么样的角色划分方式既有利于人才培养，又有利于识别不同的胜任力需求？

附录 1-4：高校专家访谈录音整理示例

序号	高校专家 2	访谈时间	2014 年 2 月 18 日 （16 时 40 分—18 时 00 分）

　　[访谈者]：绩效技术在世界范围内发展成为一个专门的研究和实践领域，在我国也引起了教育技术学领域的关注。您作为高校内从事绩效技术相关教学与研究的专家，同时也在一些企业中担任咨询专家的角色，希望您结合自己的经验，对于我国绩效技术专业人才的需求、角色及其胜任能力等方面发表看法。

　　[访谈对象]：我在 2002 年起在美国印第安纳大学做访问学者时对绩效技术进行了深入研究，并对时任印第安纳大学教育技术系系主任的海涅克教授进行了访谈，详细了解了印第安纳大学教育技术学专业对绩效技术的研究情况。从此以后，我一直关注国内外绩效技术的发展。我从 2011 年起，一直为教育技术学专业的研究生（硕士）开设绩效技术原理与实践这门课程。虽然是选修课，但是教学设计方向的研究生几乎都会选修，还有一些博士研究生和其他院系（如管理、心理等）的研究生也会选修或旁听。

　　[访谈对象]：我们在给研究生开设绩效技术课程的时候，也遇到了一些困难。我们现在也在反思，绩效技术方向课程该如何开设。仅靠我们教育技术自己的力量，很难接触到那么多的企业案例，而且企业界又不一定知道我们有这样的方向。在国外，从事绩效技术相关研究的专家往往同时在企业做顾问。而我们是自己摸索着发展起来的，只能在讲课的过程中邀请企业方面的专家开展一些讲座，也尽可能多地参与一些企业的绩效改进项目。企业很愿意我们参与他们的绩效改进项目，但是我们自身也有困难。因为参与这样的项目，就会被邀请去参加他们的相关会议，但我们往往只作为专家参与，无论在时间上还是经费方面都很死。企业的绩效改进项目往往集中在几个月的时间里大密度地展开，这对于我们还需要进行日常教学和研究工作的人来说，包括我们自己的研究生，都难以做到。我们参加的机会就这样被限制了。

　　[访谈者]：您认为绩效技术专业人员应该主要从事哪些工作，担任哪些角色？

　　…………

　　[访谈者]：感谢您接受访谈，您的建议对我们很有启发。再次感谢您！

附录 1-5：实践领域专家访谈录音整理示例

序号	实践领域专家 2	访谈时间	2014 年 1 月 18 日 （19 时 00 分—20 时 20 分）

[访谈者]：绩效技术在世界范围内发展成为一个专门的研究和实践领域，在我国也引起了教育技术学领域的关注。您作为咨询公司的管理者和资深顾问，希望您结合自己的经验，对于我国绩效技术专业人才的需求、角色及其胜任能力等方面发表看法。接下来我们从您从事的业务类型和与绩效改进有关的行业开始。

[访谈对象]：……

[访谈者]：也就是说，现在企业的高层已经开始关注绩效了？

[访谈对象]：以前，企业往往直接提出开发培训课程的需求，或者直接要求推荐几位老师，或者说"最近我的人力资源方面存在问题，你给我做一个人力资源考核项目吧"，等等。现在呢，企业主要关心或需要你帮忙看看今年的目标能否实现，实施过程中有哪些关键问题，（将这些问题）一起梳理和界定出来，并寻求合适的解决方案。过去以项目为导向，现在则以结果为导向。

[访谈者]：接下来我们进入第二个问题。在您从事的与绩效改进有关的业务中，主要的工作内容是什么？需要完成哪些关键任务？

…………

[访谈者]：最后一个问题。美国培训与发展协会根据绩效改进的工作流程把从业人员分为管理人员、分析人员、干预措施选择人员、干预措施设计与开发人员、干预措施实施人员、变革领导者、评价人员，加上（项目）管理人员这些角色，根据您的实践经验，您认为这样的角色划分是否有利于我国绩效改进专业人才的培养？

[访谈对象]：首先，我觉得这个角色划分有一定的合理性，遵循了绩效改进的整体流程。但是在实际工作中，尤其是现在这个阶段，这样的划分我觉得偏细了一点。因为在实际工作中，我们每一个绩效改进顾问都具有这些职能，说是"角色"，我觉得"职能"更合适一些。如果一定要匹配"角色"的话，我觉得当前是不现实的。

[访谈者]：谢谢您为我们提供了宝贵的经验！

附录 2　已有的典型胜任力研究成果

∵∵

附录 2-1：佛罗里达州立大学独自开发的教学系统专业胜任力列表

类别	详细
分析	1. 设计并开发需求评估计划书或建议书 2. 鉴别实际绩效与期望绩效之间的差距，并划分优先级 3. 鉴别并分析引起绩效差距的原因 4. 鉴别并使用合适的数据收集技术来获悉引起绩效差距的原因 5. 鉴别、提出并选择合适的解决方案（包括非教学类干预措施），来消除一个确定的绩效差距 6. 指导学习者/用户进行绩效分析 7. 决定能够充分胜任某项特定工作、任务或某个角色所需的知识、技能和态度 8. 确定单个解决方案或绩效系统方案所需的资源及限制条件 9. 鉴别并分析组织中系统和子系统的内在关系，包括对系统的功能、流程和结构做出相关描述
设计与开发	1. 选择并应用合适的设计及开发模型 2. 利用从需求评估及绩效差距分析环节中获得的信息开发一个整体的解决方案 3. 对一个特定的学习或绩效结果进行相应的背景分析 4. 拟定一套清晰的、可测量的绩效目标陈述列表，如教学系统胜任力 5. 确保目标、教学及评估的一致性 6. 使用适当的规则及原则设计教学材料及绩效环境 7. 在考虑学习者个别差异的情况下，运用合适的教学设计策略 8. 为不同类型的学习者制定合适的教学策略 9. 描述学习者是如何获得相关知识、技能及态度的 10. 设计课程、专业、课程体系及绩效环境
技术整合与媒体应用	1. 为特定的教学目标选择合适的技术及媒体 2. 利用各种类型的媒体（如印刷材料、可视教具、计算机培训、多媒体等）开发教学材料 3. 使用合适的媒体技术为各种传递系统设计指导说明 4. 为实现专业目的有效地使用技术 5. 保持对新技术及新媒体的了解及应用 6. 运用计算机及技术应用中的权益、伦理、法律等人类议题中的知识，因为它们在总体上与个人及社会行为相关 7. 描述当前的以及新兴的教育技术的功能、优点和缺点
评价与研究	1. 评价与综合通过多种途径来源获取的数据，并从提供的信息中得出逻辑结论（除了形成性评价之外） 2. 组织产品的形成性评价 3. 适当设计并实施对人类绩效和组织结果的评价 4. 适当设计并实施对人类学习的评价 5. 发布研究和评价的结果

类别	详细
管理与实施	1. 开发项目方案 2. 准备项目预算 3. 确定并修改项目目标 4. 建立能提升工作满意度的环境 5. 运用自我和员工绩效管理的原则 6. 收集并运用与计划和项目有关的法律及合同信息，如与标准、立法、规定、资金来源和认证有关的地方、州、联邦政府的政策
交流	1. 就专业领域内的写作进行有效沟通 2. 就教学材料和其他形式的教学进行有效沟通 3. 能有效地使用教学媒体和设备 4. 能有效地与团队成员一起工作 5. 能有效地进行口头交流 6. 使用有效的人际沟通技巧 7. 建立一个专业领域的联系网络 8. 展示对职业道德规范的理解 9. 建立并实施相应的推广活动

附录 2-2：IBSTPI 的教学设计能力标准（2012 年）

教学设计人员能力标准		
专业基础	1	以视觉、口头、书面形式有效交流（基础的）
	2	在教学设计实践中应用当前的研究和理论（高级的）
	3	更新并提高个人关于教学设计及相关领域的知识、技能和态度（基础的）
	4	在教学设计项目中应用数据收集和分析技能（高级的）
	5	鉴别并解决工作场所中涉及的伦理、法律和政治问题（高级的）
计划与分析	6	进行需求评估以建议合适的设计解决方案和策略（基础的）
	7	鉴别并描述目标群体和环境特征（高级的）
	8	选择并使用分析技巧来确定教学内容（基础的）
	9	分析已有技术和新兴技术的特征及其潜在的应用（基础的）
设计与开发	10	针对给定项目使用适合该项目的教学设计和开发流程（基础的）
	11	组织教学设计、开发和评价项目和/或产品（基础的）
	12	设计教学类干预措施（基础的）
	13	规划非教学类干预措施（高级的）
	14	选择或修改已有的教学材料（基础的）
	15	开发教学材料（基础的）
	16	设计学习评估（高级的）
评价与实施	17	对教学类和非教学类干预措施进行评价（高级的）
	18	根据数据对教学和非教学类解决方案进行修改（基础的）
	19	实施、传播和推广教学类及非教学类干预措施（高级的）
管理	20	应用商业（业务）技能管理教学设计职能（管理的）
	21	管理伙伴关系和合作的人际关系（管理的）
	22	规划和管理教学设计项目（高级的）

附录 2-3：ASTD 的"工作场所学习和绩效"胜任力研究成果(1999 年)

类别	序号	胜任力	角色						
			管理人员	分析人员	干预措施选择人员	干预措施设计与开发人员	干预措施实施人员	变革领导者	评价人员
分析能力	1	分析性思维	✓	✓				✓	✓
	2	分析绩效数据			✓	✓		✓	✓
	3	职业生涯发展的理论和应用	✓		✓	✓		✓	
	4	胜任力识别	✓	✓					
	5	干预措施选择			✓	✓			
	6	知识管理	✓					✓	
	7	模型构建			✓	✓			
	8	组织发展的理论和应用	✓		✓	✓		✓	
	9	绩效差距分析	✓						✓
	10	绩效理论	✓		✓	✓		✓	
	11	流程(过程)咨询	✓				✓	✓	
	12	薪酬系统的理论和应用	✓					✓	
	13	(组织的)社会性认知	✓	✓				✓	
	14	人员甄选的理论和应用	✓			✓		✓	
	15	标准识别	✓	✓		✓		✓	✓
	16	系统思维	✓	✓	✓			✓	✓
	17	培训的理论和应用			✓	✓	✓	✓	
	18	工作环境分析	✓	✓				✓	✓
	19	工作场所绩效、学习策略和干预措施评价				✓	✓	✓	✓
商业(业务)能力	20	宏观思考的能力	✓	✓				✓	✓
	21	业务知识	✓	✓				✓	
	22	成本/收益分析	✓		✓				✓
	23	根据组织的目标对结果进行评价	✓					✓	✓

类别	序号	胜任力	角色						
			管理人员	分析人员	干预措施选择人员	干预措施设计与开发人员	干预措施实施人员	变革领导者	评价人员
商业（业务）能力	24	识别关键的业务问题	√	√	√			√	
	25	行业认知	√	√	√	√		√	
	26	知识资本	√					√	√
	27	谈判/签约	√						
	28	外包管理	√		√			√	
	29	项目管理	√			√		√	
	30	质量的影响	√	√	√			√	√
人际关系能力	31	交流	√	√	√	√	√		√
	32	交流网络	√	√	√	√	√	√	√
	33	咨询	√		√		√		
	34	应对技能	√	√			√		
	35	人际关系构建	√	√	√	√	√		√
领导能力	36	认同/拥护	√		√		√		
	37	多样性意识	√		√	√	√		
	38	道德规范建模	√	√	√	√		√	
	39	目标达成						√	
	40	群体动力学	√	√			√	√	
	41	领导力	√					√	
	42	愿景规划	√					√	
技巧能力	43	成人学习			√	√	√		
	44	促成	√				√	√	
	45	反馈	√				√	√	√
	46	干预措施监控					√	√	√
	47	提问		√					√
	48	调查的设计和开发		√		√			
技术能力	49	以计算机为媒介的交流	√		√	√	√		
	50	远程教育			√	√			
	51	电子绩效支持系统			√	√	√		
	52	技术素养	√	√	√	√	√		√

附录 2-4：凯瑟琳·胡奇森等人整理的干预措施列表及其分类[①]

	干预措施列表及其分类		
管理科学	■行动研究项目	■集中制/分散制	■发布系统
	■预测系统	■国际化系统	■目标设定系统
	■营销系统	■矩阵化方法/系统	■合并与联盟
	■运营规划/实施	■组织结构设计	■绩效管理系统
	■问题解决和决策制定系统	■公共关系系统	■风险管理/法律检查系统
	■安全规划/实施	■自我导向的工作小组	■战略规划/实施
	■监督/管理/领导力	■愿景系统	
职业发展系统	■行动研究项目	■积极行动项目	■评估中心
	■职业阶梯	■教练/指导	■交叉培训
	■EEO 项目	■体验式学习	■内部招聘系统
	■岗位轮换系统	■管理层轮岗/工作交换	■顾问指导
	■（被解雇后）新职介绍	■晋升系统	■奖学金项目
	■结构化实践	■学费报销项目	■工作任务轮换系统
人体工程学/人因工程	■建筑	■生物力学	■色码/重音
	■控制和展示	■遵从政府法令（如提供无障碍通道）	■设施设计/室内设计
	■固定装置、家具和设备设	■信息展示系统	■室内装饰
	■标记和命名	■人/机接口	■安全规划
	■信号和放置	■技术提升	■工具和设备操作规范
	■警告（预警）系统	■工作站设计	■工作量和疲劳项目
资源系统	■福利项目	■预算系统	■资本支出计划/实施
	■预测系统	■全日制工作量分配计划	■人力资源计划与预测系统
	■库存控制系统	■生产系统	■生产资源计划系统
	■原料需求计划系统	■养老金控制系统	■资源分配系统
	■基于时间的竞争系统	■离职率控制系统	■卖方/供应商系统及合约

[①] C. S. Hutchison，F. Stein & J. R. Carleton，"Potentional Strategies and Tactics for Organizational Performance Improvement," *Performance & Instruction*，1996(3)，pp. 6-9. 根据需要，对个别条目进行了调整。——作者注

续表

干预措施列表及其分类			
教学系统	■计算机管理的教学 ■教师指导的讲座、课程和项目 ■基于媒体的教学 ■激励/认可项目（有形/无形、公/私） ■优秀业绩奖励系统	■课程设计 ■工作辅助 ■福利项目 ■补偿系统 ■动机项目	■体验式学习项目 ■学习者控制的/自定步调的教学 ■奖金系统 ■利益分配/利润共享系统 ■佣金系统
质量改进系统	■可接受的质量水平 ■参与式管理系统 ■质量委员会（质量圈、督导委员会等）	■标杆（管理）项目 ■质量保证项目 ■产品生命周期质量项目	■持续改进系统 ■质量审查 ■统计过程控制
反馈系统	■标杆系统 ■图表系统 ■绩效信息系统 ■建议系统	■顾客/客户反馈机制 ■绩效指标的确定和文档 ■绩效管理系统 ■上级/同伴评估系统	■发展实践研讨会 ■绩效评估系统 ■"实时"测量系统
工作和工作流程设计/再设计	■活动记账系统 ■工作设计/再设计 ■材料处理/流程系统 ■工作流程设计/再设计	■胜任力建模 ■工作内容丰富化和扩大化 ■流程工程/流程再造 ■工作日程/轮班程序	■工作分类和评价 ■工作指导 ■自我管理的工作小组
测量和评价系统	■可接受的质量水平 ■胜任力测量 ■绩效评价系统 ■生产力指标	■评估中心 ■合规监察系统 ■绩效管理 ■统计过程控制	■证书/认证/专利项目 ■图表系统 ■绩效标准和准则
劳资关系	■仲裁/调停 ■合同遵守和文件	■集体合同 ■投诉系统	■冲突管理系统
沟通系统	■声明发布系统和实践 ■电子邮件 ■会议计划 ■社会化信息处理 ■语音信箱系统	■计算机网络 ■电子公告板 ■备忘录设计/格式化系统 ■建议系统	■公司/组织新闻组和布告栏 ■信息地图 ■谈判系统 ■电话会议系统

	干预措施列表及分类		
组织设计和发展	■变革管理	■冲突管理	■跨职能/合作系统
	■文化变革项目	■关注客户/服务客户系统	■团队动态
	■管理结构设计	■组织影响研究	■合作项目
	■社会-技术系统设计	■团队建设	
人员发展系统	■EEO项目	■员工援助项目	■健康和保健项目
	■领导力发展项目	■素养(提升)项目	■个人网络系统
	■新职介绍系统	■心理测试和测量	■退休计划
	■奖学金项目	■支持职业活动/民众活动	■学费报销项目
信息系统	■申请人追踪	■人工智能系统	■数据库管理
	■专家系统	■档案检索系统	■人力资源信息系统
	■信息展示/格式化系统	■信息安全系统	■管理信息系统
	■个人网络系统	■记录管理系统	
财务系统	■账目和市场分析	■活动记账系统	■物品交换系统
	■预算系统	■资本投入/费用系统	■现金流分析
	■成本记账系统	■信用系统(银行存款系统)	■财务预测
	■财务跟踪系统	■国际兑换系统	■价格系统(内部的和外部的)
	■预测		
文档和标准	■公司的文章	■通过法律解决的事务	■合同、意向书、协议书
	■专家系统	■文档格式	■指导方针
	■合作协议	■政策	■程序
	■质量保障文件(内外部标准、认证和许可证)	■参考手册	■材料/设备的标准化
文化人类学	■信念和态度	■仪式、典礼和宗教仪式	■文化变革项目
	■文化多元化项目	■文化保持和传播项目	■着装和实践
	■国际化	■语言和行话	■文化融合项目
	■神话、传说和英雄		
工业工程系统	■预防性维护系统	■流程管理系统	■流程工程/再设计
	■产品介绍系统	■价值工程	■工作方法
员工选拔系统	■内部招聘系统	■职位发布	■领导力发展项目
	■人员招聘/雇佣系统	■心理测试和测量	■继任规划系统

附录 2-5：达琳·范·提姆等人对绩效技术干预措施的分类

干预措施类别	具体干预措施			
绩效支持	教学类	学习型组织		
		行动学习		
		自学		
		培训		
		知识采集与管理		
		教育		
		交互技术	远程学习	
			远程通信	
			卫星技术	
	非教学类	工作帮助		
		电子绩效支持系统		
		记录（工作规范）与标准		
工作分析（工作设计）	工作规范			
	轮岗			
	岗位扩展			
	工作方法			
	质量控制、管理和保障			
	持续改进			
	价值工程			
	界面设计			
	工效学			
	预防性维护措施			
	安全管理			
个人发展	辅导与教练			
	职业发展			
	职业评估			
	反馈			

续表

干预措施类别	具体干预措施
人力资源开发	员工选拔与配置
	薪酬与福利
	文化水平
	退休计划
	健康福利
	动机（激励和奖励）
	绩效评估
	评估中心和能力测试
	继任规划和职业道路规划
	领导力和高级管理人才发展
	管理层和督导层的发展
组织沟通	沟通网络与合作
	信息系统
	建议与投诉系统
	冲突解决
组织设计与发展	战略规划与管理
	环境监测
	国际化
	标杆管理
	重新设计、组织一致化和结构重组
	团队建设策略
	解决问题和决策制定
	企业文化和多样性
	道德规范
	精神文明
财务系统	财务预测
	资本的投入与支出
	现金流分析
	合并、并购与合资
其他干预措施	

附录 2-6：丹尼·兰登等人总结的 50 种干预措施及其用途[①]

	建立				改进				维护				区别			
	事业部	流程	工作团队	个人	事业部	流程	工作团队	个人	事业部	流程	工作团队	个人	事业部	流程	工作团队	个人
360 度评估			√					√			√					√
加速学习				√				√								
行动学习	√	√	√	√	√	√	√									
评测中心				√				√				√				√
简历自动追踪系统	√		√		√		√		√		√					
挑战教育背景		√	√	√		√	√	√	√	√	√	√		√	√	√
改变偏好模型				√				√				√				√
认识人类工程学	√	√	√	√	√	√	√	√	√	√	√	√	√	√		
沟通					√			√			√	√				
补偿系统					√			√			√	√				
能力模型			√	√			√	√							√	√
矛盾冲突管理			√	√			√	√							√	√
关键思考系统		√	√	√		√	√	√								
文化变革	√			√	√		√									√
客户反馈	√	√	√	√	√	√	√	√	√	√	√	√	√	√	√	√
电子绩效支持系统		√	√	√		√	√	√								
新员工培训				√				√								
专家系统		√	√	√		√	√	√								
流程图		√		√		√		√		√		√		√		√
语言流利性开发				√	√											
人力资源信息系统	√		√		√		√		√		√		√		√	
工作指南		√	√	√		√	√	√		√	√	√		√	√	√
领导力开发项目				√				√								√
自学				√				√								√

[①]　D. G. Langdon，K. S. Whiteside & M. M. McKenna，*Intervention Resourse Guide*：50 *Performance Improvement Tools*，San Francisco，CA，Jossey-Bass/Pfeiffer，1999，pp. 36-37.

续表

	建立				改进				维护				区别			
	事业部	流程	工作团队	个人	事业部	流程	工作团队	个人	事业部	流程	工作团队	个人	事业部	流程	工作团队	个人
平衡的多元化	✓		✓	✓	✓		✓	✓					✓		✓	✓
指导/辅导				✓				✓				✓				✓
激励系统			✓	✓			✓	✓			✓	✓			✓	✓
需求测评							✓	✓			✓	✓			✓	✓
在岗培训				✓				✓				✓				✓
组织发展	✓	✓	✓		✓	✓	✓				✓					
组织审查	✓				✓											
新职位介绍																✓
合作协议			✓	✓			✓	✓			✓	✓			✓	✓
绩效分析	✓	✓	✓	✓	✓	✓	✓	✓	✓	✓	✓	✓	✓	✓	✓	✓
绩效评估				✓				✓				✓				✓
绩效管理			✓	✓			✓	✓								
政策和程序				✓	✓	✓		✓	✓	✓		✓				✓
流程梳理		✓				✓				✓				✓		
认可项目			✓	✓			✓	✓			✓	✓			✓	✓
工程再造	✓	✓	✓	✓	✓	✓	✓	✓					✓	✓	✓	✓
以结果为中心的管理	✓	✓	✓	✓	✓	✓	✓	✓	✓	✓	✓	✓	✓			
安全管理								✓				✓				✓
模拟			✓	✓			✓	✓			✓	✓			✓	
战略计划及前瞻	✓		✓		✓		✓		✓		✓		✓		✓	
有结构的写作		✓	✓	✓		✓	✓	✓		✓	✓	✓	✓		✓	✓
团队绩效			✓	✓			✓	✓			✓	✓				✓
团队建设	✓	✓	✓	✓	✓	✓	✓	✓					✓	✓	✓	✓
培训			✓	✓			✓	✓								
可用性测试		✓	✓	✓		✓	✓	✓		✓	✓	✓	✓	✓	✓	✓
团队联盟			✓				✓				✓				✓	

附录 **3**　我国绩效技术专业人才胜任力问卷示例及调查结果

附录 **3-1**："**基本能力**"的"**重要性**"调查结果

序号*	基本能力	重要性（均值）
14	与别人有效地互动以产生有意义的结果（实现共同的目标）	4.38
1	具备宏观思考的能力，能够越过细节看到长远目标和结果	4.31
2	理解组织的结构、系统、职能和流程	4.31
27	在个人和团队情境中以清晰、简洁和令人信服的方式表达自己的思想和感情	4.28
19	获取客户的信任	4.24
26	具有团队合作精神	4.24
29	积极聆听他人	4.24
36	与具有不同风格、能力、动机和背景的人一起有效地工作	4.24
5	理解组织的核心竞争力及实现增长和盈利的途径	4.21
12	了解组织所处行业的当前状况和发展趋势	4.21
21	与客户建立伙伴关系	4.21
46	在经历影响整个组织的工作任务、工作环境的重大变革时展示出较强的适应性	4.21
16	推广绩效技术以影响组织的利益相关者	4.17
3	理解组织的业务模式和在市场上的竞争地位	4.14
23	具有领导、影响和指导别人取得期望结果的能力	4.14
15	支持影响个人、团队或其他相关人员的变革	4.10
50	协助创建新的、有效的知识，以帮助实现满足个人、组织和社会所要求的绩效标准	4.10
45	在工作中运用新获得的知识和技能	4.07
6	理解组织的运营模式，包括规划流程、决策制定渠道和信息管理系统	4.03
17	获得进行绩效分析的许可	4.03
43	主动识别个人学习的新领域	4.03

续表

序号	基本能力	重要性（均值）
49	为了帮助组织或个人实现预期目标，提供其所需要的知识、技能、能力和态度	4.03
52	产生客户所需的结果	4.03
4	理解（组织业务）对外部客户的价值定位	4.00
10	识别业务的优先级	4.00
32	有效地运用非言语的、口头的和书面的交流方法实现预期的结果	4.00
35	欣赏并充分利用所有人的能力、洞察力和观点	4.00
48	高效地适应新的工作结构、工作流程、工作要求或文化背景	4.00
31	营造团队之间和团队内部进行公开交流的氛围	3.97
7	理解产品和服务是如何开发、销售和交付给客户的	3.93
28	理解实现交流的各种方法	3.93
30	确保所有利益相关者的声音都被听到，并整合到解决方案的设计之中	3.93
42	适应、识别、选择和运用各种学习技术	3.93
47	对新的人员、思想和方法保持开放态度	3.93
22	与客户和利益相关者一起制定决策	3.90
24	与其他方面的专家有效合作	3.90
39	识别出能够充分利用技术来完成任务和实现业务目标的机会	3.90
72	了解人力资源管理与开发的相关知识	3.90
25	对做出贡献的任何人都给予认可	3.83
40	采用新的资源、方法和工具来推进工作	3.83
44	创建并充分利用各种学习机会	3.83
8	理解财务指标并知道如何解释这些指标	3.79
20	对客户忠诚	3.79
41	采取新的方式并运用现有技术来推进工作	3.79
51	通过系统化研究的方法获得知识，但不妨碍客户、客户的客户及社会的成功	3.79
53	了解绩效技术相关的基本概念和基本理论	3.79
18	获得利益相关者对改进个人、团队和组织绩效的承诺	3.76
34	感知自己和他人的情感状态，并利用这些信息来指导有效的决策制定和建立积极的工作关系	3.76

续表

序号	基本能力	重要性（均值）
68	了解管理学的相关知识	3.72
73	掌握教学设计的基本理论和方法	3.72
38	对现有的、新的和正在出现的技术有一定程度的认识和掌握	3.69
59	理解绩效系统的构成要素	3.69
9	能够进行成本-效用分析	3.66
33	了解组织中的各种沟通渠道、关系网和联盟	3.66
37	具有一定的计算机素养	3.66
62	及时、准确地获取国内外绩效技术及其相关领域的专业资源	3.66
65	掌握认知心理学的相关知识	3.62
13	具有其他相关领域的知识	3.59
76	掌握评价的相关理论和方法	3.59
56	描述绩效技术的一般模型	3.55
58	识别各种绩效技术模型的异同	3.55
61	了解国际绩效技术及其相关领域的发展动态	3.55
66	掌握动机的相关理论	3.55
70	了解高绩效工作场所的特征	3.55
11	使用业务术语与他人沟通	3.52
57	描述多个具体的绩效技术模型	3.48
67	了解系统理论的相关知识	3.48
74	了解工作场所环境下教学设计的应用	3.48
55	了解绩效技术的理论基础	3.45
64	掌握成人学习的相关理论	3.45
69	了解基本的经济学知识	3.45
71	了解组织理论的相关知识	3.38
54	了解绩效技术的历史和发展现状	3.34
75	掌握统计学原理和方法	3.24

＊本表格中基本能力的序号与表 6-4 一致。

附录 3-2："干预措施"的"当前重要性""未来 5～10 年重要性"及 "当前掌握情况"统计结果

干预措施类别	序号*	干预措施项目	重要性（均值）		当前掌握情况（均值）
			当前	未来 5～10 年	
学习类	1	学习管理系统	3.52	4.28	2.78
学习类	2	行动学习	3.83	4.44	2.96
学习类	3	混合学习	3.52	4.44	2.93
学习类	4	课堂学习	3.90	3.48	3.96
学习类	5	远程/在线学习/E-Learning	3.24	4.04	3.22
绩效支持类	6	绩效支持工具或工作帮助	3.24	4.24	2.44
绩效支持类	7	电子绩效支持系统	2.72	4.08	2.19
绩效支持类	8	文档和标准	3.76	3.84	3.33
绩效支持类	9	专家系统	2.59	4.08	2.41
工作设计类	10	岗位分析	3.93	4.32	3.33
工作设计类	11	岗位设计和再设计	3.62	4.20	3.19
工作设计类	12	岗位扩展/轮换/丰富化	3.41	4.24	3.11
工作设计类	13	工效学/人体工程学	2.48	3.00	2.04
工作设计类	14	安全工程和安全管理	3.24	3.68	2.96
工作设计类	15	绿色工作场所	2.86	3.84	2.67
工作设计类	16	全面质量管理	3.28	3.60	2.78
工作设计类	17	预防性维护	3.03	3.84	2.70
个人发展类	18	反馈	3.48	4.24	2.78
个人发展类	19	教练和指导	3.76	4.44	2.93
个人发展类	20	多元智能	2.69	3.84	2.70
个人发展类	21	专业实践社区	3.10	3.88	2.67
人力资源开发类	22	员工选拔、配置、留用、晋升和退休	3.66	3.88	3.48
人力资源开发类	23	薪酬/福利	3.86	4.12	3.48
组织设计与发展类	24	劳动力的多元化	3.03	3.96	2.70

干预措施类别	序号	干预措施项目	重要性（均值）		当前掌握情况（均值）
			当前	未来5～10年	
人力资源开发类	25	员工压力和保健	3.21	4.20	2.89
人力资源开发类	26	劳资关系	3.55	3.92	3.00
人力资源开发类	27	动机（激励和奖励）	3.69	4.20	3.11
人力资源开发类	28	绩效管理	3.90	4.28	3.19
人力资源开发类	29	关键绩效指标	4.03	4.20	3.19
人力资源开发类	30	360度评估	3.45	3.72	2.67
人力资源开发类	31	胜任力建模和测评	3.62	4.36	2.81
人力资源开发类	32	职业发展通道和继任规划	3.76	4.40	2.93
人力资源开发类	33	管理能力和领导力发展	3.55	4.48	2.85
组织沟通类	34	沟通网络	3.66	4.16	2.93
组织沟通类	35	信息系统	3.39	4.20	2.78
组织沟通类	36	建议和申诉系统	3.14	3.84	3.00
组织沟通类	37	社交媒体	3.46	3.92	2.93
组织设计与发展类	38	团队建设	3.43	4.08	3.19
组织设计与发展类	39	过程咨询	2.86	3.88	2.48
组织设计与发展类	40	第三方干预	3.14	3.80	2.48
组织设计与发展类	41	问题解决	3.50	4.00	2.74
组织设计与发展类	42	环境扫描与应对	2.93	3.48	2.67
组织设计与发展类	43	标杆管理	3.61	3.80	2.89
组织设计与发展类	44	平衡记分卡	3.54	4.16	3.12
组织设计与发展类	45	国际化和本地化	3.14	3.96	2.37
组织设计与发展类	46	社会责任	3.57	4.12	3.15
组织设计与发展类	47	道德规范	3.61	4.12	3.27
组织设计与发展类	48	决策制定	3.46	3.96	2.96
财务系统类	49	公开账簿管理	3.11	3.68	2.59
财务系统类	50	财务预测	3.64	3.88	2.93
财务系统类	51	资本的投入与支出	3.36	4.00	2.67
财务系统类	52	现金流分析与预测	3.68	4.04	2.81
组织设计与发展类	53	整合的战略变革	3.36	4.40	2.81
组织设计与发展类	54	组织设计	3.54	4.12	2.96

干预措施类别	序号	干预措施项目	重要性（均值）		当前掌握情况（均值）
			当前	未来 5～10 年	
组织设计与发展类	55	组织文化及其变革	3.50	4.16	2.89
组织设计与发展类	56	自我设计组织	3.18	3.84	2.41
组织设计与发展类	57	组织学习	3.50	4.16	2.85
学习类	58	知识管理	3.32	3.96	2.70
组织设计与发展类	59	变革型组织	2.93	4.08	2.67
财务系统类	60	合并与兼并	2.86	3.68	2.56
组织设计与发展类	61	战略联盟	2.89	3.80	2.41
组织设计与发展类	62	战略网络	2.93	3.76	2.15
组织设计与发展类	63	组织规模削减	2.50	3.28	2.63
工作设计类	64	组织（业务）流程再造	3.11	3.76	2.85

＊本表格中干预措施类别的序号与表 6-6 一致。